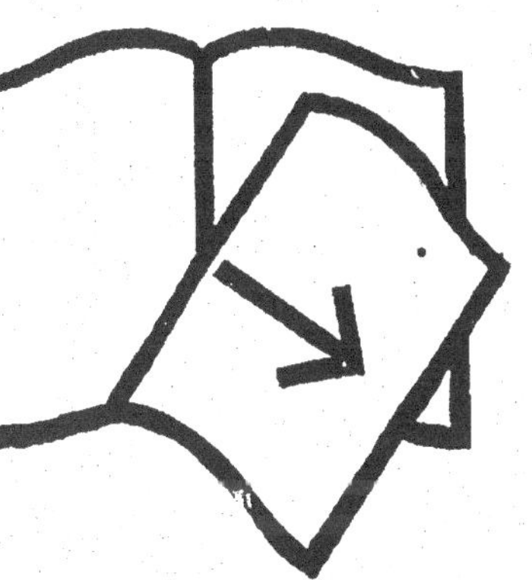

Couverture inférieure manquante

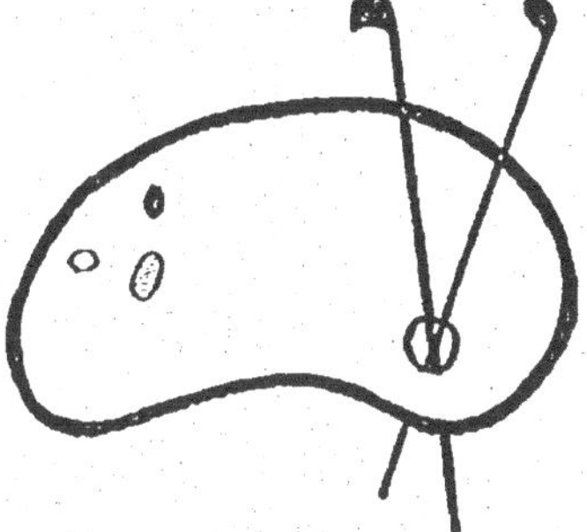

DEBUT D'UNE SERIE DE DOCUMENTS
EN COULEUR

FACULTÉ DE DROIT DE PARIS

DROIT ROMAIN

LA PRÉSIDENCE DES QUÆSTIONES PERPETUÆ

LÉGISLATION COMPARÉE

L'ADMINISTRATION LOCALE
DE L'ANGLETERRE

THÈSE POUR LE DOCTORAT

PRÉSENTÉE ET SOUTENUE

Le vendredi 26 avril 1895, à 1 heure

Par Pierre **ARMINJON**

Avocat à la Cour d'appel de Paris
Lauréat de la Faculté de droit de Grenoble (concours de 1889-1890-1891)

Président : M. GLASSON, *professeur.*

Suffragants : MM. GIRARD, PLANIOL, *professeurs.* LESEUR, *agrégé.*

Le Candidat répondra, en outre, aux questions qui lui seront posées sur les autres matières de l'enseignement

PARIS
CHEVALIER-MARESCQ ET Cie, EDITEURS
20, RUE SOUFFLOT, 20

1895

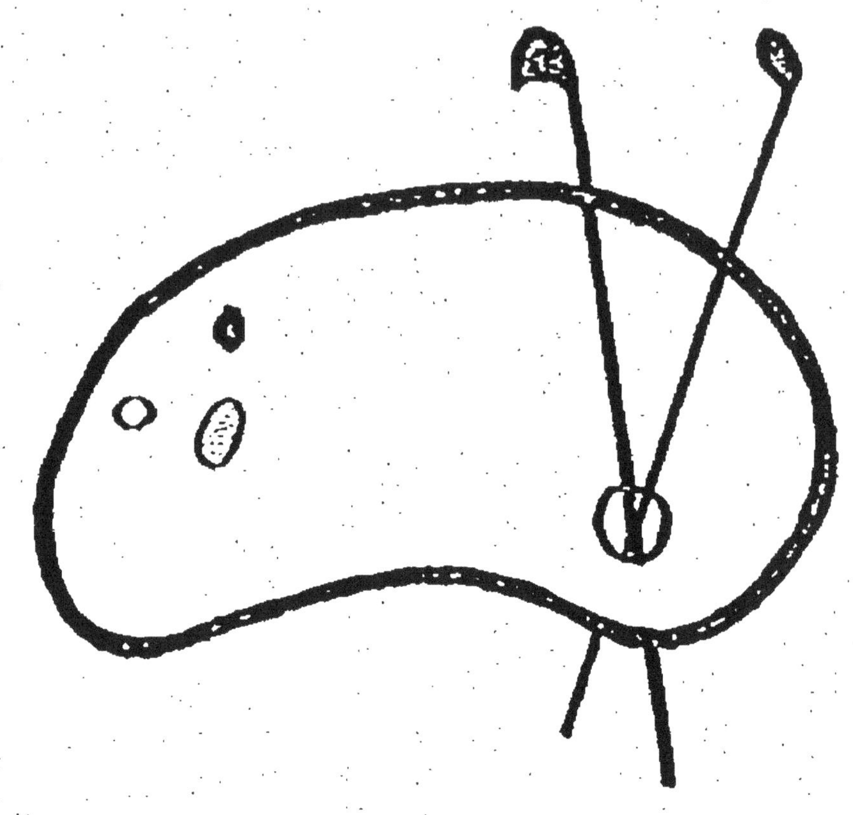

THÈSE

POUR

LE DOCTORAT

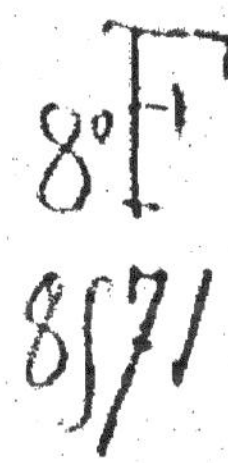

FACULTÉ DE DROIT DE PARIS

DROIT ROMAIN

LA PRÉSIDENCE DES QUÆSTIONES PERPETUÆ

DROIT FRANÇAIS

LÉGISLATION COMPARÉE

L'ADMINISTRATION LOCALE DE L'ANGLETERRE

THÈSE POUR LE DOCTORAT

PRÉSENTÉE ET SOUTENUE

Le vendredi 26 avril 1895, à 1 heure

Par Pierre ARMINJON

Avocat à la Cour d'appel de Paris
Lauréat de la Faculté de droit de Grenoble (concours de 1889 1890-1891)

Président : M. GLASSON, *professeur.*

Suffragants : MM. GIRARD, PLANIOL, *professeurs*, LESEUR, *agrégé.*

Le Candidat répondra, en outre, aux questions qui lui seront posées sur les autres matières de l'enseignement

PARIS
CHEVALIER-MARESCQ ET Cie, ÉDITEURS
20, RUE SOUFFLOT, 20

1895

La Faculté n'entend donner aucune approbation ni improbation aux opinions émises dans les thèses; ces opinions doivent être considérées comme propres à leurs auteurs.

DROIT ROMAIN

LA PRÉSIDENCE DES QUÆSTIONES PERPETUÆ

Par qui les *quæstiones perpetuæ* étaient-elles présidées? Comment se répartissaient-elles entre leurs divers présidents? Telles sont les deux difficultés que nous aurons à résoudre au cours de ce travail.

A côté des prêteurs, nous rencontrerons dans la direction des procès criminels, les *judices quæstionis*, personnages dont l'origine, le caractère et le rôle seront à déterminer. Outre ces deux formes de présidences, faut-il en admettre une troisième et adopter, sur la foi de Mommsen, le système qui place à la tête des *quæstiones* un simple juré dépourvu des pouvoirs d'un vrai magistrat, le *quæsitor ?* Quelle que soit l'opinion qu'on adopte sur ce dernier point, il n'est pas inutile de faire observer dès maintenant que cette expression de *quæsitor*, employée par Mommsen, est un terme générique qui s'applique indistinctement à tous les présidents, à commencer par le préteur (1).

1. *Duo igitur consules et quæsitor erunt ex illius voluntate* (Cic. in Verr. 10, 29). *Fratrem alterum* (le préteur M. Metellus) *esse quæsiturum de pecuniis repetundis* (*id.* 9, 27). *Quid mihi opus est sapienti judice, quid æquo quæsitore* (le préteur de *repetundis*) pr. Font. 6, 11. « *Quæsitore consilioque delecto* » (Cn. Lentulus Clodianus), préteur dans l'affaire d'Antoine accusé de *repetundis* (in Vat. 11, 28). *Nunc quis reus in tribunal sui quæsitoris ascenderit* » (C. Memmius auprès duquel Vatinius était cité (in Vat. 14, 31). Cf. Mommsen, *Droit public Romain*, trad. Girard. Holzl, Fasti Prœtorii, p. 13. A. W. Zumpt *Criminal-recht.* II, 2, p. 112.

CHAPITRE PREMIER

LA PRÉSIDENCE DES QUESTIONS PERPETUÆ ANTÉRIEUREMENT A LA RÉFORME DE SULLA.

En l'an 605 de Rome, le nombre des actions en restitution de deniers extorqués, intentées par les provinciaux contre les magistrats romains concussionnaires, se multiplia tellement qu'il devint nécessaire, sur la proposition du tribun Calpurnius Piso (1), de créer un tribunal spécial présidé par le préteur pérégrin pour réprimer ce genre de crime. Ce fut la *quæstio repetundarum*, œuvre de la loi Calpurnia.

Antérieurement à cette date, tandis que les magistrats exerçaient la répression des crimes ordinaires, le peuple réuni en *comitia centuriata* ou en *comitia tributa*

1. *L. enim Piso, tribunus plebis, legem primus de pecuniis repetundis, Censorino et Manilio consilibus tulit* Cic. Brutus, *XXVII*.

Nondum centum et decem anni sunt cum de pecuniis repetundis a L. Pisone lata est lex, nulla antea cum fuisset. At vero postea tot leges et proximæ quæque duriores. Cic. de Off. II, 2, Cf. Brut. 27 ; Tac. Ann. XV, 20 ; in Verr. III, 84, IV, 25, Sch. Bob, p. 233.

jugeait, depuis la législation décemvirale, les crimes soumis à *provocatio*. Impressionnables et tumultueux comme toutes les assemblées populaires, les comices étaient peu faits pour rendre des décisions impartiales et mesurées. Leurs défauts se manifestèrent de plus en plus à mesure que la population et le territoire de Rome gagnèrent en nombre et en étendue. Il devint donc, à plusieurs reprises, nécessaire d'instituer des commissions temporaires, désignées par le Sénat, et chargées, aux termes d'une loi spéciale, de statuer à la place du peuple, en vertu d'une véritable délégation.

On admit longtemps sans contestation que les *quæstiones perpetuæ* ne furent qu'une généralisation permanente de ces tribunaux exceptionnels. L'opposition qu'on relève entre les noms respectifs de ces deux institutions (*perpetuæ, extra ordinem*) éveille en effet tout d'abord l'idée que l'une est l'origine de l'autre, et quand on les a vues l'une et l'autre fonctionner avec un certain nombre de juges présidés par un magistrat, cette conjecture devient aisément une certitude.

Cette opinion est aujourd'hui généralement abandonnée et la plupart des auteurs voient actuellement, dans l'institution des *quæstiones perpetuæ*, une application à peine modifiée de la procédure par récupérateurs au règlement de contestations chaque année plus fréquentes. Ce n'est plus en effet, comme devant les commissions temporaires, un magistrat qui instruit l'affaire et soutient l'accusation; ce rôle est rempli par un simple particulier. Deux parties sont en présence, l'accusateur et le défenseur. La poursuite envers le second tend seulement, au moins dans les premiers temps, à la restitution, au simple, des sommes extorquées, elle n'est pas destinée à obtenir l'application d'une peine. Les juges des *quæstiones* et les juges civils sont d'ailleurs choisis dans le même album. Enfin « le procès s'intente dans la forme que Gaïus indique comme étant, au temps des actions de la loi, celle de tous les procès civils pour lesquels une loi spéciale n'avait pas établi de procédure différente, dans la forme de la *legis actio sacramenti* (1). »

C'est ce caractère civil de la nouvelle juridiction qui lui fit attribuer le préteur pérégrin pour chef (2). Ce magistrat était tout naturellement désigné pour participer à un procès intenté à des Romains par des provinciaux. Tandis qu'il prenait la présidence, ses fonctions ne subissaient pas d'ailleurs une modification essentielle : on peut en effet établir une réelle analogie entre la *postulatio*, la *nominis delatio*, la *nominis receptio* et la procédure *in jure*. Il est vrai que le préteur préside maintenant les juges, mais ce nouveau rôle lui est imposé par le nombre décuplé de ces derniers dont les débats ne peuvent désormais se passer de direction. Le souvenir des *quæstiones*

1. P. F. Girard. *La date de la loi Œbutia*, p. 44. Mommsen, *Droit public*. Traduction Girard, III, p. 257 et s. L'expression *questio extra ordinem* se trouve d'ailleurs pour la première fois dans Asconius (Orelli in Mil. 33, 88) et d'après Madwig, Etat romain (traduc'. Morel, III, 332, note 13), l'expression *quæstio perpetua* ne se trouve pas dans les auteurs latins.

2. « *P(rætor) quei ex h(ace) l(ege) quæret* ». *Lex de repet*, 12, C. I. L. I p. 58. — *Prætor quei inter peregrinos jous dicet is in diebus pros cumeis quibus hanc legem populus plebesve jouserit, facito utei CDL viros legat* » fr. legis Aciliæ, C. 6.

extraordinariæ et celui du *consilium* ont enfin fait trouver naturelle la participation de ce magistrat à des délibérations auxquelles il était jusque-là resté étranger.

Quelques années plus tard, il devint nécessaire de décharger le préteur pérégrin de cette présidence pour en faire une province spéciale. Claudius Pulcher, préteur en 659, est en effet nommé dans son éloge funèbre, que nous retrouverons plus loin (1) « *prætor repetundis* ». Suivant Mommsen (2), ce changement a pour cause une loi rendue en 631 sous l'influence de C. Gracchus et d'après laquelle la liste des jurés, dressée pour l'année courante par le préteur pérégrin, doit l'être l'année suivante par un autre fonctionnaire, évidemment le *prætor repetundis*.

Avant d'arriver à la dictature de Sulla qui introduisit les réformes les plus radicales dans la législation criminelle, les *quæstiones perpetuæ* traversent une période fort peu connue durant laquelle nous ne savons rien de bien certain, quant à leur organisation, leur fonctionnement, leur nombre même.

Sur ce dernier point, on a été jusqu'à mettre en doute toute création d'une nouvelle *quæstio* pendant cette période. A l'appui de cette opinion on cite d'abord un passage de Pomponius (3) : « *Deinde Cornelius Sulla quæstiones publicas constituit, veluti de falso de parricidio, de sicariis et prætores quatuor adjecit.* »

A première vue, ce témoignage parait décisif, toutefois une seule observation suffit pour lui enlever toute valeur :

1. C. I. L. I, p. 279, IX = ed. 2. p. 200. XXXIII.
2. *Droit public romain*, Trad. Girard, III, p. 229.
3. Dig. *de orig. juris*, I, 2.

s'il fallait le prendre à la lettre il en résulterait que toutes les questions perpétuelles, y compris la *quæstio de repetundis*, dateraient de Sulla, celles qu'énumère Pomponius n'étant citées qu'à titre d'exemple.

On peut faire une objection analogue à un texte de Cicéron souvent cité (1) : « *Tunc hæc quotidianæ sicæ, veneni, peculatus, testamentorum etiam lege nova quæstiones.* » L'expression *lege nova* se rapporte-t-elle aux quatre questions énumérées par Cicéron ou seulement à la dernière, à la question *testamentorum ?* Rien n'indique d'ailleurs que les questions aient été réellement instituées ou seulement réorganisées par le dictateur. Toute la force de l'argument est détruite par l'objection que soulève cette ambiguité de sens.

Déjà en 612 la *quæstio inter sicarios* était dirigée par L. Tubulus « *qui, cum prætor quæstionem inter sicarios exercuisset, aperte cepit pecunias ob rem judicandum* » (2).

D'autre part Asconius Pedianius, dit en parlant de L. Cassius Longinus, tribun du peuple en 617, consul en 627 « *quotiens quæsitor judicii alicujus esset in quo quæreretur de homine occiso...* » (3). Ceci prouve bien encore que, vers 620, il y avait une *quæstio inter sicarios.*

De même C. Claudius Pulcher, préteur en 597, fut successivement « *quæstor III vir. a. a. a. f. f. æd. cur. jud. qu. veneficis, prætor repetundis* » (4).

1. De Nat. Deor, III, 30.
2. Cic. *de fin.* II, 16.
3. In Mil, 12, 32, p. 46.
4. C. I. L. I p. 279, IX.

Malgré l'autorité de Pomponius, la citation suivante de Cicéron semble aussi établir que, longtemps avant le procès de Roscius Amerinus, il y avait une *quæstio de parricidio*. « *Longo intercallo judicium inter sicarios hoc primum committitur omnes hanc quæstionem te prætore de manifestis maleficiis quotidianoque sanguine haud remissius sperant futuram* » (1).

En 668, Pompée, cité sous l'inculpation de *peculat*, devant la *quæstio* présidée par le préteur Antistius, se tira de ce mauvais pas en épousant la fille du magistrat (2).

A côté des préteurs qui dirigeaient ces divers tribunaux, il semble que nous entrevoyions déjà dans ce temps si peu connu, le personnage que nous retrouverons plus tard, remplissant les mêmes fonctions sous le nom de *judex quæstionis*. Nous connaissons quatre présidents annuels qui ont exercé leurs fonctions antérieurement aux réformes de Sulla : C. Claudius Pulcher, M. Fannius, Antistius, L. Cassius Longinus.

Sur le moment de C. Claudius Pulcher, nous lisons une inscription citée plus haut, où il est traité de *judex q. veneficis* (3).

Il remplit ces fonctions entre 655 et 658 puisqu'il fut préteur de *repetundis* en 659, après avoir été édile curule en 655.

Dans le plaidoyer prononcé par lui *pro Rosc. Amer.* en

1. Cic. *pr. Roscio Am.* 5.

2 « Αντιστιον στρατηγουντα και βραβευοντα την δικην εκεινην, ερασθηναι του Πομπειου και γυναικα διδοναι την εαυτου θυγατερα. » Plut. Pompée IV. Cf. Cic. de Nat. Deor. III. 30.

3. C. I. L.

673, année qui vit la fin des proscriptions de Sulla, Cicéron interpelle en ces termes M. Fannius le président : « *Te quoque magnopere, M. Fanni, quæso ut qualem te jam antea populo Romano præbuisti cum huic idem quæstioni judex præesses* (1) » Il ajoute un peu plus loin : « *Longo intervallo judicium inter sicarios hoc primum committitur quem interea cædes indignissimæ maximæque factæ sint* « *Antea.... Longo intervallo* » semble bien indiquer que Fannius présida la *quæstio inter sicarios*, plusieurs années avant Sulla, en qualité de *judex questionis.*

Restent L. Cassius Longinus, président de la *quæstio inter sicarios et* Antistius président de *peculatu*. En quelle qualité ont-ils exercé ces fonctions ?

1° Pour ce qui est du premier, tribun du peuple en 617, consul en 627, Mommsen (2) veut en faire un président juré, mais, d'après un passage de Valère Maxime, on peut soutenir qu'il agit en qualité de préteur (3) ;

2° Quant à Antistius, président du procès de péculat intenté à Pompée, Drumann et Mommsen l'identifient avec le personnage du même nom tué en 82 après avoir été édile (4). Il ne peut, dès lors, avoir présidé, en qualité de préteur, le tribunal qui jugea le rival de César.

1. Cic. pr. Rosc. Am. 4

2. *Loc. cit.* IV. p. 290, n. 1.

3. *M. Antonius ille disertus... questor Brundusium pervenerat ubi litteris certior incesti se postulatum apud L. Cassium prætorem cujus tribunal, propter nimiam severitatem, scopulus reorum dicebatur...* Val. Max. 7. 9.

4. I, 55.

Plutarque aurait donc commis une erreur et, malgré son témoignage, on peut admettre que Pompée a épousé la fille d'un simple *judex quæstionis.*

Comme conclusion on peut dresser le tableau suivant :

1° C. Claudius Pulcher *judex quæstionis veneficis* entre l'édilité (654) et la préture, avec la *quæstio de repetundis* en 659 ;

2° M. Fannius, *judex quæstionis inter sicarios*, longtemps avant (*lungo intervallo antea*) 674, où il fut préteur de la même question et chargé de juger, en cette qualité, Roscius Amerinus ;

3° Antistius, dont Plutarque fait un préteur, mais qui fut peut-être *judex quæstionis*, après avoir géré l'édilité de la plèbe et qui présida le procès de Pompée en l'une ou l'autre de ces deux qualités (668) ;

4° L. Cassius Longinus qui fut, s'il faut en croire Valère Maxime, préteur *inter sicarios.*

Il est donc très probable que les *judices quæstionis*, dont nous étudierons plus loin le caractère et les attributions, existaient déjà à cette époque.

Il faut s'en tenir là, il est impossible de rien savoir de précis en ce qui concerne leur mode d'élection.

CHAPITRE II

LA PRÉSIDENCE DES QUÆSTIONES APRÈS LA RÉFORME DE SULLA

Sulla profita de sa toute-puissance pour introduire d'importantes réformes dans la législation criminelle.

La seule partie de son œuvre qui nous intéresse est celle qui modifia le nombre et les attributions des préteurs.

Vers 527, quelques années avant la seconde guerre punique, le nombre des préteurs est porté à quatre par suite de l'acquisition de la portion carthaginoise de la Sicile, suivie en 516 de celle de la Sardaigne.

En 556, l'administration des deux provinces d'Espagne nécessite une nouvelle augmentation. On décide de nommer chaque année six préteurs (1). On revient cependant en arrière en 575 où l'on n'élit que quatre préteurs, la loi Bœbia avait en effet décidé qu'on alternerait désormais entre ce chiffre et celui de six (2). Cette combinaison

1. Tit. XXXII, 27-28. « *Sex prætores illo anno primum creati, crescentibus jam provinciis, et latius patescente imperio.* »

2. *Prætores quatuor post multos annos* (c'est-à-dire après 558) *lege Bæbia creati quæ alternis, quaternis jubebat creari.* » T. L XL, 42,2.

fut de courte durée, et le nombre des prêteurs resta fixé à six jusqu'aux lois cornéliennes.

Pendant ce temps, cinq nouvelles provinces étaient créées : la Macédoine avec l'Achaie en 608, l'Afrique à la même époque, l'Asie en 620, la Gaule Narbonnaise vers 636, la Galicie probablement en 638.

Pour tous ces gouvernements, il n'y avait que quatre titulaires, les préteurs urbain et pérégrin étant affectés à la capitale; on tournait la difficulté en prorogeant les magistrats. Sulla remédia directement à cette situation : il supprima le commandement militaire général de l'Italie, fit de la Gaule Cisalpine une province et éleva le nombre des prêteurs à huit, ce qui, en y joignant les deux consuls, fit dix magistrats annuels pourvus de l'*imperium*, chiffre égal à celui des provinces extra italiques. Ces huit prêteurs devaient passer leur année de charge à Rome et y exercer la juridiction civile ou la présidence des *quæstiones perpetuæ*, puis aller administrer une province extra italique (1).

Si l'équilibre entre les magistrats supérieurs et les pro-

1. « Pomponius dit, il est vrai « *Deinde Cornelius Sulla... prætores quatuor adjecit.* » Dig. 1, 2, 3, 32 et il compte, en partant de là, dix prêteurs, mais c'est en contradiction avec Dion (p. 232, n. 1). Le nombre de huit pour Sylla est vraisemblable parce que César en ajouta deux selon Pomponius et fut le premier à porter leur nombre à dix selon Dion Cassius (*loc. cit.*), en outre principalement parce que Velleius, p. 232, n. 1, signale, le nombre huit comme le nombre normal des préteurs avant Auguste, évidemment en négligeant les chiffres vacillants du temps de César ». Mommsen III, p. 229, trad. Girard.

vinces était ainsi rétabli, le nombre des départements judiciaires restait toujours supérieur à celui des préteurs. Sous l'empire de la législation cornélienne, on trouve en effet : les juridictions urbaines et pérégrines, les *quæstiones de repetundis, de ambitu, de peculatu, de majestate, de sicariis, de veneficis, de falso,* soit au total neuf départements (1) auxquels s'adjoignirent plus tard les *quæstiones : De vi, lege Plautia.*

De civitate, lege Papia.

De sodaliciis, lege Licinia.

De nefanda venere, lege Scantinia.

Ce qui augmentait encore ce manque de proportion c'est que, à raison de leur importance, certaines *quæstiones* avaient dû se subdiviser en sections dirigées chacune par un président. Le texte de Cicéron cité en note (n. 1) en est un exemple, il nous montre M. Pletorius et C. Flaminius dirigeant au même moment le même tribunal.

Il ne faut pas oublier enfin que deux préteurs restaient étrangers à la juridiction criminelle. C'est pourquoi, dès le début, d'après une opinion qui semble très vraisemblable, ou seulement comme le veulent quelques auteurs, à

1. Mommsen réduit ces neuf provinces à huit en réunissant les présidences de la *quæstio de sicariis et de veneficis.* Cette opinion nous semble contredite par des textes décisifs; le plus important est celui-ci sur lequel nous reviendrons. « *Hæc quæstio de veneno* (devant laquelle est accusé Cluentius) *sola ita gubernatur? Quid M. Pletorii et C. Flaminiis inter sicarios?* pr. Cl. 53. Cf. Mos. et Rom. Leg. Collat. 1, 3 § 1.

Cic. de Nat. Deor. III, 30 § 74; pr. Cl. 54.

partir des lois cornéliennes, nous trouvons, à côté des préteurs, les *Judices Quæstionis.*

Quelle est la raison d'être de cette institution?

N'aurait-il pas mieux valu créer de nouveaux préteurs toutes les fois que cela était nécessaire? Cela eût été plus simple en effet, mais les institutions se développent et se transforment le plus souvent sans se soucier de la simplicité et de la symétrie.

Placer au-dessus des quatre édiles, et au-dessous des consuls, un nombre triple ou sextuple de magistrats intermédiaires aurait, d'ailleurs, violé la symétrie d'une autre façon. César en faisant élire, d'abord (708) dix, et plus tard quatorze et seize préteurs pour récompenser ses partisans ne s'arrêta pas, il vrai, devant cette considération.

CHAPITRE III

LE JUDEX QUŒSTIONIS.

Quels qu'aient été les motifs qui firent établir cette fonction, de nombreux textes, dont quelques-uns nous sont déjà connus, en révèlent l'existence et l'opposent nettement à la préture (1).

1. *C. Claudius Pulcher æd. cur. jud. q. veneficis pr. repetundis* ». C. I. L. I, p. 279.

C. Octavius *judex quœstionum pr. pro cos.* (*id.*, p. 278, ch. VI)

M. Fanni qualem te jam antea populo Romano prœbuisti, cum huic idem quœstioni judex prœesses ». Cic. pro. Rosc. Amer., 4, 11, cf. 5, 11.

Sont soumis aux pénalités de la loi Cornelia de *sicariis et veneficis* : « *Qui... quive cum magistratus esset publicove judicio prœesset. Quive magistratus judexve quœstionis ob capitalem causam, pecuniam acceperit* ».

« *Capite primo legis Corneliœ cavetur ut is prœtor judexve quœstionis cui sorte obvenerit, quœstio de sicariis* » (Ulp. *Coll. leg. mos*, 1, 3).

« *Condemnatus est C. Junius qui ei quœstioni profuerat cum esset judex quœstionis* » Cic. pro Cl. 33.

« *Illum hominem œdilicium, jam prœtorem opinionibus hominum constitutum* » Cic. Brut. 76.

« *C. Visellius Varro, cum post curulem œdilitatem judex quœstionis esset, mortuus est* » (Suet. Cæs. 11).

Nous allons tâcher d'en déterminer la nature et les caractères.

Premier point certain : le *judex quæstionis* n'était pas désigné pour diriger tel ou tel procès, à la conclusion duquel son rôle finissait ; ses fonctions duraient une année. On le voit en effet dénommé *judex quæstionum* (1). C. Junius « *homo ædilicius, jam prætor opinione hominum constitutus* (2), » présida successivement en cette qualitée, les trois poursuites distinctes, quoique se rapportant aux mêmes faits, dirigées contre l'affranchi Scamander, C. Fabricius et Statius Albius Oppianicus. Ce même Junius, président du procès d'Oppianicus, fut en cette qualité mis en accusation. Bien que ce procès fût terminé depuis quelque temps, il était toujours *judex quæstionis*, ses pouvoirs allaient expirer dans quelques jours. « *At ipse* (C. Junius) *ex lege quærebat. Paucos dies expectasset Quintius. At neque privatus accusare, nec sedata jam invidia volebat* ». Ce passage indique bien que la magistrature de Quintus, le tribun accusateur, finissait en même temps que celle de C. Junius, le *judex* accusé ; encore quelques jours, l'une et l'autre touchaient à leur terme, et il y aurait eu deux simples citoyens en présence.

Les fonctions de *judex quæstionis* commençaient et se terminaient donc au même moment que celles de la plupart des autres magistrats, elles duraient également une année. Quelle en était la nature, en quoi consistait le rôle du personnage qui les exerçait?

1. C. I. L., p. 278 (à propos de C. Octavius).
2. Cic., *pro Cluent.* 29.

Un système défendu par Sigonius (1) et par Garatoni fait du *judex quæstionis* une sorte d'assesseur placé sous les ordres du préteur et figurant à côté de lui dans chaque instance pour l'assister et le seconder. « *Nam prætor dabat actionem et negabat, cogebat judices et dimittebat. Judex quæstionis datam actionem exercebat, judices sortiebatur, testes audiebat, quæstiones habebat, tabulas suspiciebat, quæ prætor fere propter occupationes aut propter dignitatem, fastigium non curabat.* »

« *O delicatus prætor !* » s'écrie plaisamment Madvig. On ne saisit pas bien en effet la raison pour laquelle les Romains auraient confié à un magistrat un rôle digne d'un appariteur. Garatoni, qui veut lui donner quelque chose à faire, lui attribue la direction des débats interrompus au cours d'un procès par la mort ou la maladie du préteur, mais Madvig lui répond que cette sorte de suppléance est en contradiction avec les idées romaines. En cas d'absence du président, le tribunal ne siégeait pas. Comment au surplus le *judex* aurait-il eu, dans une hypothèse seulement, l'autorité nécessaire pour présider ?

Cette opinion est donc peu vraisemblable en elle-même. Sur quels arguments se base-t-elle ?

Sur deux passages, l'un du Pseudo Asconius qui, à propos du procès de Verres, montre Q. Curtius aidant le préteur et tirant au sort les juges, l'autre de Quintilien d'après lequel, tandis que le préteur aurait disposé de l'*imperium* proprement dit, le *judex quæstionis* se serait occupé « *in iis quæ essent cognitionis* (2) ».

1. *Opera omnia*. Vol. V, *De Jud.*

2. *Ps. Asc. in Cic. in Verr. act. prim.*, C. 6 10.

Geib (1) a fait justice de ce dernier argument en observant que le prétendu passage de Quintilien n'a jamais existé. L'affirmation du Pseudo Asconius, sur laquelle nous reviendrons, n'a pas plus de valeur.

Sigonius (2) invoque en outre trois procès qu'auraient dirigés simultanément un *judex quæstionis* et un préteur :

1° Dans celui de Verres, M. Glabrio est préteur et Q. Curtius *judex;*

2° Dans celui de Cluentius, Q. Voconius est *judex* et Q. Naso préteur;

3° Dans celui d'Oppianicus, C. Verres est préteur et C. Junius, *judex.*

Reprenons un à un ces trois procès :

1° C. Verres, que Cicéron traite de « *prætor urbanus, homo sanctus et diligens* », ne pouvait, à raison de la juridiction civile qu'il exerçait, prendre la moindre part au procès d'Oppianicus. Il devait seulement, en sa qualité de préteur urbain, autoriser la *subsortitio* des juges. Ce fut pour n'avoir pas procédé à cette formalité que C. Junius, unique président, fut frappé d'une amende (3).

2° Cicéron, en défendant Cluentius, s'adresse tout d'abord en ces termes à Q. Naso (4). « *Quid est* Q. Naso,

1. P. 189, n. 54.

2. Sigonius. Vol. V., II, *de judic.*

3. *Multam petivit (quintius) qua lege? Quod in legem non jurasset, quæ res nenimi unquam frandi fuit et quod C. Verres prætor urbanus, homo sanctus et diligens, subsortitionem ejus in ea codice non haberet, qui tum interlitus proferebatur...* » Pr. C. C. § 33.

4. Pro C. § 53.

cur tu in isto loco sedeas? Quæ vis est, qua abs te hi judices tali dignitate præditi coerceantur? Quid sibi illi scribæ, quid lictores, quid cæteri quos apparere huic quæstioni video volunt? » Cette tirade n'a pu être adressée qu'à un préteur, car seuls les magistrats supérieurs étaient entourés de licteurs. Un peu plus loin l'orateur romain rappelle aux juges que « *Jubet lex ea, qua lege hæc quæstio constituta est, judicem quæstionis, hoc est Q. Voconium, cum iis judicibus qui ei obvenerint, vos appellat judices, quærere de veneno* (1) ». A côté du préteur Q. Naso, siégeait donc le *judex quæstionis Voconius.*

Il est aujourd'hui péremptoirement prouvé (2) que les deux noms qui précèdent appartiennent à une seule personne. Cicéron s'en sert successivement, peut-être pour ne pas se répéter à trop court intervalle. De même, dans un autre discours il appelle C. Alfius Flavus tantôt C. Alfius et tantôt C. Flavus (3).

On montre enfin Q. Curtius *judex quæstionis* du tribunal charger de juger Verres et dont M. Acilius Glabrio était le préteur président, procédant à la *subsortitio* des jurés. En réalité c'était le judex d'une autre *quæstio.*

1. § 51.

2. Madvig. *De Asconio Pediano*, p. 129.

3. *Pro Plancio*, § 19 et 42 A. W. Zumpt (p. 160 et s.) discute longuement le point de savoir si Q. Voconius Naso était *judex quæstionis* ou préteur. Quoiqu'en dise Zumpt, la première hypothèse nous semble suffisamment démontrée, indépendamment de toute autre présomption, par ces mots du § 51 « *judicem quæstionis, hoc est Q. Voconium.*

Pour sauver l'ancien gouverneur de la Sicile, il tenta d'éliminer par la *subsortitio* ceux des juges de ce dernier qu'il lui supposait hostiles, au profit du tribunal qu'il dirigeait. Grâce à l'énergie de Cicéron, soutenu par les protestations des assistants, cette manœuvre ne réussit pas (1). Rien de plus absurde que de se représenter, à l'exemple de Ferratius (2), trompé par le Pseudo Asconius, l'orateur romain récusant, on ne sait en vertu de quel droit un *judex quæstionis* mal disposé.

Ce premier système écarté, nous nous trouvons en présence de deux opinions.

Suivant l'une, le judex, tout en étant à peu près indépendant, joue un rôle beaucoup plus modeste que le préteur, auquel certaines attributions importantes appartiennent en propre.

Selon l'autre, qui semble préférable, les deux fonctions ne diffèrent que par le titre, le mode d'élection et le rang hiérarchique. Si plusieurs textes opposent le judex au magistrat (3), cela tient probablement à ce que, comme

1. *Ejusdem modi sortitionem homo amentissimus suorum quoque judicum fore putavit per sodalem suum Q. curtium, judicem quæstionis : cui nisi ego vi populi et hominum clamore atque convicio restitissent, ex hac decuria nostra cujus mihi copiam quam largissime factam oportebat, cepta essel facultas eorum, quos (ubi) iste amunerat in suum consilium sine causa subsortitiegatur* ».

2. Epist. I.

3. *Quive cum magistratus esset publicave judicio præesset*, D. 48, 8 pr.

Qui magistratus judexve quæstionis ob capitalem causam « *pecuniam acceperit est publica lege reus fieret* » D. 48, 8, 1, 1).

nous l'établirons, le premier n'est pas élu par les comices. « Cette fonction judiciaire a sa place dans l'échelle des magistratures où elle est ordinairement occupée entre l'édilité et la préture (1). Le *judex* a la coercition attachée à la magistrature (2) et les appariteurs des magistrats (3), il prête le serment des magistrats, comme le préteur (4), dans les cinq jours de son entrée en charge, il exerce ses fonctions dans plusieurs procès de la même espèce (5). » Selon Geib et Zumpt (6), au contraire, ces deux dignitaires seraient séparés par d'importantes différences dans l'examen desquelles il faut entrer. A en croire les défenseurs de cette opinion, le *judex quæstionis* doit prêter serment comme les jurés au début de chaque procès; il peut être accusé pendant ses fonctions, tandis que, en général, les vrais magistrats sont protégés contre toute mise en accusation intentée avant leur sortie de charge ; la direction des débats lui est seulement confiée; outre cette mission le préteur a celle de décider les cas dans lesquels l'accusation ne sera pas portée devant le jury, les aveux de l'accusé ou sa culpabilité évidente

1. Ainsi Cicéron, Brutus, 76, 264, dit de C. Visellius Varro : *Cum, post curulem ædilitatem, judex quæstionis esset, est mortuus.* Les inscriptions montrent la même chose. » Mommsen, tr. Girard, IV, p. 296, n. 2.

2 Cic. *Pro Cluent.* 53 « *quæ vis est qua abs te hi judices coerceantur.* » Mommsen IV, p. 291. n. 4.

3. Cic. pr. Id. : « *Quid sibi illi scribæ, quid lictores, quid cæteri quos apparere huic quæstioni video volunt.* »

4. Cic. *pr. Cl.* 33-35.

5. Mommsen, IV, p. 295.

6. Geib op. cit. p. 160 et s. ; Zumpt C. R. II, 2. p. 136 et s.

rendant le jugement inutile. Si la présidence du jury, dit-on pour établir ce dernier point, ne nécessitait ni une grande initiative ni une grande autorité, il n'en était pas de même de l'admission ou du rejet préalable de l'accusation : un tel rôle impliquait des négociations avec l'accusateur et souvent avec les tribuns de la plèbe qui le soutenaient ou le combattaient. Seul un magistrat, élu directement par le peuple, disposait du prestige et de l'indépendance nécessaires à cette tâche. Cette partie de la procédure était réservée au préteur urbain, quand la *quœstio* n'était pas présidée par un collègue de ce magistrat (1).

Rien ne justifie un tel système. Son principal défenseur reconnait lui-même que, dans la période antérieure à Sylla, tous les présidents, judices ou préteurs, avaient les mêmes attributions, mais que la création des nouvelles questions eut pour conséquence cet amoindrissement du pouvoir des *judices quœstionis.* Pourquoi donc un tel changement n'a-t-il point laissé de trace dans la législation nouvelle? Suétone dit formellement au contraire de César : « *In exercenda de sicariis quæstione, eos quoque sicariorum numero habuit qui, proscriptione ob relata civium Romanorum capita, pecunias ex œrario acceperant, quanquam exceptos Corneliis legibus* » (3).

Le texte de Cicéron sur lequel on s'appuie pour établir

1. Zumpt, CR. II, 2, p. 150.

2. Suet. *Cœs.* 11.

3. Cic. pr. Cl. 53. « *Multam petivit qua lege? Quod in legem non jurasset quæ res nemini unquam fraudi fuit.* »

l'obligation où se trouvait le *judex* de prêter serment au début de chaque procès, à la différence du préteur qui, ayant juré une fois pour toutes, lors de son entrée en charge, n'était pas tenu de renouveler cette cérémonie à chaque occasion, a été mal interprété. Ce serment n'est pas celui qui est exigé au début des fonctions. Cicéron présente, en effet, cette omission comme un vice de forme insignifiant et très souvent négligé (*Quæ res nemini unquam fraudi fuit*). En outre, une telle différence de traitement n'est guère explicable : le *judex*, tout comme le préteur, reste un an en fonctions, pourquoi n'aurait-il pas, lui aussi, prêté un serment général? Quelle raison y avait-il à le supposer moins digne de foi que le magistrat qui remplissait la même charge que lui? Il s'agit donc du serment que le président quel qu'il fût, préteur ou nom, prononçait avant de tirer au sort les jurés de tel procès. Le préteur était soumis à la même obligation (1), il devait affirmer, en outre, qu'il avait observé les prescriptions de la loi dans l'élection des juges et n'avait inscrit sur l'album que d'honnêtes gens.

Il est tout au moins une infériorité qu'il semble, au premier abord, presqu'impossible de méconnaître et qui placerait le *judex* bien au-dessous du préteur, si elle existait réellement. Du passage précédemment cité de la plaidoirie de Cicéron en faveur de Cluentius, il résulte nettement que le *judex* peut être mis en accusation avant sa sortie de charge. Cicéron s'en plaint amèrement, mais

1. « *Prætor quei legerit... jourato sese eos ex hac lege legisse de quibus sibei consultum sit quæ supra scripta sint.* » *Frag. legis Serviliæ, cap.* 6, *in fine.*

il est visible que, dans l'intérêt de sa cause, il transforme en violation de la loi ce qui n'était qu'un manque aux convenances et que l'oubli regrettable d'un usage respecté. Peut-être la dignité d'élu du peuple romain ne défendait-elle pas celui qui n'était qu'un ex-édile.

La difficulté semble néanmoins plus apparente que réelle : nous sommes en présence d'une disposition impérative qui prescrit une formalité sous la sanction d'une amende. Cette prescription s'impose naturellement à tous ceux, quels qu'ils soient, auxquels elle s'adresse. Peu importe la qualité du délinquant, peu importe même la dignité dont il est revêtu. L'inviolabilité qui l'entoure n'est pas un obstacle à l'application d'une règle spécialement faite pour lui. Si donc C. Junius avait été préteur, la condamnation pécuniaire prononcée contre lui aurait pu le frapper tout aussi légalement, et on ne peut rien induire de ce fait, au détriment des fonctions de *judex quæstionis* (1).

Si cette explication était exacte, nous constaterions indentité complète, même sur ce dernier point.

En essayant de déterminer leurs attributions et de préciser leur caractère, nous avons dit incidemment que les

1. Un passage de Suétone (*Cæs.* 17) très laconique et assez obscur, il est vrai, est cependant de nature à faire hésiter. D'après cet auteur, César fut désigné au quæsitor Novius Niger comme un complice de Catalina et semble avoir été accusé de *vi*. Suétone ajoute que César fit incarcérer le quæsitor Novius « *quod compellari apud se majorem potestatem* (la préture) *passus esset* ». Mais peut-être Novius Niger fut-il victime, du fait de César, par un juste retour des choses, du même abus de pouvoir qu'il lui avait fait subir à lui-même malgré sa préture.

judices quæstionis n'étaient pas de vrais magistrats, en ce sens que leurs pouvoirs ne procédaient pas de l'élection populaire. Il nous reste à démontrer cette proposition. « La plupart de ceux que nous connaissons ont géré cette fonction entre l'édilité (curule ou de la plèbe), et la préture et selon, toute probabilité, immédiatement après l'édilité. Pour aucun d'eux on ne saurait démontrer qu'il ne fut pas édile l'année précédente (1). »

En effet, C. Claudius Pulcher, préteur en 95, fut successivement « *quæstor III vir. a. a. a. f. f. æd. cur. judex q. veneficis pr. repetundis* (C. I. L, p. 279, IX). Il présida donc la *quæstio de veneficis* avec le titre de *judex quæstionis*, après l'édilité curule et avant la préture. C. *Junius homo ædilicius, judex quæstionis de veneficis* en 689 (2), présida cette même année les poursuites contre l'affranchi Scamander.

M. Plœtorius et C. Flaminius, président en 688 la *quæstio inter sicarios* (3), après avoir été édiles curules en 687, ils n'étaient donc pas préteurs mais *judices quæstionis*. M. Plœtorius géra probablement la préture en 690, avec Flaminius (4). J. César, édile curule en 689,

1. Willems, Sénat de la Rép Rom. II, p. 293.

2. L. *Quintius qui, quum esset eo tempore, tribunus plebis, convicium C. Junius judicis quæstioniis maximum fecit...* » pro. Cl. 27.

Atque in hanc flammam recentem. C. Junium qui illi quæstioni præfuerat infectum esse memini et illum hominem ædilitium, jam prætorem opinionibus hominum constitutum.

3. *Quid M. Plœtorii et C. Flaminii inter sicarios ? Pro. Cluent* 53.

4. *Quum defendissem apud M. Junium, Q. Publicum prætorem*

judex quæstionis int. sicarios en 690, préteur en 692, présida en qualité de *judex* le procès de meurtre contre L. Licinius, L. Bellienus et Catilina (1).

C. Octavius est *æd. pleb. jud. quæstionum pr(ætor)* en 693. « *C. Octavius C. f. C. n. C. pr. pater Augusti tr. mil. bis. q. æd. pl. cum. T. Toranio, judex quæstionum* » (2).

C. Visellius Varro quum, post curulem ædilitatem, judex quæstionis esset est mortuus (3).

M. Favonius fut édile de la plèbe en 701, *quæsitor de la quæstio de sodaliciis* en 702, préteur vers 704, car Velleius Paterculus l'appelle *prætorius*, et d'autre part, nous connaissons les huit préteurs de 706 parmi lesquels Favonius ne se trouve pas.

Il est donc très vraisemblable, sans qu'on puisse pourtant l'affirmer d'une façon certaine, que l'édile, au sortir de sa charge, était de droit *judex quæstionis*, comme le préteur ou le consul devenait gouverneur de province.

Cette opinion peut encore invoquer en sa faveur le passage de la *lex Cornelia* cité plus haut d'après lequel les *judices* étaient désignés par la voie du tirage au sort. Elle soulève, par contre, une sérieuse objection. Le nombre fixe de *judices* répondait mal au besoin que les créateurs de cette institution eurent sans doute en vue :

et M. Plætorium, C. Flaminium ædiles curules pro Cl. 45 et Cf. Hölzl, fast. pr. 30-31.

Cicér. pr. Cl. 53, Holzl, p. 30.

1. Suet. Cæs. 11.

2. C. I. L. p. 278.

3. Cic. Brut. 76.

adjoindre chaque année au préteur d'autres présidents selon les nécessités de la pratique qui obligeaient souvent à diviser les *quæstiones* en sections plus ou moins nombreuses.

Trois autres systèmes ont été proposés :

1° Madvig (1) admet l'élection par les comices, sans invoquer d'autre raison que la similitude des attributions du *judex* et du préteur.

2° Le Sénat, dit A. W. Zumpt (2), intervenait souvent dans la répartition des provinces judiciaires. De même que, dans les cas extraordinaires, il revêtait les consuls du pouvoir de juger, et qu'il attribuait au préteur telle ou telle question, de même il pouvait donner des aides aux préteurs en nommant des fonctionnaires qui leur étaient voisins en rang et qu'on peut comparer aux légats des préteurs dans les provinces.

3° Hölzl combat l'explication précédente, incompatible, dit-il, avec la mission du Sénat. Selon lui le préteur urbain qui composait l'album des juges désignait aussi les *judices quæstionis* d'après un sénatus-consulte, mais il ajoute que ce magistrat les choisissait presque toujours parmi les édiles. Zumpt objecte à ceci, que les magistrats élus par le peuple ne nommaient que des employés inférieurs dont ils étaient personnellement responsables et qui n'avaient aucun pouvoir indépendant (3), mais Hölzl n'a aucune peine à lui répondre en lui rappelant les *pro-*

1. *De Asc. Pediano*, p. 125... Cf. *État Romain*, trad. Morel, vol. II, p. 111.

2. II, 2, 149.

3. Zumpt. Cr. R. II, 2, p. 522.

fecti juri dicundo délégués par le préteur urbain pour exercer, dans divers endroits de l'Italie, une juridiction semblable à celle de leur mandataire, et aussi les juridictions municipales qui, suivant Mommsen, ont pour base une délégation imposée par la loi au préteur.

L'hypothèse de Hölzl a l'avantage de résoudre l'objection soulevée par celle de Willems. Il était facile en effet au préteur urbain d'augmenter le nombre des présidents, de quæstiones. Les deux opinions diffèrent peu, d'ailleurs quant aux conséquences pratiques, puisque Hölzl admet que le choix des magistrats portait régulièrement sur les édiles sortants. Le débat qu'elles soulèvent est donc plutôt théorique.

CHAPITRE IV

LE QUÆSITOR JURÉ DE MOMMSEN.

Si nous jetons un regard sur le chemin parcouru jusqu'ici, nous pouvons constater que nous avons déterminé l'existence des deux classes de présidents qui dirigeaient concurremment les diverses *quæstiones perpetuæ*, et, le cas échéant, les sections entre lesquelles elles pouvaient être subdivisées : l'une, composée des prêteurs, à l'exception de ceux qui exerçaient les juridictions urbaine et pérégrine, l'autre, à peu près deux fois moins nombreuse, où figurent les *judices quæstionis.*

A côté de ces derniers, ou plutôt à la place de quelques-uns d'entre eux, Mommsen a découvert l'existence d'une troisième variété de présidents à laquelle il donne le nom de l'espèce toute entière : le *quæsitor*. Avant de critiquer ces idées il est nécessaire de les exposer dans leur ensemble.

Le procédé si simple et si naturel qui consiste à soumettre les jurys à un directeur pris dans leur sein, n'a pas été ignoré des Romains, ils l'ont appliqué constamment aux importantes questions *de vi et sodaliciorum* à la tête desquelles on ne rencontre jamais de magistrats. Même pour les questions placées sous l'autorité d'un préteur, ce mode de direction du procès paraît s'être rencontré à titre complémentaire. Le président dont il s'agit était désigné sous le nom générique de *quæsitor*. Ce n'était pas un magistrat mais un simple juré ne disposant d'aucun pouvoir spécial, sorte de préposé du préteur urbain. Ce dernier, après avoir procédé à l'instruction et tiré au sort les jurés avec l'assistance des questeurs, choisissait parmi eux leur *quæsitor* dont les fonctions duraient autant que le procès à l'occasion duquel ils lui avaient été confiées et prenaient fin au même moment.

Sur quels arguments le savant allemand appuie-t-il son système?

1° Sur le texte d'Asconius déjà cité : « *L. Cassius fuit, sicut jam sæpe diximus, summæ vir severitatis. Quotiens quæsitor judicii alicujus esset in quo quæreretur de homine occiso; suadebat atque etiam præibat judicibus hoc quod Cicero nunc admonet, ut quæreretur, cui bono fuisset, perire eum de cujus morte quæritur.* »

Mommsen en tire deux propositions :

a) Le *quæsitor* dont parle ce texte n'exerçait pas les fonctions fixes et annales d'un *judex quæstionis*, mais les fonctions intermittentes d'un juré; c'est ce qui résulte de la tournure toutes les fois qu'il était *quæsitor*.

b) L'expression *præire* démontre que ce juré, investi pour la durée du procès de la direction des débats, ne perdait pas pour cela son droit de vote, mais au contraire opinait le premier, sans se borner comme le *judex quæstionis* à recueillir les voix, c'est d'ailleurs ce que confirment les épithètes élogieuses que Cicéron joint au nom de ce même L. Cassius lorsqu'il le nomme « *rarissimus atque sapientissimus judex; judex quærens, quæsitor atque judex* (1). » Tout cela semble bien indiquer en effet un président qui est en même temps un juge.

2° L'existence, au moins primitivement, d'un juré à la tête de la *quæstio inter sicarios* résulte pour Mommsen de ces mots d'Asconius « *judicii alicujus in quo quæreretur de homine occiso* ». Il en serait de même de la *quæstio peculatus*, sans que Mommsen puisse toutefois l'affirmer catégoriquement. Enfin toute une série de faits, empruntés pour la plupart à des textes littéraires, établissent selon lui, l'absence complète de magistrats à la tête des questions *de vi et sodaliciorum*.

3° Ce qui prouve que les *quæsitores* des questions de ce genre étaient bien des juges remplissant ces fonctions temporairement et par occasion, c'est, continue Mommsen, qu'on n'en saurait citer un qui ait présidé deux procès différents; au contraire Servilius et Alfius ont présidé l'un et l'autre *de sodaliciis* en 700, Fabius et Considius en matière de vis en 702, peut-être aussi Crassus et Lentulus, également en matière de vis en 695.

Alors que le même magistrat restait toujours une année entière à la tête de sa question, plusieurs *quæsitores* jurés se succédaient au même poste pendant ce laps de temps et présidaient des questions différentes de la même année. C. Alfius Flavus fut ainsi, en 700, *quæsitor* en matière de *majestas* et de *solidacio*.

1. Cic. pr. Sext. Rosc. 30.

4° Quant au mode de désignation de cette troisième espèce de *quæsitor* qui était probablement faite, dit Mommsen, par le préteur urbain assisté des questeurs et précédée de l'instruction du procès, de la sortition des jurés et de leur rejection opérées par ce magistrat, le savant épigraphiste invoque les preuves suivantes, il ne les énonce pas d'ailleurs sans hésitation. « Cicéron semble mettre sur la même ligne la nomination du *quæsitor* et celle du conseil (1). *Nam maximi quidem summa laus est, sumptis inimiciis, suscepta causa, quæsitore consilioque delecto* ». La désignation du président et celle de son conseil avaient donc lieu en même temps et par le même procédé, l'un et l'autre étaient choisis par le préteur. C'est ce qui résulte encore d'un passage de la *Scholia Bobiensis* qui se rapporte aux faits suivants : accusé en vertu de la loi *Licinia Junia* alors qu'il était absent pour affaires concernant l'Etat, ce qui le mettait à l'abri d'une telle poursuite, Vatinius revint néanmoins à Rome pour se disculper. Quand, trente jours après sa citation, la formation d'un jury devait avoir lieu, un conflit s'éleva entre lui et le préteur Memmius, conflit qui se termina violemment (2). Quelle était la cause de ce désaccord? Le

1. *In Vatinio* XI.

2. « *Num quis reus in tribunal sui quæsitoris ascenderit, eumque vi deturbarit, subsellia dissiparit, urnas dejecerit, easque denique omnes res in judicio disturbando commiserit quarum rerum causa judicia sunt constituta? Sciasne tum fugisse Memmium accusatores esse tuos de tuis tuorumque manibus ereptos, judices quæstionum de proximis tribunalibus esse depulsos* (Cic. in Vat. 14).

préteur soutenait que l'ancienne loi *Licinia Junia* étant applicable, le président devait être tiré au sort. Vatinius affirmait au contraire, avoir le droit, d'après la loi dont il était l'auteur, de nommer le *quæsitor* par voie de récusations réciproques (1). Quoiqu'il en soit, le tirage au sort ou la récusation s'appliquait aussi bien au *quæsitor* qu'aux jurés.

En décembre 695, Milon intenta à Clodius une poursuite *de vi* sous l'inculpation d'avoir troublé l'assemblée populaire convoquée pour décider le rappel de Cicéron. « Clodius, dit l'historien, brigua l'édilité, espérant, s'il l'obtenait, échapper à l'accusation de violence. Milon avait déféré son nom, mais ne l'avait pas mis en accusation parce que les questeurs qui devaient tirer au sort les juges, n'avaient pas été élus. Nepos avait défendu au préteur de recevoir aucune accusation avant que les juges eussent été désignés, et les édiles devaient être nommés avant les questeurs. Ce fut là surtout ce qui fit ajourner l'accusation contre Clodius » (2).

Ainsi donc, il était nécessaire, pour obtenir la condamnation de Clodius, d'organiser le tribunal chargé de le juger, avant les élections édilitiennes ou l'ennemi de

1. *Hæc facta sunt quum reus esset vi P. Vatinius accusante C. Licinio... Nam quum prætor se Memmius quæsitorem sortito facere vellet et Vatinius postularet ut ipse et accusator suus mutuas rejectiones de quæsitoribus facerent, ipsius etenim Vatinii lege quam tulerat in tribunatu, non satis apparebat, utrum sorte quæsitor esset deligendus an vero mutua inter adversarios facienda rejectio. Scho Bob.* p. 322, *ad Vat.* 14.

2. Dion Cassius XXXIX, § 7, trad. Gros.

César était sûr de triompher, ce qui aurait rendu impossible la conclusion du procès ; or, les questeurs qui devaient tirer le nom des juges sur l'invitation du préteur urbain, étaient alors sortis de charge sans que leurs successeurs y fussent entrés, et, dans l'intervalle, devait avoir lieu la nomination des édiles qui précédait celle des questeurs.

Cette version semble d'ailleurs confirmée par le passage suivant d'une lettre de Cicéron écrite au moment où se produisaient ces événements ;

« *Racilius surrexit et de judiciis referre cepit, Marcellinum quidem primum rogavit. Is cum graviter de Clodianis incendiis.... questus esset, sententiam dixit, ut ipse judices per prætorem urbanum sortiretur, judicum sortitione facta comitia haberentur; qui judicia impedisset, cum contra rem publicam esse facturum* » (1).

Tout ceci n'établit-il pas, comme l'affirme Mommsen, que la sortition des juges était étrangère au *quæsitor* juré ?

Tel est le système de Mommsen. Nous allons maintenant le discuter point par point, en nous aidant de la réfutation très vigoureuse et très complète que M. Hölzl en a faite (2).

A supposer que l'expression *quotiens* ait le sens que veut lui donner Mommsen, il serait toujours possible de

1. Cic. ad Q. fr. 2, 1, 2 cf. *pro Sest.* 41, 89, 44, 95. *Ad famil.* 1, 9, 15, 5, 3, 2.

2. *Fast. præt.*, p. 18-20.

s'inscrire en faux contre l'affirmation du Scoliaste qui n'est pas une autorité infaillible, surtout par rapport à ces temps reculés. Mais c'est là un moyen de défense dont il ne faut user qu'à la dernière extrémité et dont nous pouvons très bien nous passer. Le terme *quæsitor* est en effet général, nous l'avons démontré et Mommsen le reconnait lui-même. Ceci admis, pourquoi la tournure « toutes les fois qu'il était *quæsitor* »... ne se rapporterait-elle pas à un judex quæstionis et même à un préteur ?

Relisons le passage de Valère-Maxime cité plus haut : « *M. Antonius ille disertus... quæstor... Brundusium pervenerat ubi litteris certior incesti se postulatum apud L. Cassium prætorem, cujus tribunal, propter nimiam severitatem, scopulus reorum dicebatur...* » Si, comme on le soutient, Valère Maxime attribue faussement la qualité de préteur à L. Cassius qui avait déjà rempli celle de consul avant 627, il n'en résulte pas moins qu'il a, avant cette époque, dirigé souvent, avec beaucoup de fermeté plusieurs procès criminels, soit en qualité de judex, soit en qualité de préteur (1). C'est tout ce que veut dire Asconius. Le sens que cet auteur attache à « *præire* » n'est pas non plus celui que lui attribue le savant épigraphiste. Ce verbe veut dire soit prononcer le premier soit prescrire, enseigner (2).

1. « *L. Cassius qui tum prætor erat* » *Sall. Jug.*, 32-1.

2. *Præire, prononcer* ou *réciter* le *premier* (version de Mommsen) *Præivimus et commilitonibus jusjurandum more solemni præstantibus* (Pline Ep. 10, 6). *Etne quid verborum præ-*

Pas plus que Mommsen, nous n'insisterons sur ce qu'il dit de la *quæstio peculatus*. Le savant allemand présente l'existence d'un *quæsitor* à la tête de ce tribunal, antérieurement à Sulla, comme une hypothèse vraisemblable (1) à l'appui de laquelle il n'apporte d'ailleurs aucune preuve. Il avoue que C. Orcivius statua de *peculatu* en qualité de préteur en 688 (2), mais il soutient que, malgré l'opinion de Plutarque (Pompée 4), Antistius qui siégea en 668 dans le procès de détournement de butin dont était accusé le père de Pompée, se confond avec l'orateur tué en 672 étant *ædilicius* (3). En admettant cette dernière affirmation, il en résulterait simplement que cet Antistius a été *judex quæstionis*.

Pour établir l'existence d'un *quæsitor* (dans le sens restreint où il prend ce mot) à la tête de la *quæstio de vi*, Mommsen énumère les faits qui suivent : « Nous trouvons comme présidents de procès de violence : en l'an 695, Crassus Dives a été juge de Vettius : Cicéron, ad Att. 2,24,4 ; pour le surplus inconnu : (Drumann, 4,117) et Cn. Lentulus Clodianus a été juge de C. Antonius

tereatur aut præposterum dicatur de scripto præire (Plin. 28, 23). « *Ades Luculle, Servili dum dedico domum Ciceronis, ut mihi præeatis postemque teneatis* » *Auct. or pro dom.* 52. Autre sens (le vrai). Devancer quelqu'un par un ordre ou une instruction, prescrire, instruire, enseigner, « *omnia uti decemviri præierunt facta.* Liv. 43, 13. *Si de omni quoque officio judicis præire tibi me vis nequaquam est vel loci hujus vel temporis* (Gell, 14, 2, 12). Dictionnaire de Freund.

1. Mommsen, IV, p. 200, III, p. 230, n. 4.
2. Proll, 34, 94 ; 53, 147.
3. Velleius, 2, 26.

(Cicéron, In Vat. 11, 27, 28 et de vi.) qui n'est certainement par le bien connu Cn. Lentulus. Marcellinus (Drumann, 2. 405)... En outre, en l'an 702, les *quæsitores* L. Fabius et C. Considius ont tous deux été juges de Saufeius (Ascon. in Mil. p. 51. 55). En revanche il ne faut pas y comprendre Novius Niger (Suétone Cœs. 11), qui a au contraire été questeur et employé à ce titre par Cicéron dans l'interrogatoire des Catilinaires....

Il n'y a que deux procès de *vi* dans lesquels on ait admis avec quelque vraisemblance l'existence de prêteurs comme *quæsitores.* Ce sont ceux de M. Cœlius et de Sestius, tous deux de l'an 698. Le président du premier, Cn. Domitius *Pro Cœl.* 13, 32, (1), est, dit-on, le prêteur de cette année Cn. Domitius Calvinus (Drumann, 2, 377, 3, 3). Mais ce dernier, ayant jugé de *ambitu* (III, page 230, note 3), cette raison suffit pour en distinguer le *quæsitor* de Cœlius et l'identifier plutôt avec le Domitius (Ahenobarbus) qui, en l'an 700, siégea de nouveau comme prêteur dans les poursuites contre Cœlius (Cic. Ad 9. fr. 2, 13, 2.) (Drumann, 3, 35) (1) ».

On peut écarter *a priori* du débat Crassus Dives, de même L. Fabius et Considius. Rien n'indique en quelle qualité ils ont présidé la *quæstio de vi.* On peut supposer tout aussi bien Crassus prêteur. Mommsen lui-même reconnaît que les mots : *Nunc reus erat apud Crassum Divitem Vettius de vi* (2) s'interprètent vraisemblablement en ce sens. On ne voit pas non plus la raison pour

1. Mommsen IV, p. 200, n. 2 et 4.

2. Ad Att. 2, 24, 2.

laquelle Fabius et Considius ne seraient pas des *judices quæstiones.* Quant à Cn. Lentulus Clodianus qui présida en 995 le procès intenté à Antoine, à son retour de Macédoine, par Q. Fabius Maximus, Mommsen a pris soin de se réfuter lui-même : « Cependant, dit-il, il est possible que Clodianus n'ait pas été le *quæsitor* mentionné dans Cic. At. 11, 28, mais le préteur devant lequel l'action était intentée et par lequel le *quæsitor* était nommé, l'expression, *dum reus fieret apud Cn. Lentulum Clodianum* s'accorde même mieux avec cette seconde idée ». De cette citation, résulte que l'exemple de Clodianus ne confirme qu'indirectement la thèse défendue par Mommsen. Cn. Lentulus Clodianus était préteur. Mommsen l'admet, mais il n'a pas présidé pour cela le procès de *vi* intenté à Antoine, il a seulement désigné le jury chargé de remplir ces fonctions. Nous n'apercevons pas bien le motif pour lequel une expression aussi simple que : « *dum reus erat apud Cn. Lentulum Clodianum* », revêtirait un sens aussi détourné qui, de plus, contredit le passage suivant tiré du même paragraphe « *Nam Maximi quidem summa laus est... quæsitore consilioque delecto* ». Ces derniers mots se rapportent évidemment à l'accusateur Q. Fabius Maximus. Cicéron aurait donc commis une erreur, ce qu'on admettra difficilement.

La vérité c'est que le procès intenté à Antoine ne portait pas de *vi* mais bien de *pecuniis repetundis.* Il est vrai que, s'il faut en croire la sch. bob (229), « *C. Antonius, non tantum repetundarum, verum etiam ob hanc conjurationem non ita pridem damnatus fuerat* » et que « *cui misero (Antonio) nocuit opinio maleficii cogitati.* »

Le prétexte de la condamnation d'Antoine fut la manière dont il avait administré la Macédoine, mais la raison véritable de cette sentence était sa participation à la conjuration de Catilina. Quoi qu'il en soit, et même en admettant l'assertion peu vraisemblable de Dion Cassius (1), Clodianus a présidé dans cette circonstance une *quæstio de pecuniis repetundis.*

C'est vainement que Mommsen s'efforce de transformer en *quæsitores* Cn. Domitus et M. Æmilius Scaurus (2) qui présidèrent de *vi* en 605, l'un pour le procès de M. Cœlius, l'autre pour celui de P. Sestius.

Quant au premier, en admettant qu'il s'identifie avec Domitius (Ahenobarbus), il n'en résulterait nullement qu'il n'ait pas siégé en qualité de *judex.*

Au surplus, pour établir que ce Domitius est bien le Calvinus, préteur *de ambitu* cette même année (3). Hölzl émet une explication qui, dit-il, si elle ne peut être démontrée par les faits, n'est pas non plus susceptible d'être réfutée de même.

C. Domitius a fort bien pu siéger une fois extraordinai-

1. « οὐ μέντοι καὶ ἐπὶ τούτοις (la mauvaise gestion d'Antoine) αἰτίαν ἔσχεν, ἀλλ' ἐγράφη μὲν ἐπὶ τῇ τοῦ Κατιλίνου συνωμοσίᾳ, ἑάλω δὲ δι' ἐκεῖνα· καὶ συνέβη αὐτῷ, ὧν μὲν ἐκρίνετο, μὴ ἐλεγχθῆναι, ὧν δ' οὐκ ᾐτιάζετο, κολασθῆναι. »

2. « *Sed intelligis pro tua præstantis prudentia Cn. Domitii* » Cic. pr. *Cœlio*, 13, 32 ».

3. *Dixi pro Bœstia de ambitu apud prætorem Cn. Domitium.* « *Cic ad Q, fr.* II, 3, 6, « *Duo prætorii sederunt, Domitius Calvinus et Cato* », id. III, 4, 1.

rement à la place du préteur de *vi* momentanément empêché. « Pourquoi, ajoute-t-il, alors que le préteur urbain remplaçait le consul absent de la ville, les préteurs qui exerçaient un pouvoir égal n'auraient-ils pas pris, en cas d'absence, la place les uns des autres ? »

En défendant Sestius, Cicéron interpelle à deux reprises M. Scaurus préteur la même année : « *Permanent illi soli... qui sunt tales qualis pater tuus*. M. Scaure, *fuit qui*, etc... *aut qualis Q. Metellus patruus matris tuæ*, etc. (1) » (suit un éloge pompeux des deux personnages cités). « *Ex te igitur, Scaure, potissimum quæro qui ludos apparitissimos magnificentissimos fecisti, ecquis istorum popularium tuos ludos adspexerit* (2). »

Mommsen affirme que c'est à titre de défenseur de l'accusé et nullement de président de la *quæstio* que Scaurus est interpellé. A ceci il faut répondre qu'un tel fait serait exceptionnel : si les avocats sont rarement pris à partie, il n'en est pas de même des *quæsitores* et des juges. Le préteur ne figure évidemment pas au nombre de ces derniers. D'ailleurs les objurgations de Cicéron sont trop pressantes pour qu'on les confonde avec les courtes allusions faites aux jurés ou aux avocats, dans les verrines, par exemple.

Pour soutenir la même thèse à l'égard de la *quæstio de sodaliciis*, Mommsen énumère les trois affaires suivantes jugées, les deux premières en 700, et la troisième en 702 :

1° Servilius sur Messius (3) ;

1. *Pro Sest.*, 47, 101.
2. Id. 51, 106.
3. Dion Cass. 40, 45, Plut. *Cato min.* 46.

2° C. Alfius Flavus sur Plancius (1);

3° Favonius (2).

Servilius fut préteur, Cicéron l'atteste : *Nam Cato et Servilius prætores prohibituros se minantur* (3).

D'Alfius nous ne savons rien de plus que ce fait qu'il a présidé en 700 la *quæstio de sodaliciis*.

Favonius a été édile avant 701 ce qui suffit, conformément au système défendu par Mommsen lui-même, à le transformer en *judex quæstionis* l'année suivante.

3° Cette espèce de président (le *quæsitor*) n'exerce ses fonctions que dans un seul procès : pas d'exemple que deux procès différents aient été débattus devant le même *quæsitor*. A ceci Hölzl répond justement que la même observation peut être faite au sujet des autres questions présidées par un préteur et dont le souvenir d'un seul procès nous a été conservé. Ce qui suit n'est pas plus concluant «... au contraire on rencontre fréquemment plusieurs *quæsitores* différents dans la même année et pour la même question, ou le même personnage comme *quæsitor* dans des questions différentes et dans la même année. »

1. *Messius defendebatur a nobis e legatione revocatus, nam eum Cæsari legarat Appius. Servilius edixit, ut adesset, tribus habet. Pomptinam, Velinam, Mæciam* (ad. Att. IV, 15, 9). *Si quæsitor edendus fuisset, quem tandem potius quam hunc C. Alfium quem habet edidisset » pr. Plancio* 17, 43

2. *Post paucos dies quoque Milo apud Favonium quæstorem de sodaliciis damnatus est, accusante P. Falrio Nerato* (Asc. in Mil. p. 54, Asc. 54.

3. Cic. ad. Q. fr. 3, 4, 6, Kal. Nona.

Dion Cass. 40, 45. Plut. *Vie de Caton d'Ut.* 46.

« C'est ce qui se présente, ajoute Mommsen, quant à la première situation, pour C. Alfius Flavus, *quæsitor* dans un procès de majestas en 700, et peut être pour A. Torquatus, *quæsitor* en matière d'ambitus en 702. Quant à la seconde, pour Servilius et Considius en matière de vis en 702; peut-être aussi Crassus et Lentulus en matière de vis en 695. »

Sans parler de ce dernier exemple dont Mommsen n'est pas certain, nous trouvons d'abord Fabius et Considius dirigeant concurremment le même tribunal de vis une année où les affaires de ce genre étaient très fréquentes. C'est là un fait assez ordinaire que nous avons déjà rencontré. Viennent ensuite Servilius et Alfius tous deux quæstores *de sodaliciis* en 700 et dont le dernier présida de plus la *quæstio de majestate*. Comment expliquer cette anomalie? Zumpt (1) y trouve un argument à l'appui d'une de ces opinions conjecturales si nombreuses dans son livre. Selon lui, il n'y avait pas de président spécial à la tête de la *quæstio de sodaliciis* : il aurait eu trop peu de besogne. Les autres présidents la dirigeaient à tour de rôle dans leurs moments de loisir. Hölzl rejette cette hypothèse assez peu vraisemblable, en faveur de l'explication qu'il a déjà donnée à propos de C. Domitius : Alfius, *judex quæstionis de majestate* a remplacé une fois Servilius préteur de *sodaliciis* empêché pour une raison quelconque.

4° Nous arrivons à une plus sérieuse difficulté que soulèvent certains passages de Cicéron et de son scoliaste.

1. C. R. II, 2, p. 401.

Ces passages semblent établir que le président de la question *de vi* n'était pas nommé comme les autres pour un temps fixe mais désigné, selon une règle différente, à l'occasion de chaque procès, soit par le sort, soit par des récusations réciproques.

Tout d'abord Cicéron ne dit-il pas : « *Nam Maximi quidem summa laus est quæsitore consilioque delecto* » ? Que signifie ce passage sinon que, au commencement de chaque procès de cette espèce, le président était désigné par l'accusateur, en même temps que les jurés ? Les paroles de l'orateur peuvent néanmoins recevoir une autre explication. On peut dire que l'accusateur par qui l'action était mise en mouvement, disposait, à un double point de vue, du droit de choisir le président et les juges du *consilium*. En premier lieu il pouvait saisir la justice au moment qu'il préférait et soutenir l'accusation devant un *quæsitor* plus ou moins bien disposé. Il décidait en outre dans une large mesure quel crime il entendait reprocher à celui dont il poursuivait le châtiment. Un seul acte peut violer la loi plusieurs fois. Verres par exemple s'était approprié une statue de Mercure, nous allons voir de combien de crimes ce larcin l'a rendu coupable : « *Unum hoc crimen videtur esse et a me pro uno ponitur, plura sunt, sed ea quo pacto distinguere ac separare possum nescio : est pecuniarum captarum.... est peculatus, est majestatis.... est sceleris.... est crudelitatis* » (1). A propos de ce fait, Cicéron pouvait donc intenter son action au moins devant trois *quæstiones* prési-

1. Verr. act. IV, 41, 88.

dées par autant de *quæsitores ; de repetundis, de peculatu, de majestate*. Il pouvait donc se dire une fois sa décision prise : « *quæsitorem delegi.* »

Si le commentaire que donne la *scholia bob.* de la citation précédente, lui attribue le sens que nous avons repoussé, de l'aveu de Mommsen cette autorité n'a pas une grande portée. Le scoliaste a commis une confusion manifeste au sujet de la cause du procès de Vatinius. A propos de la plaidoirie de Sestius où Cicéron invoque des faits de violence à la charge de Vatinius, il dit que l'accusation était de *ambitu*, puis à propos de la plaidoirie dirigée contre Vatinius il affirme que l'accusation avait pour cause des faits de *sodalicia*, ce qui est inexact. Cette dernière erreur provient d'une confusion entre la loi Licinia Junia « *ne clam ærario legem ferri liceret* » aux termes de laquelle Vatinius était poursuivi (1) et la *lex Licinia de sodaliciis*.

Le scoliaste n'a pas distingué cette première accusation de celle qui eut lieu plus tard et la similitude d'appellation a achevé de le tromper. Ce n'est pas tout, le préteur Memmius et le *quæsitor* dont parle Cicéron dans le même paragraphe « *edixeritne C. Memmius prætor ex hac lege, num quis reus in tribunal sui quæsitoris ascenderit ?* » sont évidemment un seul individu. Le scoliaste les distingue pourtant l'un de l'autre puisque, selon lui, la dispute qui s'éleva entre le premier de ces personnages et Vatinius eut pour origine le mode de nomination du second. Comment dès lors, Cicéron peut-il

1. *Postulatusne sis ex lege Licinia et Junia.* Cic. in Vat. 11.

traiter Memmius de *quæsitor*, si ce préteur ne doit pas prendre part au jugement mais seulement contribuer à désigner ce président ? Ceci est au plus haut degré de nature à faire hésiter, observe Mommsen. Quant à nous, nous n'hésitons pas à investir Memmius lui-même de la direction de cette *quæstio* à laquelle la *lex Licinia et Junia* avait attribué un caractère extraordinaire en ne plaçant pas à sa tête un *quæsitor* permanent. S'il fallait cependant justifier à tout prix les allégations du scoliaste, on pourrait hasarder l'explication suivante : le cas échéant, on confiait ce tribunal à un *quæsitor* désigné par le sort antérieurement à la loi Vatinia et, depuis cette époque, par des récusations réciproques. Reste à expliquer les événements rapportés par Dion Cassius. Ici il ne s'agit plus de révoquer en doute le témoignage de l'historien grec mais de l'interpréter. Dion parle du tirage au sort des juges. De quel tirage est-il question ? Est-ce celui qui traite de la confection de la liste annuelle des juges, ou celui par lequel, dans chaque affaire particulière, une liste spéciale est extraite de l'album général ? Pour Mommsen il s'agit de ce dernier, mais Zumpt défend avec succès la version contraire (1).

Les questeurs urbains, qui connaissaient le sens des citoyens, étaient tout désignés pour dresser une liste préparatoire sur laquelle le choix du préteur urbain s'exerçait et déterminait les noms qui devaient participer au tirage. Un travail préliminaire des questeurs était donc nécessaire à la validité de cette opération ; or, ces magis-

1. *Criminalrecht*, II, p. 200 et s.

trats venaient de sortir de charge, le préteur urbain voulait passer autre et poursuivre Clodius, soit en conservant l'ancienne liste des juges, soit en en dressant seul une nouvelle, mais l'opposition du consul Nepos fit échouer ce projet. Tel est le sens de ce passage. Comme on le voit, il ne dit pas un mot de l'organisation du *consilium* de chaque procès, et Mommsen a confondu deux choses distinctes. Là encore il est inutile d'avoir recours à l'hypothèse du président juré.

Résumons par une appréciation d'ensemble ce que nous venons de dire du système défendu avec une érudition si ingénieuse par l'illustre savant. Des faits douteux, des citations ambigues ne sauraient suffire, en l'absence d'une preuve directe, à établir l'existence d'une hypothèse aussi nouvelle et aussi hardie. Si Mommsen nous avait apporté seulement un exemple irréfutable de la situation qu'il prétend avoir constatée, il aurait pu présenter à bon droit les faits qu'il invoque comme les manifestations d'une loi générale. Il s'en est tenu à ces derniers, et nous avons vu qu'il était possible de leur donner une autre explication. Il faut dès lors, tant qu'un témoignage décisif n'aura pas changé notre conviction, nous borner à répartir les diverses *quæstiones* entre les préteurs et les *judices quæstionis*.

CHAPITRE IV

RÉPARTITION DES QUÆSTIONES.

Suivant quelle règle s'opérait ce partage ? Qui statuait sur l'attribution de telle *quæstio* à tel *judex* ou à tel préteur ?

La solution de ce nouveau problème est étroitement liée à celle du précédent. Quand on est maître de l'une, on a déjà trouvé l'autre.

Ici encore nous sommes en présence d'un système savamment construit par Mommsen. On trouve à sa base la conclusion de celui que nous venons de réfuter.

Les *quæstiones de vi* et *sodaliciorum* furent toujours dirigées par un *quæsitor* (dans le sens restreint). Les *quæstiones inter sicarios* et probablement de *peculatu* ont fonctionné de même, avant de recevoir des magistrats comme chefs. Le préteur urbain choisissait ceux qui devaient les présider à l'occasion de chaque procès. Voilà donc deux tribunaux et même quatre à une certaine époque, qui n'avaient pas à figurer dans la répartition des départements judiciaires. Il y a plus, continue Mommsen, les *judices quæstionis* dirigent exclusivement la *quæstio de sicariis et veneficis.*

Ce tribunal duquel ressortissaient les crimes de meurtre, d'incendie, de vol à main armée alors si fréquents à Rome, était de beaucoup le plus chargé, aussi se subdivisait-il en sections confiées à plusieurs *judices* et à un préteur, qui exerçaient probablement des attributions séparées : empoisonnements, meurtres ordinaires, parricides. Ces derniers crimes étaient peut-être réservés au préteur, du moins les deux seuls procès de cette sorte dont nous connaissons les présidents le font supposer.

Trois *quæstiones* au moins (cinq au début), étant ainsi pourvus d'un titulaire, les cinq autres préteurs, étrangers aux juridictions urbaines et pérégrines, se distribuaient le reste des *quæstiones* par la voie du sort. En suivant les indications de Mommsen, il est donc possible de dresser le tableau suivant :

1° Questions où figure un *quæsitor* (les deux premières dans les premiers temps seulement) :

Inter sicarios
Peculatus
De vi
Sodaliciorum

Ces présidents semblent avoir agi à titre complémentaire dans celles de ces questions placées sous l'autorité d'un préteur.

2° Question présidée par un *Judex quæstionis :*

De sicariis et veneficis (concurremment avec un préteur).

3° Questions présidées par des préteurs :

Toutes les autres *quæstiones.*

De tout ce qui précède, nous n'avons à retenir qu'une

seule idée : Les *judices quæstionis* dirigent exclusivement la *quæstio sicariis*, en même temps que le prêteur qui y est affecté. Nous pourrions nous dispenser de discuter cette proposition, elle devient insoutenable une fois démontré que les prétendus présidents jurés ne sont que des *judices quæstionis*. Nous allons néanmoins la réfuter pour qu'il ne reste rien du système dont elle est une partie.

Par quelles raisons Mommsen la défend-il?

1° La loi fondamentale de cette question prescrit *ut is prætor judexve quæstionis cui sorte obvenerit quæstio de sicariis, quærat cum judicibus qui ei ex sorte obvenerint* (1). De même, « *Jubet lex ea qua lege hæc quæstio constituta est, judicem quæstionis, hoc est Q. Voconium, cum iis judicibus, qui ei obvenerint, vos appellat judices, quærere de veneno* » (2).

2° Tandis qu'une série d'exemples concrets nous montrent cette question présidée par le *judex quæstionis*, toutes les autres mentions de ce *judex* que l'on trouve, peuvent être également rapportées aux poursuites de meurtre.

Le texte cité en premier lieu prouve tout le contraire de ce qu'on veut lui faire dire. Que signifient les mots : « *cui sorte obvenerit*, etc. », sinon que les divers *judices* étaient répartis par le sort entre plus d'un tribunal? Mommsen explique cette expression par l'organisation de cette question dont les chefs exerçaient des attribu-

1. Mos. et Rom. leg. coll. 1, 3 § 1.
2. Pro Cl. 53, § 147.

tions distinctes. Il a cependant dû remarquer que le texte parle d'un seul personnage, celui auquel la *quæstio* toute entière est échue, c'est entre lui et les directeurs des autres tribunaux que le tirage a eu lieu, et non entre les différents présidents de sections.

Le second argument de Mommsen aurait quelque portée si le nombre des *judices quæstionis* dont parlent les documents n'était pas si petit. Mommsen cite cinq exemples qui se réfèrent à cette question. C. Claudius Pulcher, M. Fannius, C. Junius, Q. Voconius Naso et César. Les autres noms qu'il énumère nous ont été conservés sans indication de compétence. Il ne semble pas qu'une preuve aussi indirecte soit bien concluante. On peut, par contre, lui opposer un fait précis. M. Favonius, édile de la plèbe avant 701 (1), fut *quæstor* de *sodaliciis* en 702 (2). Si les édiles sortants devenaient de droit *judices quæstionis*, n'est-ce pas en cette qualité que Favonius a présidé *de sodaliciis* ? Quel sens donner d'ailleurs à l'expression « *Judices quæstionum de proximis tribunalibus esse depulsos* » (3) et à cette autre « *Judex quæstionis rerum capitalium* (4) sinon que les *judices* avaient l'administration de plusieurs tribunaux distincts, ceux qui (sauf exception) jugeaient les crimes punis d'une peine capitale ? Comment donc Mommsen peut-il soutenir que tous les textes où le *judex* est mentionné, peuvent être rapportés aux poursuites de meurtre? Pour

1. Dio. Cass. 40, 45, Plutarque. Cat. Min. 40.
2. Asc. p. 54.
3. Cic. in Vat. 14.
4. C. I. L. V, 862.

que le système de Mommsen soit soutenable, il faut enfin admettre que les questions de *sicariis* et de *veneficis* n'en formaient qu'une seule; cela même n'est pas suffisamment démontré. Sans parler en effet des deux passages précédents cités par Mommsen lui même (1), qui mentionnent séparément le *quæstiones de sicariis* et de *veneficis* comme si chacune d'elle était autonome et distincte, les citations suivantes nous les montrent toujours sous ce même aspect « *Tum hæc quotidiana, sicæ, veneni peculatus... quæstiones* (2).

Hæc quæstio (de veneno, devant laquelle est accusé Cluentius, présidée par Q. Voconius) *sola ita gubernatur ? Quid M. Plætorii et C. Flaminii inter sicarios ?* Ceci est décisif, impossible de faire une opposition plus nette.

Cette première théorie écartée, doit faire place à une autre explication aussi vraisemblable, croyons-nous, qu'on peut l'espérer quand on étudie un sujet que l'absence et le laconisme des documents rendent très hypothétique. C'est par elle que nous concluerons. Lorsqu'on admet, comme nous l'avons fait, non sans hésitation, que les judices se recrutaient parmi les quatre édiles sortants, ces derniers joints aux huit préteurs, faisaient un total de douze titulaires entre lesquels devaient être distribués chaque année les départements judiciaires. Les textes précédemment cités nous ont appris que ce partage s'opérait par la voie du sort. Il nous reste à préciser dans quelle mesure ceci est vrai.

1. Mos. et Rom. Leg. Coll., 1, 3 § 1 et Cic. pro Cl. 51.
2. Cic. de nat. deor. III, 30.

La solution la plus simple aurait peut-être consisté à mettre à part les deux juridictions civile et pérégrine et à faire, du surplus des provinces, un tirage unique auquel auraient participé tous les autres magistrats. Ce n'est toutefois pas ainsi que les Romains semblent avoir procédé. Tous les personnages qui ont présidé les questions de *repetundis*, *de peculatu*, *de ambitu et de majestate*, dont les noms nous ont été conservés, sont des préteurs (1). Sans doute l'induction qui se dégage de ces faits n'est pas péremptoire, on peut néanmoins l'admettre jusqu'à preuve contraire. Pour ce qui est de la *quæstio repetundarum*, cette probabilité devient presque une certitude. Nous savons que cette province était, dans les premiers temps de sa création, jointe à la préture pérégrine : il est dont vraisemblable qu'elle soit restée province prétorienne.

1. *Quæstio de repetundis :* En 650, C. Claudius Pulcher p. 12 ; en 677, L. Furius (Ps. Asc. p. 109) ; en 681, Q. Hortensius (Cic. Ver. I, 9, § 27, II, 2, 3 ; Ps. Asc. p. 97) ; en 683, M. Acilius Glabrio (Cic. Verr. I, 2 § 4 ; Ps. Asc. p. 99) p. 22, 23 ; en 687, Cicéron (Pro Cluent. 53 § 147, Plut. Cic. 9) ; en 688 C. Attius Celsus (Asc. p. 65) ; en 694 Cn. Lentulus Clodianus (Cic. in Vat. 11 § 27) p. 42 ; en 699 M. Cato (Dio Cass. 38. 7 ; Plut. Cat. Min. 44 ; Cic. ad Q. fr. III, 2).

Quæstio de peculatu : En 687 C. Orcivius (C. pr. Cluent. 34 § 94, 53 § 147) p. 40 ; en 688 Ser. Sulpicius Rufus (Cic. pro Mur. 17 et 20).

Quæstio de ambitu : En 687, Aquillius Gallus (Cic. pr. Cluent. 53) ; en 697 Cn. Domitius Calvinus (Cic. ad Q. fr. II, 3 § 6) ; en 701 A. Manlius Torquatus (Asc. p. 40 et 54) p. 40. Toutefois Antistius semble avoir présidé cette question en 663 à titre de *judex*, p. 12 et 14.

Quæstio de majestate : En 687, L. Cassius (Asc. p. 59) ; en 688 Q. Gallius (Asc. p. 62).

L'inscription où Claudius Pulcher est traité de *prætor repetundis*, la mention que la loi *repetundarum* fait à plusieurs reprises (1) confirment cette opinion que justifient l'importance des procès de concussion et la position sociale élevée des auteurs de ce crime.

Ce second prélèvement opéré, les *quæstiones* sur lesquelles il portait étaient tirées au sort entre les préteurs « *Ecce autem ipsis diebus (684) cum prætores designati sortirentur et M. Metello obtigisset, ut is de pecuniis repetundis quæreret* (2). *Hujus sors ea fuit quam omnes tui necessarii tibi optabamus jurisdicundi. Quid tua sors? Tristis atrox : quæstio peculatus* (3) ». Restaient les diverses autres *quæstiones*. Nous voyons certaines d'entre elles, les *quæstiones inter sicarios, de veneficis, de vi, de sodaliciis*, attribués tantôt à des préteurs et tantôt à des *judices quæstionis* (4). Ce n'est pas tout,

1. *Prætoris quæstio esto* (C. I. L. § IV). *Quæstio ejus præ(toris) esto*, id § VII, etc., etc.

2. Cic. Verr. 8, 21.

3. Cic. pr. Mur. 20.

4. *Quæstio inter sicarios :* En 612, L. Tubulus, p. 11, vers 620 L. Cassius Longinus, p. 13 ; en 673, M. Fannius préside cette question comme préteur (Cic. pr. Sex. Ros : 4 § 11), après l'avoir présidée en qualitée de *judex* p. 13, 14 ; en 687, C. Flaminius et M. Plœtorius la président en qualité de *judices quæstionis* (Cic. pr. Cl. 53 § 148), p. 17 ; César en la même qualité en 688 (Suet. Cæs. 11). Le passage de la Mos. et Rom. leg. coll. I, 3, § 1, cité p. 53, « *Capite primo legis Corneliæ cavetur ut is prætor judexve quæstionis..., cui sorte obvenerit quæstio de sicariis* » corrobore d'ailleurs ces faits d'une façon péremptoire.

Quæstio de veneficis. On ne connaît pas d'exemple de président parmi ces dernières *quæstiones*, il en était, spécialement *inter sicarios* et *de vi*, que l'on subdivisait en plusieurs départements, ce qui compliquait encore le partage (1).

Deux tirages étaient donc nécessaires. Le premier entre tous les prêteurs, le second entre ceux de ces magistrats que le sort n'avait pas favorisés et les *judices quæstionis*.

Qui dirigeait ces opérations? Willems et Mommsen, répondent, le Sénat qui, de tous temps, a déterminé les provinces prétoriennes. C'est lui qui faisait procéder au tirage de chacune des deux classes de départements judiciaires; puis, les magistrats installés, qui intervenait encore s'il fallait remplacer un président absent ou malade C'est ainsi que Domitius Calvinus, prêteur de *ambitu* en 697, et Alfius *judex de majestate* en 699, ont

prêteur, mais cette *quæstio* étant organisée par la même loi que la *quæstio inter sicarios*, la règle précédemment citée lui est applicable (Willems, *Sénat de la République*, II, p. 295, n. 3).

Quæstio de vi. P. Cornelius Dolabella préside cette question en 684 ou 685 c. a. d. quand Cicéron plaidait le procès de Cæcina (Cic. pr. Cæc. 8 § 23); le préteur M. Œmilius Scaurus remplit la même fonction en 697 (Cic. pr. Sest. 47 § 101) p. 43; P. Licinius Crassus Dives, préteur en 696 (Cic. ad, Att. 11, 21) la préside en cette qualité; p. 41 L. Fabius et Considius exercent cette présidence en 701 en qualité de *judices quæstionis* p. 41 et 42.

Quæstio de sodaciis. Elle est présidée en 699 par le préteur P. Servilius (Cic. ad Q. fr. III, 4 § 6; ad Att. IV, 15 § 9, 16 § 12) en 701 par le *judex* P. Servilius (Cic. ad Q. fr. III, 4 § 6; ad Att, IV, 15 § 9, 16 § 12) et en 701 par le *judex* Favonius (Asc. p. 51).

1. En 687. C. Flaminius et M. Plœtorius *jud, inter sic*. En 694 et 703. L. Fabius et Considius *quæsitores de vi*, etc.

présidé quelque temps, ces mêmes années, le premier de *ri*, le second de *sodaliciis*.

Nous arrivons ici au terme du programme que nous nous sommes tracé au début de ce travail. En concentrant notre attention sur un des rouages essentiels d'une importante institution romaine, nous nous sommes efforcé d'éclairer quelques points obscurs et jusqu'ici assez négligés. Nous avons vu dans quelle mesure les prêteurs prenaient part à la direction des procès criminels, quelles différences ou quelles analogies les séparaient ou les rapprochaient de leurs succédanés les *judices quæstionis*, comment et par quels procédés les diverses provinces judiciaires échéaient aux uns ou aux autres. Il faudrait, pour être complet, rechercher si l'état de choses que nous avons décrit n'a pas subi de modifications sous l'Empire et déterminer l'origine et le rôle des chefs de jury dans la dernière période de l'existence des *quæstiones*. Les textes font malheureusement défaut au point de ne pas permettre une conjecture. Bien qu'ils discutent sur la disparition de tout le tribunal et non d'une de ses parties, les interprètes ne sont même pas d'accord, à un siècle près, sur le moment où cet organe fut éliminé (1) et sur sa constitution à cette époque. A plus forte raison est-il impossible de résoudre un problème beaucoup plus secondaire et qui n'est qu'un des éléments du précédent.

1. Pour Klenze, sa fin se produit dès le règne d'Auguste (*ad legem Serviliam prologus*, 16). D'après Geib (396 et suiv.) il disparait au commencement du second siècle de l'empire. Enfin Walter le fait subsister jusqu'à Paul et Ulpien. Voir Pauly, IV, p. 382-384.

BIBLIOGRAPHIE

DE SÈZE. — Les *quæstiones perpetuæ.*

GILBRIN. — Procédure devant les *quæstiones perpetuæ.*

GEIB. — Geschichte des römischen Criminalprozess.

P. F. GIRARD. — La date de la loi Œbutia.

HOLZL. — *Fasti Prætorii.*

HOURTOULE. — Les *quæstiones perpetuæ,* depuis l'origine jusqu'à l'empire.

R. JOUSSEAUME. — De l'organisation du jury en matière criminelle à Rome.

LAYDEKER. — Les *quæstiones perpetuæ.*

L. LANGE. — Römische Alterthümer.

G. CHR. LOUSE. — *De quæstionum perpetuarum origine, præsidibus consiliis.*

MADVIG. — L'Etat Romain, traduction Morel.

— De *Asconii Pediani Commentariis.*

MOMMSEN. — Droit Public Romain, traduction P. F. Girard.

G. MOREAU. — Des juridictions criminelles jusqu'à l'extinction des *quæstiones perpetuæ.*

PADELETTI. — *Storia del diritto romano.*

PENET. — *Le Judex Unus.*

QUENTIN. — Le délit de concussion à Rome.

REIN. — Criminarecht der Römen von Romulus bis auf Justin.

REYNAUD. — Des *quæstiones perpetuæ* en droit romain.

RUDORFF. — Römische Rechtsgeschichte.

SAUVAIRE-JOURDAN. — Les *quæstiones perpetuæ*.

SCHILLER. — Geschichte der Römischen Kaiserzeit.

G. SCHINA. — De la procédure criminelle en droit romain.

SIGONIUS. — *Opera omnia*, Vol. V (*De Judic.*).

WALTER. — Droit criminel des Romains, traduction Piquet-Damesme.

WILLEMS. — Droit Public Romain.

— Le Sénat de la République Romaine.

A. W. ZUMPT. — Criminalrecht der Römischen Republik.

C. T. ZUMPTIUS. — *De legibus judiciisque repetundarum in republica romana.*

AVANT-PROPOS

L'impulsion qui, depuis une vingtaine d'années, porte les représentants de la pensée française à étendre leurs investigations au delà des frontières pour étudier, dans toutes les parties du monde, les diverses manifestations de l'activité humaine, est un des faits qui caractérisent le plus heureusement notre époque. Cette tendance à laquelle nos littérateurs obéissent à l'heure actuelle, en allant chercher, dans le nord de l'Europe, de nouvelles sources d'inspirations, est plus remarquable encore quand elle s'exerce dans le domaine des sciences politiques et sociales.

Sans parler des innombrables travaux provoqués par les concours de l'Institut et les discussions des diverses sociétés savantes dont les recherches se confinent de moins en moins dans les limites de notre territoire, qu'il me suffise en effet de rappeler l'œuvre admirable, poursuivie avec tant de conscience et de désintéressement, par la Société de Législation Comparée et la précieuse collection fruit de cet effort collectif.

L'Angleterre est peut-être, de toutes les nations, celle qui a le plus bénéficié de cet éveil de notre curiosité. A vrai dire, elle a toujours eu, depuis le siècle dernier, le privilége de s'imposer à notre attention. Tout, dans ses lois et dans son organisation, porte l'empreinte d'une originalité puissante bien faite pour attirer les chercheurs et les provoquer à la réflexion et à la comparaison. Cette remarque est surtout vraie de l'institution qui révèle le plus fidèlement l'existence intime et le génie propre d'un peuple, je veux parler de l'administration locale. La Grande-Bretagne est la terre classique du self government dont elle a conservé le monopole, plus encore que la patrie du parlementarisme qui a été imité et copié un peu partout. Cette partie fondamentale de sa constitution n'est pas comme chez nous, une construction régulière et majestueuse édifiée en quelques heures sur l'ordre et sur le plan d'un architecte tout puissant, c'est l'œuvre lente et irrégulière du temps, le produit de l'évolution séculaire d'un organisme vivace et complexe qui s'est développé dans un milieu exceptionnellement favorable en se transformant sans cesse, à la fois par la vertu d'une mystérieuse force propre et sous l'influence de forces extérieures sur lesquelles il a réagi à son tour. D'où le grand intérêt qui s'attache à sa description.

Cette évolution vient d'être précipitée par deux lois récentes qui ont créé de nouveaux corps locaux, modifié les anciens et soumis les uns et les autres à un même principe d'action, la volonté de la majorité numérique. La démocratie, à laquelle la loi de 1835 avait restitué le gouvernement des bourgs, après que le Reform Act de 1832 l'eut introduite dans la chambre des communes dont elle devait devenir, par l'extension du droit de suffrage, la maîtresse en 1867 et la souveraine en 1885, a fait en 1888, la conquête des comtés et en 1894 celle des districts, des unions et des paroisses. Aujourd'hui ce n'est plus nulle part la richesse ni le rang social qui a le dernier mot, mais le nombre représenté partout par des corps élus. Changement mémorable grâce auquel disparaît complètement ce qui fut longtemps considéré comme le caractère essentiel de la constitution britannique, la suprématie de l'élément aristocratique! Ceux de nos publicistes auxquels nous devons des études sur l'Angleterre, ont tous mis en relief ce caractère profondément aristocratique, les uns tels Ledru-Rollin et Michelet, pour le dénoncer comme un vice profond et un élément irrésistible de décadence, les autres, Le Play par exemple, pour y trouver la principale cause de la grandeur qu'ils constataient et des progrès nouveaux qu'ils prévoyaient. Sous le second empire, alors que l'idée de décentralisation était devenue une arme d'opposition et que des ouvrages politiques ou historiques, pamphlets, manifestes, discours, articles de journaux, s'accordaient pour réclamer la réforme de nos institutions communales « instrument de tyrannie et cause première de toutes nos révolutions », l'exemple de l'Angleterre, paisible et bien administrée grâce à son autonomie municipale et provinciale, fournissait un excellent argument de fait aux promoteurs de ce mouvement. Cet argument fut retorqué non sans à propos par Dupont-White le champion isolé de la centralisation. « Disposez-vous, demande-t-il à ses contradicteurs, d'une caste éclairée, riche, dévouée par tradition aux affaires publiques qui se confondent avec les siennes propres, prête à tout remplir de sa présence, le parlement, les conseils de la couronne, les magistratures provinciales, et à communiquer à toute la machine administrative l'unité de but et d'action que seule l'autorité centrale détient dans notre pays; pourvue enfin de tous les pouvoirs nécessaires à l'accomplissement de sa mission? » Sans doute, si l'on était allé au fond de sa pensée, on aurait rencontré cette affirmation qu'il n'a expressément formulée nulle part : la décentralisation et la démocratie sont incompatibles.

Depuis 1894, cette caste dont parle Dupont-White, a perdu ou plutôt sacrifié ses derniers privilèges; la grande masse des électeurs, c'est-à-dire ceux qui ne payent pas ou presque pas d'impôts et ne possèdent rien, exerce déjà partout le pouvoir et l'exercera toujours de plus en plus; elle va disposer de l'énorme budget de l'assistance publique et imposer des taxes auxquelles elle contribuera dans une très faible mesure, mais dont, par contre, elle retirera un profit direct et immédiat.

Tel est le trait capital du nouveau système d'administration locale de nos voisins. Il est bon de le mettre en relief dès maintenant. Nous verrons quelle forme les Anglais ont donné aux applications du principe populaire et représentatif, comment ils ont adapté successivement chaque nouveau rouage aux anciens, de quelles restrictions législatives, de quelles garanties originales de contrôle ou de tutelle ils ont entouré l'exercice des droits dont ils dotaient la majorité numérique, quelles tendances révèle enfin cette transformation.

Peut-être, en nous signalant un passage, tel principe

général ou tel détail d'application emprunté à notre organisation continentale et heureusement tempéré ou modifié, cette étude nous suggérera-t-elle quelque réforme pratique. Peut-être, en constatant, chez nos voisins, la méconnaissance heureuse de notions que nous avons été habitués à considérer comme des axiômes indispensables, serons-nous fixés sur la valeur de ce qui n'est parfois que préjugés superflus, voire même dangereux. Et inversement, s'il s'agit d'une institution ou d'une règle de conduite souvent attaquée chez nous, mais dont l'absence se fait regretter ailleurs, nous trouverons-nous disposés à nous épargner une expérience coûteuse.

Tels sont du moins les résultats que se proposent d'obtenir ceux qui entreprennent des recherches dans le vaste domaine des législations comparées.

DROIT FRANÇAIS

LEGISLATION COMPARÉE

L'ADMINISTRATION LOCALE EN ANGLETERRE

CHAPITRE PREMIER

HISTORIQUE GÉNÉRAL

I

Alors que l'Angleterre, abandonnée des Romains après un infructueux essai de colonisation, n'était qu'un pays en grande partie inculte et désert où vivait, privée d'industrie, de commerce et de moyens de communication, une population clairsemée et disposée par instinct, à l'exemple des Germains dont elle était issue, à redouter le séjour des villes « comme le tombeau de la liberté (1) », il est facile de comprendre que le pouvoir social devait revêtir un caractère essentiellement local et se présenter sous la forme de petites agglomérations isolées à peu près indépendantes. Sans remonter au-delà de la civilisation saxonne, on trouve à cette époque un organisme élémentaire, le Township. Cette expression désigne une communauté composée, soit de paysans s'administrant librement sous l'autorité d'un tun-gerefa choisi par eux-mêmes, soit de villains groupés autour de l'habitation d'un seigneur. Même dans cette dernière situation, les villageois jouissaient d'une assez grande indépendance sous le contrôle du puissant voisin qui les avait soumis à son autorité ou leur avait confié ses terres. La manifestation principale de leur autonomie était le gemot, assemblée générale où ils élisaient souvent leurs officiers, prenaient connaissance des décisions des unités supérieures de gouvernement et délibéraient sur leurs intérêts communs, notamment sur l'exploitation des forêts possédées collectivement et sur la répartition des terrains de culture (2). De bonne heure, ces molécules primitives se combinent et forment des corps plus ou moins complexes et étendus. Sous le règne d'Alfred, l'Angleterre apparaît déjà divisée en comtés (shires) centuries (hundreds ou wapentakes) et décuries sans

1. Tacite. *Hist.*, t. IV, § 64.

2. Stubbs. Vol. I, p. 81-92. Gomme, *Village Communities*. Laveleye, *La propriété et ses formes primitives*, 4:7-435.

parler des villes (burhs) à constitution variable et qui ne sont au début que des townships plus vastes et plus étroitement organisés (1). Une tradition populaire, rapportée par William de Malmesbury et adoptée par Blackstone sur la foi de Hume, attribue à ce souverain l'origine de ce système administratif, mais il paraît aujourd'hui démontré que le roi Alfred n'a fait que consacrer, en leur donnant une forme législative, des coutumes importées de Germanie et qu'on retrouve chez tous les peuples d'origine teutonique, spécialement chez les Francs. Cent familles, disent certains historiens (2), composaient au début le hundred, au moins là où cette organisation s'établit en premier lieu. Le hundredarius ou gerefa, personnage dont le rôle est assez mal défini, convoquait la cour du hundred (hundred gemot) qui se réunissait tous les mois et rendait la justice par l'intermédiaire d'un comité de douze membres. Le Tything ou décurie était probablement, à son origine, la dizième partie du hundred, ses membres se nommaient decenarii, leur chef, le decanus ou tythingman était élu chaque année par eux.

Tout citoyen âgé de plus de douze ans devait, d'après une loi de Canut, appartenir à une décanie, et les membres de cette communauté répondaient tous les uns pour les autres. « On pouvait impunément tuer ceux qui ne se rattachaient à aucun seigneur, à aucune association, ils étaient considérés comme de vrais malfaiteurs en rupture avec la société. Le chef du tything, s'il se trouvait un cou-

1. Stubbs, I, p. 92.
2. Notamment Glasson. Vol. I, 61-62.

pable parmi ses justiciables, et que ce coupable prît la fuite, devait réunir les autres membres de la décanie et employer avec eux tous les moyens pour mettre la main sur le fugitif (1). » A la tête du comité était placé le ceorl, appelé aussi ealderman ou heretoch, suivant qu'il exerçait des fonctions civiles et judiciaires ou militaires. L'origine des pouvoirs de ce fonctionnaire est très discutée.

D'après Gneist, le roi, juge héréditaire de la nation, nommait l'ealderman président du shire-gemot ou tribunal du comité et le choisissait en fait parmi un petit nombre de familles riches et puissantes (2). Il est plus vraisemblable que cette charge était élective. Cette opinion, qui s'appuie sur une loi d'Edouard le Confesseur, est la plus conforme aux vieilles coutumes germaniques (3). En fait, il est vrai, l'hérédité règle de bonne heure la transmission de ces fonctions, car le roi désignait presque toujours le fils aîné lorsqu'il s'agissait de remplacer le père. Sous les ordres de l'ealderman, de nombreux prévots sont chargés du détail de l'administration. Cet officier a pour assistant et suppléant, peut-être pour collègue, avec juridiction concurrente, le gerefa ou sheriff. Le sheriff est l'exécuteur de la loi, il préside la cour du comté (shiremote), rédige les jugements, surveille l'encaissement des amendes et la saisie des biens tombés en forfaiture, et veille au maintien de la paix

1. Glasson. Vol. I, p. 69-75.

2. Gneist. *Constitution communale*. Traduct. Hippert vol. I, p. 19.

3 Stubbs. I, p. 112; Glasson, I, p. 60.

publique. Devant lui sont conclus certains contrats. Il est en général nommé par le roi.

Bien qu'il y ait quelque témérité à porter un jugement sur la période si peu connue dont je viens d'esquisser le système de gouvernement local, on peut, semble-t-il, relever comme traits essentiels, d'une part l'absence de féodalité, et de l'autre le caractère libre, populaire et électif des institutions.

Un lien très faible rattachait au pouvoir central les diverses communautés éparses sur le territoire, et dont les membres étaient si étroitement unis.

Par cette faiblesse du pouvoir central et cette absence de vie nationale, s'expliquent la victoire décisive de Guillaume le Conquérant auquel Harold ne put opposer qu'une armée de mercenaires et l'incroyable facilité avec laquelle il étendit sa domination tyrannique sur tout le pays conquis.

II

Du régime féodal, Guillaume n'implanta dans son nouveau royaume que les formes extérieures. Il imposa en réalité directement à tous ses sujets la souveraineté la plus absolument despotique. Entre les Normands conquérants et les Saxons vaincus et dépouillés, il n'y avait que haine, mépris et ressentiment. La sujétion dans laquelle leur chef commun sut maintenir les uns et les autres, outre qu'elle satisfaisait son caractère impérieux et violent, était le seul moyen de prévenir les conflits, l'oppression et les révoltes que pouvait faire naître chaque jour le contact des deux races. Après avoir attribué à chacun de ses compagnons les plus favorisés un grand nombre de fiefs disséminés sur tout le territoire (1), de façon à rendre les révoltes impossibles, un des premiers actes du roi fut d'exiger de tous ses vassaux et vavassaux jusqu'au dernier anneau de la chaine féodale, un serment direct de fidélité. Il s'attribua un pouvoir illimité en matière pénale et borna la juridiction des seigneurs à la répression des menus délits et aux contestations civiles de peu d'importance. Il plaça enfin à la tête de toutes les circonscriptions des fonctionnaires sous sa dépendance immédiate.

A ne considérer que les apparences de cette organisation, on serait, il est vrai, tenté de lui donner un tout autre sens. Nous voyons en effet l'ealderman se transformer en comes ou comte et le sheriff en vice comes, chaque fonction recevant le nom de l'office normand correspondant. Ce changement ne se borne pas aux titres et s'étend aux institutions. « Le conseil du roi se compose de vassaux, ce n'est plus la sagesse ni l'expérience mais la possession foncière qui fait entrer dans le Witenagemot; de magistratures qu'ils étaient, les comtés deviennent des fiefs, les évêques eux-mêmes doivent se métamorphoser en barons » (2).

Mais si nous pénétrons au fond des choses, nous cons-

1. Pour ne citer qu'un exemple Robert de Mortain était seigneur de 793 manoirs situés dans vingt comtés différents.

2 Stubbs, vol. I, p. 270.

tatons en premier lieu que Guillaume évita à peu près partout de créer des comtes héréditaires et eut toujours pour principe d'administrer les provinces à l'aide de prévots placés sous son autorité. Le titre de comte, attribué avec une grande parcimonie, devient presque purement honorifique ; son titulaire perçoit un tiers des émoluments judiciaires, mais tout le fardeau de l'administration repose sur le vicomte que la population saxonne regarde comme le vrai successeur du shiregerefa. Ce fonctionnaire, nommé annuellement et étroitement subordonné au pouvoir central, exerce toutes les attributions royales de finance, de justice et de police. Accompagné de douze juges, vassaux et arrière-vassaux de la couronne qui composent la cour du comté, il visite au moins deux fois par an chaque centurie. C'est là le *turnus vicecomitis* (Sheriff's tourn) que remplacent, à partir de 1176, sous le règne d'Henri II, les assises des juges ambulants. Les villes sont à cette époque soumises au même régime que le reste du pays où elles sont situées.

On a très exactement qualifié ce système de gouvernement en l'appelant préfectoral. C'est grâce à lui que l'Angleterre parvint d'emblée à l'unité nationale et vit tous ses habitants se grouper sous la direction de leurs chefs naturels pour faire face au danger commun, l'absolutisme royal. Nous allons voir cette lutte aboutir au triomphe de l'aristocratie locale qui accapare peu à peu tous les pouvoirs dont la royauté française dépouille à la même époque la noblesse féodale pour régner enfin sans conteste, vers le milieu du siècle dernier, au moment où la monarchie centralisée était chez nous à son apogée.

III

Une institution, établie à l'origine dans le but de fortifier le pouvoir royal, fut le point de départ et l'agent le plus actif de cette transformation.

Sous les règnes de Richard Ier, de Henri III et des deux premiers Edouards, on remarque les tentatives faites à plusieurs reprises par ces princes dans le but d'assurer la paix publique que ne maintenait pas, comme dans les autres pays, une forte organisation féodale et que menaçaient de compromettre les nouvelles conditions de la vie économique. Pour prévenir la perturbation dont la suppression de plus en plus générale du servage, l'organisation du travail libre, les progrès de la fortune publique, étaient la cause occasionnelle, et aussi pour obéir à l'impulsion qui porte tout pouvoir fortement constitué à exercer son activité, la couronne multiplie les statuts et réglemente d'une façon extraordinairement étroite et minutieuse, la situation matérielle des personnes, spécialement celle des ouvriers (1). Fabrication des objets manufacturés, échange des produits, prix des denrées alimentaires, taux maximum de salaires, répression de la mendicité, lois somptuaires, tout est prévu, réglé, prescrit ou défendu avec une grande abondance de détails et un luxe extrême de dispositions repressives. En

1. Gneist : *Constitution communale*, traduction Hippert I, p. 232 à 239.

vue d'assurer le respect de ces prescriptions, des commissaires furent à diverses reprises institués et choisis parmi les propriétaires fonciers de chaque comté (1). Tels sont les *Custodes Placitorum Coronæ* qu'on trouve mentionnés dans les capitula de 1194. Il y avait dans ces tentatives un germe fécond dont la révolution de palais qui coûta la vie au roi Edouard II détermina tout à coup l'épanouissement.

L'histoire de ce malheureux souverain, détrôné puis mis à mort par sa femme et son frère est, on le sait, un des épisodes les plus dramatiques d'une histoire pourtant plus agitée et plus sanglante que nulle autre.

« La reine Isabelle, dit Blackstone, lorsqu'elle eut contraint son époux à déposer sa couronne au profit de son fils Edouard III, prit, après décision du Parlement, une mesure destinée à prévenir les soulèvements et les désordres. Dans chaque comté des hommes justes et au courant de la loi devaient être désignés pour assurer et maintenir la paix. Ce fut l'œuvre du statut I d'Edouard III, chapitre II (2) ».

Ces personnages reçurent à l'origine le nom de gardiens ou de conservateurs de la paix, leur pouvoir fut limité à la répression des émeutes et à l'arrestation des perturbateurs. Un statut postérieur (3) leur attribue avec le pouvoir de juger, le titre de justices of the peace.

Deux ans plus tard, sur pétition des communes, une

1. Gneist, p. 237-239.
2. Blackstone, I, 350.
3. 34, Ed. III, ch. I.

clause fut insérée dans leur commission, aux termes de laquelle ils devaient se réunir quatre fois par an en session générale, dans chaque comté où ils exerçaient leur juridiction. Ils tinrent, en outre, dès le début des sessions plus restreintes pour juger certaines affaires.

A partir de cette époque, les attributions des justices of the peace reçoivent une extension graduelle et continue. Bornés à l'origine à la compétence judiciaire qu'ils partagent avec la cour de comté, ils supplantent peu à peu ce tribunal dont les fonctions se restreignent finalement à l'élection des membres du Parlement. Divers actes leur concèdent, sous les règnes d'Henri VIII et d'Elisabeth, un droit de juridiction sommaire ou le pouvoir de juger certaines infractions sans le concours du jury.

Ils dépouillent également, de la même façon graduelle, le sheriff de tous ses pouvoirs et deviennent, de plus en plus, les administrateurs et les juges du comté. La direction de la police leur est attribuée, soit directement, soit par l'entremise du constable leur subordonné. Ils héritent de la plupart des pouvoirs financiers. Lorsque, sous la dynastie des Tudors, de nouveaux organismes provinciaux sont créés pour administrer les affaires ecclésiastiques et appliquer la loi des pauvres, les justices se trouvent tout naturellement désignés pour prendre en main la surveillance et le contrôle des churchwardens et des overseers. Une loi de George III (1) les charge enfin de nommer les inspecteurs des routes (surveyors of highways).

1. 3, ch. 78.

Ici s'arrête, faute d'espace à conquérir la marche ascendante des représentants de la gentry qu'on peut dire parvenue au point culminant de sa domination. Elle règne en souveraine sur la région rurale et demie rurale où elle a sa résidence, sans être à aucun degré contrecarrée ni même contrôlée par le gouvernement central dont la composition et la politique dépendent d'ailleurs d'elle-même grâce au Parlement qui se recrute exclusivement parmi ses membres. Justice, administration, finances, police, assistance publique, tout lui appartient dans sa sphère. Depuis longtemps, la dernière restriction qui gênait son action est tombée en désuétude avec la distinction établie par le statut 17 de Richard II entre deux classes de justices les uns instruits, les autres ignorants de la loi. Seule une partie du territoire, bien exigüe à cette époque surtout rurale, vit en dehors de la direction de cette oligarchie : ce sont les municipalités que des coteries étroites et fermées de bourgeois traitent en quelque sorte comme leur propriété avec un égoïsme bien autrement insupportable que l'arbitraire intelligent et dévoué des magistrates, car aucun service rendu ne le rachète. Ces quelques agglomérations urbaines mises à part, la gentry fait tout et dispose de tout sans être exposée à rencontrer d'autre obstacle que la menace assez vaine, il faut en convenir, des writs de mandamus, de prohibition ou de certiorari d'une cour de justice.

IV

Lorsqu'on a dégagé les deux traits essentiels du gouvernement local dont l'histoire vient d'être ébauchée, autonomie, omnipotence aristocratique, un troisième caractère apparaît qui mérite d'être signalé. C'est l'extrême simplicité de sa structure. Comté, bourg, paroisse, cette triple et irréductible division suffit à tous les besoins. Par une rapide transformation qui a tout récemment franchi la principale des étapes qui la séparait de son terme définitif, ce mécanisme si simple s'est compliqué d'une multitude de rouages chargés chacun de remplir une fonction spéciale, il s'est en outre rattaché par des liens puissants et étroits au régulateur central, enfin la force motrice qui l'animait a changé de nature. La classe sociale qui, durant les premières années de ce siècle tenait encore toute l'administration dans sa main, a vu les diverses autorités créées pour faire face aux exigences nouvelles de la vie moderne, s'organiser en dehors de sa sphère; deux lois votées en 1888 et 1894 se sont enfin attaquées directement à elle et ont mis fin à sa suprématie en confiant la direction du comté et celle de la paroisse à des assemblées populaires investies des pouvoirs les plus étendus. Telle est l'évolution dont il est nécessaire d'esquisser les lignes principales avant d'exposer l'état des choses auquel elle vient d'aboutir.

La grande loi de réforme parlementaire votée en 1832 eut pour conséquences deux autres mesures non moins importantes destinées à remédier, la première à l'administration de l'assistance publique, la seconde à la constitution des bourgs. Telles qu'elles étaient comprises par les magistrates qui les faisaient observer, les obligations imposées par la loi des pauvres, étaient devenues un intolérable fardeau. L'abus des secours à domicile accordés systématiquement aux ouvriers pour suppléer à l'insuffisance de leurs salaires, dégradait la classe laborieuse et menaçait d'absorber tout le revenu foncier. La première tâche des commissaires nommés pour parer à ces abus, fut de grouper les paroisses en un certain nombre de circonscriptions plus vastes, administrées par un comité composé des juges de paix résidants et de délégués élus par chacune des unités de ces agglomérations. Cette mesure fut exécutée en 1834, sans qu'on prît aucun souci des divisions existantes. Les commissaires procédèrent comme sur une table rase et aboutirent à un inextricable enchevêtrement de limites qui n'a pas encore été corrigé (1). Sur l'autorité ainsi constituée, le gouvernement reçut un droit de contrôle actif, étendu et minutieux qu'il exerça successivement par l'intermédiaire de la commission d'organisation, du Poor Law Board par lequel elle fut remplacée et enfin du Local Government Board.

L'année suivante, la plupart des bourgs furent délivrés

1. En 1893, sur les 648 unions entre lesquelles étaient divisées l'Angleterre et le Pays de Galles, 183 étaient situées dans deux comtés, 31 dans trois comtés, 2 dans quatre ou cinq comtés, 75 comprenaient à la fois des portions de bourgs et des portions de comtés.

des coteries parasites et usurpatrices qui paralysaient la vie municipale. Les corporations des villes importantes se composèrent désormais de tous les habitants propriétaires ou occupants de biens productifs d'un revenu de dix livres. La démocratie prenait ainsi possession d'une partie du territoire, importante déjà à cette époque et qui ne devait cesser de croître en richesse et en population.

Un des résultats de cet accroissement de la vie urbaine fut de provoquer une nouvelle intervention du Parlement destinée à fortifier encore l'action du pouvoir exécutif. Les agglomérations nées à la suite de la révolution industrielle que la découverte de la houille et de la vapeur et l'emploi des machines, qui en fut la conséquence, déterminèrent dans la situation économique, ne pouvaient rester soumises à une règlementation bonne tout au plus pour des circonscriptions rurales. Dans les bourgs eux-mêmes, la nouvelle organisation municipale était déjà insuffisante. Les villes, incorporées ou non, sollicitèrent donc souvent du Parlement des actes locaux dits d'amélioration (improvement acts), en vue d'exercer par l'entremise, soit de leur corporation, soit de commissions d'habitants spécialement instituées, les pouvoirs de police et de salubrité qui leur étaient nécessaires. Çà et là, de nouvelles autorités s'installèrent : les improvement commissions. Les frais imposés par la présentation de ces projets locaux et surtout l'inertie des populations, empêchèrent cette organisation de se généraliser. C'est pourquoi une loi de 1848 formula un code de règles générales et créa un Central Board of Health chargé de l'appliquer aux localités qui en feraient la demande, et même de l'imposer à celles où la mortalité dépasserait une certaine proportion.

Refondu en 1858, complété en 1872, et définitivement arrêté en 1875, ce système aboutissait à créer à côté des bourgs dont le conseil devenait autorité sanitaire, deux circonscriptions, les Improvement Act Districts et les Local Government Districts, à la tête desquels était placé un Local Board ou une commission élue suivant des conditions de fortune et d'après une échelle de votes destinées à assurer la représentation des intérêts. Les circonscriptions furent découpées comme au hasard à travers les limites des paroisses et des bourgs sans autre considération que l'avantage actuel de quelques-uns de leurs habitants. Plusieurs villages insignifiants se virent ainsi revêtus de la plupart des pouvoirs d'une grande ville. Cette œuvre, complétée par diverses lois intermédiaires, fut étendue aux campagnes en 1875. A cette époque, on parut se soucier pour la première fois de l'état de choses existant et l'on se demanda s'il ne conviendrait pas d'utiliser un des anciens cadres administratifs. L'Union fut donc adoptée. Toutefois, comme cette circonscription comprend des localités urbaines aussi bien que des paroisses rurales, le Parlement se tira d'embarras en distinguant d'une part les villes déjà régies par les lois sur la santé publique et qu'il baptisa du nom de districts sanitaires urbains (urban sanitary districts) et de l'autre, le reste du territoire qui fut fractionné en districts sanitaires ruraux confiés aux comités de gardiens. Chacun de ces derniers districts est formé de bandes de territoire irrégulières séparées les unes des autres par des bourgs ou des districts urbains. Inutile d'insister sur les inconvénients de ce système en vertu duquel des communautés étrangères les unes aux autres sont groupées artificiellement.

Pendant ce temps, le Poor Law Board et le Local Government Office avaient fusionné sous le titre commun de Local Government Board.

Tout ce que les Anglais font entrer dans l'administration sanitaire et l'administration de la loi des pauvres, c'est-à-dire une bonne moitié des affaires locales, fut rattaché à ce ministère de centralisation. C'était la consécration de la tutelle gouvernementale active, vigilante et puissamment armée qui n'avait cessé de s'étendre sur le nouveau réseau administratif depuis la réforme de l'assistance publique.

Notons enfin, pour être complet, la création facultative de districts de grandes routes (highway districts) opérée en 1862 et, huit ans plus tard en 1870, celle de comités scolaires (school boards), ces derniers sous la dépendance étroite du comité d'éducation du Conseil Privé.

Dans un discours prononcé en 1870 devant les Communes, M. Goschen a caractérisé d'un mot qui a fait fortune cette législation incohérente et contingente toujours disposée à satisfaire hâtivement un besoin nouveau au moyen d'un mécanisme inédit, au risque d'alourdir et de ralentir la vieille machine administrative. « Notre gouvernement local est un chaos d'autorités, un chaos de taxes, un pire chaos de circonscriptions ». Et, développant sa pensée, cet homme politique ajoutait : « Les personnes qui habitent dans un local board district vivent ou peuvent vivre sous six autorités : le local board, la vestry, l'union, le burial board, la session trimestrielle et le school board. Chacune de ces autorités peut être différente suivant que ces personnes habitent tel ou tel point de district. La situation des habitants d'une paroisse rurale est encore pire. Ils vivent dans une paroisse, une union, probablement un highway district et un comté. Ils sont gouvernés par une vestry, un school board, un burial board, un highway board, un board of guardians, une session spéciale et une session trimestrielle ». Ces innombrables autorités étaient élues à des dates différentes, conformément à un mode de scrutin spécial : public, secret, uninominal, cumulatif, plural ; elles accomplissaient leur tâche avec le secours de leurs propres employés et chacune d'elle frappait les contribuables d'une ou plusieurs taxes distinctes. C'est ainsi qu'un bourgeois pouvait avoir à payer la taxe de bourg, la taxe générale de district, la taxe des pauvres, la burial rate et la taxe de comté (1). Dépenses inutiles de forces, pertes de temps et d'argent, tel était le résultat inévitable de cette complication et de cet enchevêtrement.

Ce n'était là d'ailleurs qu'un des moindres reproches adressés à ce système, si l'on peut donner ce nom à l'œuvre du hasard et des circonstances. Les partisans d'une

1. Dans un opuscule publié en 1878, et auquel j'emprunte quelques-uns de ces faits, M. Wright cite l'exemple d'une ferme de 100 acres du comté de Gloucester qui se trouvait située dans douze paroisses et dont le propriétaire acquittait 63 taxes différentes.

réforme montraient la paroisse paralysée et sans vie propre, les gardiens des unions devenus les agents subalternes du Local Government Board, les membres des comités de districts sanitaires et des comités de grandes routes sans prestige et sans autorité. A les entendre, les comtés étaient livrés à une caste étroite qui disposait souverainement des pouvoirs administratifs et judiciaires, en vertu d'une sorte investiture héréditaire et taxait arbitrairement les contribuables sans que ceux-ci pussent faire entendre leurs réclamations. Reproche plus grave encore, les juges de paix auraient souvent exercé à leur profit ces droits exorbitants, par exemple en sous évaluant leurs parcs et leurs châteaux. Il importait donc de simplifier les institutions administratives, de les remanier et de les rajeunir en leur insufflant un esprit franchement populaire.

L'assimilation des habitants des campagnes à ceux des villes par rapport au droit de suffrage qui fut réalisée en 1884 donna une force irrésistible à ces revendications. Comment admettre en effet que l'ouvrier rural, souverain lorsqu'il s'agit de décider les plus hautes questions de politique générale et de débattre les affaires de tout le pays, doive être mis à l'écart et traité en incapable lorsque les intérêts de son village ou de sa région sont en jeu ? N'est-ce pas une anomalie choquante et injustifiable?

Gardons-nous de croire que l'organisation ainsi attaquée soit restée sans défenseur :

« Pourquoi sacrifier à un principe abstrait, à une vaine et fausse logique, des institutions éprouvées par l'usage et qui n'ont en somme cessé de fonctionner régulièrement économiquement, et à la satisfaction générale ? De votre propre aveu, la gestion des autorités rurales n'a-t-elle pas été aussi prudente et économe que celle des conseils de bourgs s'est montrée à diverses reprises prodigue et imprévoyante ? Enlever le gouvernement de la paroisse et des comtés aux représentants naturels des intérêts fonciers, n'est-ce pas le livrer aux politiciens ? Vous déclarez que le droit de voter l'impôt ne doit appartenir qu'à ceux qui le paient, n'est-ce pas justement ce principe qui sera violé quand l'administration des finances publiques aura passé à ceux qui, en fait, n'y contribuent pour aucune part ? » Tels sont les arguments qui furent développés de part et d'autre lorsque la réforme de l'administration locale, depuis si longtemps promise et ajournée, fut enfin introduite devant le Parlement de 1888 par le ministère Salisbury. Les raisons d'utilité et d'opportunité qui viennent d'être exposées n'ont trouvé à la Chambre des Communes que de timides interprètes. Malgré le dédain qu'ils professent pour la logique, la symétrie et les idées abstraites, les Anglais ne pouvaient résister indéfiniment au mouvement qui entraîne les sociétés modernes. On ne fait pas à la démocratie sa part, une fois entrée dans un pays où l'aristocratie régnait, il faut, bon gré ou mal gré, que sa rivale lui cède le reste de la place. En 1888 la classe dirigeante s'est résignée de bonne grâce à cette évolution qu'elle a préparée elle-même. Les électeurs lui en ont su gré.

En France, on n'eût pas manqué, avant d'entreprendre cette réforme, de démolir la vieille maison devenue irré-

gulière et incommode afin de construire sur son emplacement, un palais aux proportions nobles et élégantes, distribué à l'intérieur d'après les plans les plus savamment combinés. A la place des Anglais, nous aurions été invinciblement tentés d'effacer d'un coup de pinceau les contours enchevêtrés et incohérents qui constituaient leur carte administrative pour dessiner à l'aise, sur la toile redevenue blanche, conformément à toutes les règles de la perspective. Ce n'est pas ainsi que procèdent nos voisins qui se méfient instinctivement des trop vastes entreprises. Respectueux des vieilles choses, ils se sont limités aux réparations les plus urgentes, en conservant, au moins dans leur aspect extérieur, les parties principales de l'édifice. Ils ont abattu des cloisons, condamné des portes, percé des fenêtres, ajouté une aile ou un pavillon, tout cela graduellement, en laissant un intervalle entre chaque modification. Ils ont vigoureusement retouché la peinture devenue défectueuse, ravivant une teinte, rectifiant un trait, compétant une ligne, s'efforçant en un mot de tirer parti de ce qu'ils avaient sous la main, de ce dont ils avaient éprouvé le fort et le faible.

Il nous aurait semblé naturel tout au moins, en entreprenant cette preuve partielle, de commencer par les fondations, en dégageant tout d'abord la paroisse, unité naturelle que des groupements artificiels et arbitraires avaient depuis longtemps masquée. Malgré les objurgations passionnées des radicaux soutenus par la grande majorité des libéraux, le gouvernement conservateur, au pouvoir en 1888, s'est obstiné à aller en premier lieu à ce qu'il considérait comme le plus pressé. Il s'en est pris à la

constitution des comtés qu'il a remodelée, autant que faire se pouvait, à l'image des bourgs.

Une assemblée élective régit maintenant l'une et l'autre circonscription. C'est le point capital de cette mesure. Les libéraux ont pris leur revanche en 1894. Grâce à eux, la paroisse a été fortifiée et gratifiée d'institutions populaires. Le même principe démocratique a été introduit dans l'administration de l'hygiène et de l'assistance publique. De tous les anciens privilèges dont elle jouissait dans la sphère du gouvernement local, la gentry n'a gardé que l'exercice de la juridiction sommaire. Partout ailleurs, le suffrage populaire succède aux commissions royales, le vote uninominal remplace le vote plural, les membres *ex officio* sont supprimés. Il n'y a peut-être pas d'exagérations à dire que cet ensemble de réformes constitue pour l'Angleterre, le plus grand événement politique du siècle.

CAHIER (S) OU FEUILLET(S) INTERVERTI(S) À LA COUTURE
RÉTABLI(S) À LA PRISE DE VUE
DE LA PAGE 30 À LA PAGE 21

CHAPITRE II

LA PAROISSE.

I

En Angleterre, le mot paroisse désigne deux circonscriptions qui peuvent coïncider, mais qui sont parfois distinctes. Dans l'une s'exerce le culte officiel, l'autre est l'unité où la loi des pauvres est tout d'abord appliquée (1). Dans ce dernier sens, on définit la paroisse : « la localité où une taxe des pauvres distincte est ou peut être perçue, ou pour laquelle un inspecteur des pauvres spécial est ou peut être désigné (2).

L'existence légale de ce groupement naturel et primordial qu'on rencontre dans tous les temps et à toutes les

1. Le nombre des paroisses de la loi des pauvres (Londres exceptée), atteignait en 1891 le nombre total de 14,188, tandis que celui des paroisses ecclésiastiques s'arrêtait à 13,188. Dans 5,593 cas, seulement les deux circonscriptions coïncidaient (*Wright and Hobhouse, Local Government*, p. 7).

2. Poor law amendement act. 1866 (29 et 30 Vict. ch. 113), art. 18.

époques, est donc liée chez nos voisins à l'organisation de l'assistance publique. Cette conception remonte au statut mémorable d'Elizabeth qui fit de l'entretien des pauvres la dette de leur paroisse d'origine.

En reconstituant la paroisse, la loi du 15 mars 1894 (1) l'a fortifiée et ranimée. Désormais rajeunie cette antique institution a pris un nouvel aspect et semble destinée à jouer un rôle important dans l'avenir politique et social du royaume.

Il semble assez difficile de rattacher, comme le voudraient notamment Freeman et Stubbs, la paroisse moderne au township primitif. Du moins la période qui sépare ces deux communautés parait fort obscure. Le plus sûr est donc d'étudier la seconde au moment où l'histoire révèle son existence. On constate alors que l'unité de croyances et de pratiques religieuses en forme le lien. Les paroissiens avaient pris l'habitude de se réunir, après les offices, dans la vestry (vestiaire) de l'église pour y discuter les questions temporelles soulevées par l'exercice du culte, par exemple la réparation et l'entretien des édifices nécessaires à la célébration des cérémonies.

Dans ces réunions, à partir d'une époque qu'il est difficile de préciser, était votée la taxe d'église (churchrate) destinée à suppléer à l'insuffisance des revenus ecclésiastiques et répartie ensuite entre les paroissiens proportionnellement au revenu de leurs biens situés dans la

1. An act to make further provisions for local government in England and Wales, 57 et 58, Victoria, 73.

paroisse. Deux marguilliers (churchwardens) étaient chargés de ce soin. Ces fonctionnaires pourvoyaient en même temps à l'entretien des édifices et du cimetière, à la police de l'église et à la conservation des registres et documents. En 1535, ils furent chargés du soulagement des pauvres. Après la décadence de la cour du manoir, l'assemblée populaire, à laquelle on avait attribué par une association d'idées toute naturelle le nom de vestry, hérita du gouvernement de la paroisse qui devint l'unité civile de gouvernement local et reçut sa forme définitive en 1601, date de l'organisation de l'assistance publique. Au début du XVIIIe siècle, ces petites démocraties connurent leurs heures de prospérité et d'indépendance, avant que la disparition des yeomen fût consommée. Bientôt leur vigueur et leur autonomie décroissent, à mesure que s'établit la suprématie de l'aristocratie foncière et que la situation de la démocratie rurale devient précaire et subordonnée.

En 1662, date de la création du domicile forcé et en 1782 date du Gilbert's act, les juges de paix s'emparent de l'administration des pauvres que plus tard l'acte de 1834 confie aux gardiens des unions. En 1856 la police est rattachée au comté, une loi de 1872 complète cette réforme en rendant facultative la charge de constable paroissial. L'acte sur la santé publique de 1872 transfère aux gardiens les attributions sanitaires que la vestry exerçait jusque-là dans les districts ruraux, chargement accompli, déjà depuis des années, au détriment des vestries urbaines. Par suite de la création des highway districts, l'entretien des routes lui échappe graduellement partout. Elle n'est plus enfin qu'un cadre vide, qu'une substance dépouillée de la plupart de ses attributs.

A ce point même de son évolution, et sous le minimum d'attributions qu'elle avait conservées, la paroisse gardait encore son aspect primitif. Avec son assemblée souveraine, ouverte à tous les contribuables des deux sexes et dont des agents actifs, overseers ou churchwardens exécutaient les décisions, elle semblait toujours, à première vue, réaliser l'idéal rêvé par J.-J. Rousseau, et constituer le gouvernement du peuple par le peuple. Quand on l'observait de près, elle apparaissait ce qu'elle était en réalité, un vain simulacre. Dans les villes, le conseil de bourg ou de district ne lui laissait plus même l'ombre d'un pouvoir. Dans les campagnes, la vestry se réunissait d'ordinaire une fois l'an sur la convocation des marguilliers, publiée après l'autorisation du ministre, qui choisissait oujours une heure pendant laquelle les paysans étaient absorbés par leur travail. Le curé la présidait de droit, règle qui présentait des inconvénients évidents là où les dissidents sont en majorité. Après un semblant de délibération, les assistants votaient à main levée. Toutefois un scrutin pouvait avoir lieu sur la demande d'un seul vestryman : le vote était alors plural, ne pouvaient y prendre part que les possesseurs d'un revenu de cinquante livres, chaque fraction supplémentaire de vingt-cinq livres leur donnant encore une voix jusqu'à concurrence d'un maximum de six. En fait, la vestry se contentait d'adopter les taxes proposées par les marguilliers et dont elle n'avait pas à contrôler l'emploi. Elle nommait, il est vrai, un de ces fonctionnaires, mais son action sur eux en restait là. Les inspecteurs des pauvres étaient désignés par les juges de paix (1). Le vestry ne constituait pas d'ailleurs une personne morale. L'existence de comités indépendants achevait de limiter son activité. Celui des cimetières se recrutait par cooptation. Le school board était élu directement par les contribuables. Dans la pratique, tout son rôle se réduisait, le plus souvent, à une conférence entre cinq ou six fermiers qui se distribuaient à l'amiable les fonctions dont la vestry était censée disposer. La seule fonction sérieuse des churchwardens consistait dans l'administration des fondations charitables. Les overseers n'étaient guère que les percepteurs de la taxe des pauvres et agissaient sous la direction des gardiens. En résumé, au dernier terme de l'évolution accomplie à son détriment, la paroisse n'était guère qu'une subdivision d'une circonscription plus étendue, l'union, en vue de la répartition de la taxe des pauvres et des autres impôts greffés sur cette taxe.

II

L'état des choses que je viens de décrire n'est plus maintenant qu'un souvenir. Avant de faire connaître l'organisation qui l'a remplacé il est nécessaire de délimiter nettement son champ d'application.

1. Ajoutons cependant que la tradition voulait que ce choix fut fait sur la présentation de la vestry.

La loi du 5 mars 1894 ne vise en effet que les paroisses qu'elle qualifie de rurales, c'est-à-dire celles qui sont situées dans un district sanitaire rural (1). Partout ailleurs, l'antique vestry règne encore sans partage. Ceci posé, là où cette loi s'applique, elle est ou peut être mise en œuvre, d'une part au moyen de deux corps électifs, le conseil paroissial (parish council), et l'assemblée paroissiale (parish meeting), dont le premier est l'émanation du second et lui reste subordonné, de l'autre, par l'intervention de divers agents et fonctionnaires.

L'assemblée paroissiale a pris la place de l'antique vestry, on la trouve dans toutes les paroisses, quelquefois seule, le plus souvent à côté du conseil paroissial. Ce dernier organe fonctionne de droit dans les paroisses de 300 habitants et plus. Dans les paroisses qui comptent de 100 à 300 habitants, le conseil de comté doit, sur la demande de l'assemblée de paroisse, établir ce conseil. Cette création est facultative si la paroisse a moins de

1. Loi de 1894, art. 1 : Cette distinction serait on ne peut plus rationnelle si l'idée exprimée par le qualificatif urbain ou rural répondait à une réalité. Il n'en est rien. Des paroisses ou des districts dits urbains ne comptent qu'un habitant par hectare et inversement des quartiers de grandes villes sont traités de districts ruraux. Dans la discussion des articles, sir Charles Dilke proposa donc de faire disparaître de ce texte le mot rural. Il cita à l'appui un district urbain qui renfermait seulement 32 maisons. Son observation produisit une grande impression sur la Chambre mais n'eut pas de suite.

Le Local Government Board dispose d'ailleurs de la faculté de confier aux conseils de districts urbains tout ou en partie des attributions d'un conseil paroissial (Loi de 1894, art. 25).

100 habitants (1). Une ordonnance du conseil de comté peut en outre, avec le consentement des assemblées de paroisse respectives, grouper plusieurs paroisses voisines sous un même conseil, mais en leur conservant des assemblées distinctes. Cette agglomération porte un nom déterminé par l'ordonnance, son conseil se compose de délégués élus par chaque assemblée, elle peut être dissoute par une nouvelle ordonnance émise à la requête du conseil commun ou d'une des assemblées intéressées (2). Beaucoup de paroisses sont donc gouvernées par un seul corps délibérant composé de tous les contribuables. Dans les autres, ce pouvoir est partagé entre ce premier organisme et le conseil paroissial élu par lui : celui-ci chargé de prendre la plupart des décisions, celui-là pourvu d'un pouvoir de tutelle ou de contrôle et auquel sont confiées certaines décisions importantes.

Nous allons étudier chacune de ces organisations en commençant par la première et la plus simple.

L'assemblée paroissiale est composée de tous les électeurs paroissiaux sans distinction de sexe, c'est-à-dire de toutes les personnes dont les noms sont inscrits sur les registres des électeurs parlementaires et sur celui des électeurs de comté (3). Par application d'une idée chère au parti

1. Loi de 1894, art. 1.

2. Loi de 1894, art. 38.

3. Loi de 1894, art. 1 et 2. Figure sur la première liste tout occupant d'un logement distinct, d'une propriété quelconque productrice d'un revenu annuel de dix livres, tout locataire d'un même logement faisant partie d'une même maison d'habitation et loué à raison de dix livres, pourvu que le propriétaire y ait effecti-

radical et qui forme un des articles du programme de Newcastle, chacun de ces électeurs, en tant que membres de l'assemblée paroissiale, dispose d'un seul vote (one man one vote).

L'assemblée ainsi constituée, tient sa première séance dans la semaine qui précède ou qui suit le 25 mars, elle peut, en outre, être convoquée à toute autre date par le président du conseil de paroisse. Deux conseillers ou six électeurs disposent du même droit (1).

Ces réunions ont lieu après six heures du soir, elles sont annoncées sept jours à l'avance par ceux qui les ont provoquées au moyen d'un avis officiel affiché à la porte des églises et chapelles de la paroisse, indiquant l'endroit où se tiendra la réunion et quel en sera l'objet (2). A défaut d'un local convenable dont l'assemblée paroissiale puisse user gratuitement la loi l'autorise à se servir sans rémunération pendant le temps nécessaire, et après un avertissement, des locaux d'une école publique élémentaire, entretenue aux frais des contribuables ou recevant une subvention en vertu d'une loi (3). La loi accorde la même faculté à l'occasion des séances des comités, des

vement résidé. Dans les trois cas, l'occupation ou la résidence doit avoir duré douze mois, à la date du 15 Juillet. Figure sur la seconde liste tout occupant d'un bâtiment quelconque ou d'un terrain productif d'un revenu annuel de dix livres. On le voit, la combinaison des deux franchises, étend le droit de suffrage à tous les contribuables à la taxe des pauvres résidents.

1. Loi de 1894, art. 45.

2. Loi de 1894, art. 51.

3. Loi de 1894, art. 1.

enquêtes et des réunions électorales, elle y ajoute l'interdiction d'user pour ces réunions, d'un local qui aurait reçu licence en vue de la vente de liqueurs enivrantes, sauf le cas où il serait impossible de s'en procurer un autre à aucun prix raisonnable (1).

Pour déterminer les attributions de l'assemblée paroissiale, il faut distinguer deux situations suivant que la paroisse est ou non dotée d'un conseil.

III

Première situation. — La paroisse n'a pas de conseil. Elle est administrée par l'assemblée paroissiale, le président de cette assemblée et les inspecteurs des pauvres. L'assemblée doit tenir au moins deux séances par an (2) et peut, en outre, être convoquée à toute autre époque par son président ou six électeurs paroissiaux (3).

Elle élit son président pour un an et nomme les inspecteurs des pauvres et les administrateurs des fondations de bienfaisance (4); elle reçoit les comptes de ces fondations (5); elle donne ou refuse son consentement au changement de direction ou au déclassement d'un grand chemin (6); elle peut établir une taxe dans les limites

1. Loi de 1894, art. 61.
2. Loi de 1894, art. 19.
3. Loi de 1894, art. 45.
4. Loi de 1894, art. 19.
5. Loi de 1894, art. 7.
6. Loi de 1894, art. 19.

d'un maximum de six pence par livre de revenu imposable (1). La loi de 1894 lui attribue enfin les pouvoirs et obligations de la vestry, mais en apportant à cette disposition une restriction qui lui enlève toute portée, « excepté pour ce qui a trait aux affaires de l'église ou aux charités ecclésiastiques » (2). Agir ne saurait être le fait de tous les contribuables d'une paroisse, même pendant qu'ils sont réunis dans un même local : ce pouvoir exécutif appartient donc au président de l'assemblée paroissiale (3) et aux inspecteurs des pauvres. Ces administrateurs constituent une corporation jouissant de la personnalité morale et disposant des biens et des intérêts paroissiaux sous le contrôle de l'assemblée. Cette dernière peut d'aillleurs suppléer, dans une certaine mesure, à l'absence d'un conseil en déléguant toute autre partie de ses pouvoirs à un comité choisi parmi ses membres et dont elle doit approuver les décisions pour qu'elles soient valables (4).

Dans la seconde des deux situations prévues tout-à-l'heure, celle où les deux corps délibérants coexistent dans la même paroisse, on peut définir d'un mot leurs attributions respectives en disant qu'à l'assemblée géné-

1. Loi de 1894, art 11. Pour toutes ces décisions un scrutin peut être demandé, soit par un seul, soit par cinq électeurs, ou un tiers des électeurs présents suivant l'hypothèse. En cas de partage, le président a voix prépondérante.

2. Loi de 1894, art. 19.

3. Sous le titre plus modeste de chairman, ce personnage rappelle assez bien notre maire français.

4. Loi de 1894, art. 19.

rale des électeurs, appartient un pouvoir électif et en quelque sorte législatif ou constituant, tandis que le conseil qui en est l'émanation jouit d'attributions surtout exécutives et réglementaires. L'assemblée désigne, en effet, les membres du conseil paroissial (1). C'est là sa principale fonction. Son approbation est en outre nécessaire au déclassement d'un chemin public ou à une modification dans son parcours (2), à toute dépense ou projet impliquant, soit un emprunt, soit l'aliénation par vente ou échange d'une propriété paroissiale, soit une taxe de plus de trois pence par livre de revenu imposable (3). Devant elle, doivent être rendus les comptes des fondations et institutions charitables paroissiales (4).

Tout ce qui précède rentre dans ce que j'ai appelé le pouvoir électif et législatif. Voici maintenant ce qui a trait au pouvoir constituant. Ici nous touchons à un des points les plus originaux et les plus curieux du système administratif anglais. D'après ce système sur lequel j'aurai occasion de revenir à diverses reprises, les corps locaux ne sont pas investis du mandat général d'administrer telle sphère d'intérêts publics à l'exception des parties réservées à l'autorité centrale. Le législateur les considère en quelque sorte comme ses agents d'exécution et ne leur permet d'agir que d'après les instructions précises, étroites et méticuleuses qu'il leur donne et que le pouvoir judiciaire est chargé de faire respecter. Si plus tard les cir-

1. Loi de 1894, art. 48.
2. Loi de 1894, art. 13.
3. Loi de 1894, art. 8 et 11.
4. Loi de 1894, art. 14.

constances révèlent l'insuffisance des attributions ainsi strictement et parcimonieusement mesurées, seul le mandant qui les a concédés c'est-à-dire le Parlement peut les étendre ou les augmenter. Lors donc qu'une localité éprouvait, au cours de ce siècle, de nouveaux besoins il fallait édicter une loi spécialement destinée à les satisfaire (1). Il en fut concédé ainsi d'innombrables, c'est pourquoi le Parlement dut souvent prendre le parti d'accorder, par une mesure générale, les pouvoirs rendus nécessaires par les progrès du bien être et de la science industrielle. Dans aucune de ces circonstances, on ne jugea indispensable, au moins immédiatement, de renforcer obligatoirement et sur tout le territoire, les attributions des autorités locales.

Les habitants furent laissés juges, sous certaines conditions, de l'opportunité de cette extension. C'est ainsi que procéda, pour ne citer qu'un exemple, l'acte sur la santé publique de 1858. Dans la modeste région des intérêts ruraux et paroissiaux, ce droit d'option était exercé par la vestry qui se prononçait au moyen d'un véritable *referendum*, généralement à la majorité des deux tiers. En cas de réponse affirmative, l'exécution de cette décision était d'ordinaire confiée à une commission élective.

La loi du 15 mars 1894 a respecté cette procédure qui peut certainement présenter de réels avantages, au moins dans les pays où prédomine un sage esprit public. C'est désormais l'assemblée paroissiale qui statue sur l'adoption

1. *Sur la procédure de ces local. acts* Voir pages 251-253.

ou le rejet des lois facultatives qui lui sont proposées ou plutôt de celles que l'acte en question l'autorise à adopter. Si sa décision est favorable, le conseil paroissial a mission de l'exécuter de la manière et dans les limites fixées par la loi adoptée. Celle-ci détermine en effet le maximum du tant pour cent de l'imposition supplémentaire que son application pourra nécessiter, les conditions des emprunts qu'elle est susceptible d'entraîner, etc.

L'assemblée dispose du droit de rendre applicable à la paroisse les actes sur la police et l'éclairage, les bains et lavoirs publics, les bibliothèques, les sépultures, la création de promenades, et l'exécution de menus travaux d'amélioration. Elle décide également sur le point de savoir s'il y a lieu de proposer au département de l'éducation la création d'un comité scolaire (school board) et propose au besoin la dissolution de ce comité.

Pour faciliter la préparation et l'exécution des résolutions qu'elle prend, l'assemblée a le droit de nommer des comités dont les décisions doivent lui être soumises et ne sont valables qu'après son approbation (1).

IV

Le conseil paroissial se compose d'un président et de conseillers dont le nombre est fixé de temps en temps par le conseil de comité entre un minimum de cinq et un maximum de quinze (2).

1. Loi de 1894, art. 7.
2. Loi de 1894, art. 3.

Sont éligibles à cette fonction non-seulement les électeurs paroissiaux, mais les personnes qui ont, pendant la totalité des douze mois antérieurs à l'élection, résidé dans la paroisse ou dans un rayon de trois mille au-delà. Les femmes même mariées ne sont pas exclues. Sont au contraire disqualifiés les aliénés, les faillis non réhabilités, quiconque a subi dans les cinq années antérieures à l'élection une condamnation autre qu'une amende, occupe une place rétribuée sous la dépendance du conseil et figure à titre de partie, sous la réserve de certaines exceptions, dans un marché ou contrat auquel est intéressée la paroisse (1). Sur la demande du conseil ou d'un dixième des électeurs, le conseil de comité peut diviser la paroisse en sections (wards) en déterminant le nombre de conseillers qui doit être attribué à chacune d'elles (2). Le mandat de conseiller n'est pas obligatoire, sa durée est d'un an à partir du 15 avril (3). Les membres sortants sont rééligibles. Si une vacance survient avant l'expiration du mandat, le conseil la remplit lui-même (4). Le conseil doit se réunir au moins quatre fois par an, la première dans les sept jours qui suivent le 15 avril. Cette séance est présidée par le président de l'assemblée paroissiale par laquelle le conseil a été élu, ou, à son défaut, par le secrétaire des gardiens (5). Le conseil élit tout d'abord le président et les inspecteurs des pauvres. Son choix n'est pas limité à ses

1. Loi de 1894, art. 46.
2. Loi de 1894, art. 18.
3. Loi de 1894, art. 3 et 78.
4. Loi de 1894, art. 47.
5. Loi de 1894, art. 78.

membres. Le président a voix prépondérante en cas de partage, il convoque le conseil aussi souvent qu'il le juge à propos. En cas de refus de sa part, cette convocation peut être faite par deux membres (1). Pour être valable, une décision doit être prise en présence d'un tiers au moins des conseillers, sans que le *quorum* puisse jamais descendre au dessous de deux (2). Sauf exception, les séances sont publiques.

Le conseil ainsi constitué est une corporation. Ses décisions sont formulées par un acte signé de son président et de deux autres membres. Avant de passer en revue ses attributions, il est nécessaire de ne pas perdre de vue l'esprit générateur de la réforme législative à laquelle elles doivent leur origine. La loi du 15 mars 1894 est une mesure d'émancipation démocratique et de sécularisation. Ses auteurs ne se sont pas seulement proposés pour but de ressusciter la vie rurale en rendant au « labourer » le gouvernement de sa paroisse, ils ont voulu en outre investir ses élus de pouvoirs destinés à faciliter l'œuvre de son affranchissement social. Elimination de tout élément clérical, transformation de l'assistance publique dans un sens franchement populaire, droits de protection et de tutelle conférés au conseil pour la défense et l'encouragement de ses électeurs, telle a été, dans sa partie vraiment importante et caractéristique, l'œuvre de la dernière loi : A l'aide de cet instrument, les adversaires de la « Squirearchy » espèrent travail-

1. Loi de 1894, art. 78.
2. Loi de 1894, art. 61.

ler efficacement à la reconstitution de cette libre et forte race de paysans propriétaires dont la France aurait à si juste titre le droit d'être fière et dont l'Angleterre a pu jadis s'enorgueillir.

L'administration du patrimoine et des revenus paroissiaux figure au premier rang de ces attributions. Les marguilliers ont été confinés dans la gestion de ce qui a trait au culte ; les inspecteurs des pauvres ne sont plus que les agents du conseil.

Le conseil est le possesseur des biens paroissiaux depuis les plus modestes tels que les livres et registres, le coffre-fort et le numéraire qu'il contient, les pompes et engins d'incendie, jusqu'aux plus considérables, tels que les locaux et autres immeubles. Cette dernière catégorie comprend notamment les pelouses et emplacements de jeux (greens, recreation grounds), les jardins, parcs, promenades et terrains loués par lots (allotments) aux ouvriers et indigents, etc. Il peut acquérir, par achat ou donation et aménager dans ce but, des terres et des bâtiments, en louer, en vendre et en échanger, sous la réserve du consentement de l'assemblée paroissiale et de l'approbation du Local Government Board lorsqu'il ne s'agit pas d'une location de moins d'un an (1). Pour faciliter la mise en œuvre et l'entretien de ce domaine le Conseil a le droit d'édicter des réglements (bye-laws). Si le propriétaire d'un terrain s'obstine à repousser les offres d'acquisition du conseil paroissial, celui-ci s'adresse au conseil de comté qui ordonne une enquête contradictoire, à la

1. Loi de 1894, articles 8 et 9.

suite de laquelle il peut, par une ordonnance, procéder à une expropriation. S'il refuse d'exercer cette faculté, le conseil de paroisse dispose d'un recours au Local Government Board qui peut agir à la place du conseil de comté. Le chiffre de l'indemnité est réglé par un arbitre désigné par les parties, ou, en cas de dissentiment, par le Local Government Board (1).

Ces diverses dispositions n'ont pas soulevé de débat bien sérieux au cours de la discussion qui a précédé le vote de la loi encore que la dernière semble quelque peu exhorbitante. Il en a été tout autrement quand le projet du gouvernement s'est attaqué aux fondations de bienfaisance (parochial charities).

Cette expression parochial charity est très large. On peut la définir : une œuvre d'intérêt général organisée au bénéfice de tout ou partie des habitants d'une paroisse déterminée, par exemple, un hôpital, une école gratuite, une bibliothèque publique, des capitaux dont les revenus sont destinés au soulagement des indigents, etc.

Ces fondations étaient gérées, soit par des administrateurs spéciaux (trustees), soit par des marguilliers ou inspecteurs des pauvres, sous le contrôle d'une Commission de Charité créée par une loi de 1853 et investie de plus larges pouvoirs en 1860 (2). En fait, elles dépendaient presque toujours de l'église anglicane. Cette situation soulevait depuis longtemps les plus vives critiques. Il

1. Loi de 1894, article 9.

2. Cette commission se compose d'un Chief Commissionner, fonctionnaire permanent nommé par la Trésorerie et de six

était injuste, disait-on, de soustraire entièrement le bien des pauvres au contrôle du public, et l'on montrait l'argent destiné au soulagement de la misère dissipé dans un intérêt de parti ou de propagande confessionnelle. C'est à ces abus vrais ou faux que la loi des conseils de paroisse a voulu remédier.

S'il fallait mesurer la portée d'un texte au temps consacré à sa discussion, l'article 14 serait le plus important de ce monument juridique, il a occupé les Communes pendant six séances et accaparé une bonne partie des délibérations de la Chambre des Lords. A vrai dire, si ce principe qu'il pose peut être gros de conséquences éloignées, ses résultats immédiats se réduisent en somme à peu de chose (1). Ses dispositions peuvent se ramener aux deux points suivants :

1° Les administrateurs d'une propriété destinée à l'usage des habitants d'une paroisse telle qu'un champ de récréation, un local de réunions publiques, sont autorisés à en investir le conseil paroissial ou les personnes par lui désignées si le lieu en question ne présente aucun caractère ecclésiastique. Il est à présumer que les administrateurs en fonction n'abuseront guère de cette faculté et ne

autres commissaires dont l'un appartient à la chambre des communes où il représente ce service. Elle est chargée de la surveillance des fondations charitables de l'Angleterre et du pays de Galles, y compris celles de la Cité de Londres.

1. Des 2.200.000 livres représentant le revenu annuel total des institutions de bienfaisance, il faut déduire en effet les œuvres de Londres, des bourgs municipaux et des districts urbains, ce qui reste est à peu près insignifiant.

se dépouilleront pas volontiers des pouvoirs dont ils disposent. Le conseil n'est cependant pas à la merci de leur bonne volonté. Dans le cas où le comité directeur d'une fondation charitable non ecclésiastique ne comprend aucun membre élu par les contribuables, le conseil peut en désigner dans les limites d'un maximum fixé par les commissaires de charité. Si la fondation charitable est confiée à un seul administrateur, ce dernier a le droit de s'adjoindre un collègue. Le conseil paroissial dispose du même droit. Il peut remplacer par ses élus les inspecteurs des pauvres ou les marguilliers à la tête des institutions charitables.

Les administrateurs sont nommés par le conseil pour quatre ans, ils se renouvellent par moitié. Toutes les contestations au sujet de la désignation des administrateurs ou des bénéficiaires des institutions sont tranchées par les commissaires de charité. L'appel de ces décisions peut être porté devant la Haute Cour.

Les dispositions qui précèdent s'appliquent seulement aux fondations non ecclésiastiques. Tout ce qui ne rentre pas dans cette expression reste soumis aux règles en vigueur avant 1894, il importe donc d'en préciser le sens et la portée.

« Est ecclésiastique, dit l'article 75, toute fondation de bienfaisance administrée dans l'une des intentions suivantes : dans un intérêt spirituel, pourvu qu'il ne soit pas contraire à la loi ; au profit d'une personne ayant un caractère religieux ou d'un édifice telle qu'une chapelle, église, salle de réunions ou école confessionnelle. »

En d'autres termes, pour qu'une fondation soit ecclésiastique et échappe par conséquent aux dispositions de la loi, elle doit s'appliquer à une église ou chapelle ou à une association religieuse ou encore aux habitants de tel village à raison de la religion qu'ils professent.

Malgré cette réserve, les dispositions du projet présenté par le gouvernement libéral ont soulevé sur ce point les plus énergiques protestations et provoqué les plus vives polémiques.

Il serait trop long d'énumérer les amendements proposés au cours de l'interminable discussion à laquelle ce texte a servi d'aliment dans l'enceinte des communes. Le principal argument opposé à la réforme était tiré de la considération du danger qu'il y aurait à décourager les futures libéralités en méconnaissant les intentions des donateurs. Pour répondre à cette objection, une disposition additionnelle a été introduite au cours du débat par le président du Local Government Board, aux termes de laquelle la nomination des administrateurs d'une fondation serait attribuée au conseil paroissial, quarante ans seulement après sa création, sauf si l'un des auteurs de cette œuvre était encore vivant au moment du vote de la loi, auquel cas l'état de choses antérieur à cette date devait être maintenu pendant le même laps de temps.

Bien que rien ni de l'hygiène, ni de la voirie, ne rentre dans les attributions du conseil, il a fallu néanmoins le charger de prendre diverses mesures urgentes ou de détail à ces deux points de vue. Cette autorité peut donc acheter à l'amiable le terrain nécessaire à l'établissement d'un chemin, sans toutefois disposer du droit d'expropriation (1), son consentement est nécessaire à l'obstruction, au changement de direction ou au déclassement d'un chemin public (2). Elle peut utiliser l'eau d'une rivière, d'une source, ou d'un puits situé sur son territoire (3), dessécher, couvrir, drainer un étang, une citerne, un marais susceptible de compromettre la santé publique, le tout sous la réserve des droits des tiers et de ceux de l'autorité supérieure (4). Cette autorité est le conseil de district, si elle néglige son devoir le conseil paroissial a le droit d'adresser une pétition au conseil de comté qui, s'il n'agit pas directement, peut charger une personne de faire le nécessaire.

On voit déjà apparaître, dans cette disposition, le rôle de protecteur des droits et de représentant des revendications populaires joué par le conseil paroissial. C'est ainsi que toute demande adressée au département de l'agriculture en vue d'approprier ou d'enclore des terres communes, doit être notifiée au conseil de chacune des paroisses où les communaux sont situés. Le conseil se fait représenter à l'enquête qui précède la décision du département et formule toutes les observations qu'il croit utiles (5). Ces mesures sont destinées à prévenir des usurpations que la législation anglaise avait jusqu'ici semblé prendre à tâche de faciliter. Si le conseil paroissial est dans l'impossibilité de louer amiablement

1. Loi de 1894, art. 7.
2. Loi de 1894, art. 13.
3. Loi de 1894, art. 5.
4. Loi de 1894, art. 6.
5. Loi de 1894, art. 6.

des terres pour constituer des allotements, il peut pétitionner au conseil de comté qui, par une ordonnance sujette à l'approbation du Local Government Board, autorisera la location, s'il y a lieu, pour quatorze ans au moins, et trente cinq ans au plus (1). Le conseil paroissial ne dispose pas du pouvoir d'acheter les terrains destinés à être aussi distribués par lots à la classe laborieuse, mais il doit, si le conseil de district ne remplit pas cette attribution, lui signaler la nécessité d'agir en ce sens et, en cas de refus ou de négligence, s'adresser au Conseil de comté (2).

Un des problèmes dont la loi anglaise s'est le plus justement préoccupée ces dernières années est celui de parer à l'insalubrité des logements. L'Angleterre n'est pas comme la France un pays de propriétaires, la presque totalité de ses habitants vit dans des maisons louées, un grand nombre même en garni. Le conseil paroissial est chargé de veiller à la propreté et à la distribution convenable de ces habitations. Il adresse donc, le cas échéant, une plainte à l'officier de santé du district. Ce fonctionnaire inspecte les lieux incriminés et transmet au conseil de district la réclamation de l'autorité paroissiale, en y joignant son appréciation.

Si le conseil paroissial n'est pas satisfait de la décision du conseil de district, il a le droit de demander une enquête au Local Government Board. Cette faculté d'intervention du conseil paroissial ne fait pas d'ailleurs

1. Loi de 1894, art. 10 ; 50 et 51, Vict. chap. 48 (1887), 53 et 54, Vict. chap. 65 (1890). Voir le chapitre X.

2. Loi de 1894, art. 6.

obstacle au droit dont disposent les habitants, d'attirer sur le point en question l'attention de l'officier de santé et de déférer sa décision au Local Government Board (1).

Il en est de même en matière de constitution d'allottments. Six électeurs parlementaires peuvent, concurremment au conseil paroissial, demander au conseil de comté les terrains qui leur sont nécessaires. La loi de 1894 n'a, en effet, nullement entendu porter atteinte au droit d'action des individus, mais au contraire suppléer à l'ignorance ou à l'inertie des personnes directement intéressées, en remettant à un corps démocratiquement élu la défense de la santé publique.

V

Les conseils paroissiaux exercent ces diverses attributions, soit directement, soit par l'intermédiaire de comités dont les décisions, pour être valables, doivent être approuvées par eux. Certains de ces pouvoirs ne sont parfois susceptibles d'intéresser qu'une partie de la paroisse, par exemple, s'il s'agit de l'administration d'une propriété, d'un bâtiment, d'un lieu de réunion ou d'amusement dont profitent seulement certains habitants. En pareil cas, le conseil est tenu de former, partie avec ses membres, partie avec d'autres personnes représentant la localité intéressée, un comité chargé de régler ce qui, sur ces points spéciaux, concerne cette localité.

1. Loi de 1894, art. 6 ; 53 et 54 Vict. ch. 70 (1890).

Deux ou plusieurs conseils ont d'ailleurs le droit de constituer un comité mixte auquel sont confiées leurs affaires communes (1).

On sait déjà que la désignation des inspecteurs des pauvres a passé des juges de paix au conseil de paroisse, et que les marguilliers sont désormais confinés dans la gestion de ce qui a trait au culte. Les premiers de ces fonctionnaires jouent un rôle fort important dans l'administration des affaires paroissiales. Ils évaluent la matière imposable, perçoivent la taxe des pauvres et les impositions auxquelles elle sert de base, distribuent les secours en cas d'urgence, dressent la liste des jurés et celle des électeurs. Leurs fonctions sont obligatoires. Ils se font d'ordinaire aider et suppléer par un agent salarié (assistant overseer) qui tient la comptabilité et accomplit, d'une façon générale, la partie matérielle de leur besogne. L'assistant overseer est d'ordinaire l'instituteur. On trouve encore dans les localités importantes des collecteurs.

Le secrétaire du conseil joue aussi un rôle qui mérite d'être signalé. Il conserve notamment les papiers et documents paroissiaux. En principe, cette charge doit être remplie gratuitement par un conseiller. Cependant, si aucun membre n'a les aptitudes ou la bonne volonté nécessaires à l'accomplissement de ces fonctions, elles peuvent être attribuées, moyennant salaire, à l'inspecteur adjoint, au collecteur des taxes ou à toute autre personne capable (2).

1. Loi de 1894, art. 57.
2. Loi de 1894, art. 17.

Le conseil paroissial est l'autorité financière de la paroisse dont il alimente les dépenses à l'aide de la taxe des pauvres sans cependant pouvoir dépasser une limite de six pence par livre de valeur imposable. Si l'assemblée ne peut obtenir du conseil le paiement des dépenses nécessaires à l'accomplissement de ses obligations, elle porte plainte à deux juges de paix au moins et en obtient un *warrant* contenant un ordre de remboursement. Le consentement de l'assemblée est nécessaire à la validité de toute imposition supérieure à trois pence par livre (1). Le conseil vote également les emprunts sous certaines conditions, et avec l'approbation du Local Government Board et du conseil de comté. Cette dernière autorité lui avance au besoin les fonds nécessaires (2).

1. Loi de 1894, art. 11.
2. Loi de 1894, art. 12. Pour la partie financière voir le chapitre XII consacré aux finances locales.

CHAPITRE III

L'UNION DE PAROISSES

L'ADMINISTRATION DE LA LOI DES PAUVRES

I

Ceux-là même qui connaissent le plus superficiellement la vie publique de la Grande-Bretagne, savent la place prépondérante qu'y occupe l'assistance publique et la charge énorme que la taxe des pauvres impose aux contribuables anglais. Depuis la réforme de 1834, la paroisse a cessé de servir d'organe exclusif à cette fonction sociale. Dès cette époque, les centres multiples et exigus où les représentants de la propriété immobilière exerçaient leur obligation de secours, s'agglomèrent en circonscriptions plus vastes que relie le contrôle actif et sévère du pouvoir central. Dans cette nouvelle organisation, les paroisses ne jouent plus qu'un rôle secondaire et subordonné. Simples subdivisions des groupes qu'elles ont formés, elles servent surtout de cadre financier aux autorités placées à la tête des unions. Ce chapitre aura pour but d'exposer l'histoire de ce système et son état actuel.

Pendant toute la durée du moyen-âge, la plus grande partie des revenus immenses des biens dont l'Eglise était usufruitière, fut consacrée au soulagement de la misère. Jusqu'à la fin de cette période, l'autorité laïque n'intervint que pour réprimer le vagabondage et la mendicité à l'aide de dispositions pénales toujours de plus en plus inutilement barbares. Exercer la charité était alors estimé chose bonne et louable, la recevoir constituait un délit sévèrement puni. En aggravant la crise économique produite par la transformation de l'agriculture et la dépréciation des métaux précieux, la suppression des monastères, qui fut en 1536 et 1539, une des premières conséquences du schisme d'Henri VIII, nécessita un ensemble de mesures plus systématiques et mieux raisonnées. L'année même où commençait la spoliation des maisons religieuses, un statut rendait les paroisses responsables de l'entretien de leurs pauvres (1). Une loi de 1572 renforça cette disposition, en autorisant les juges de paix à imposer la charge de l'assistance aux personnes qui refuseraient d'y contribuer volontairement. Près de quarante ans plus tard, cette première tentative fut complétée par Elisabeth (2) qui décida que, dans chaque paroisse, l'entretien des pauvres et la perception des taxes destinées à leur entretien, seraient confiés à des inspecteurs (overseers) nommés au nombre de deux ou de quatre par les juges

1. 27. Henri VIII, ch. 25.
2. 39. Eliz., ch. 1.

de paix et auxquels seraient adjoints de droit les marguilliers (churchwardens). Cette loi donnait aux juges de paix, pour le cas où une paroisse ne pouvait avec ses seules ressources faire face à l'entretien de ses pauvres, le pouvoir de lever sur les autres paroisses du même hundred et, au besoin, du même comté, une taxe destinée à lui venir en aide (1). Elle permettait en outre aux inspecteurs et aux marguilliers, de construire sur les terrains en friche et avec le consentement des seigneurs du manoir, des maisons destinées aux personnes incapables de travailler (2). Les appels contre la taxe devaient être portés devant les sessions trimestrielles.

La grande loi des pauvres de 1601 (3) ne fit guère que reproduire ces dispositions en les développant et en les précisant. Elle distingue les indigents valides des personnes que l'âge ou une infirmité rend incapables de travailler. Les overseers et les churchwardens doivent aux premières du travail et aux secondes des secours (4). Ces fonctionnaires sont chargés en conséquence de percevoir une taxe spéciale destinée au soulagement des malades ou des infirmes et à l'acquisition des matières premières que les nécessiteux sans occupation devront élaborer (5).

On a observé très heureusement (6) que ce statut

1. Art. 2.
2. Art. 4.
3. 43. Elizabeth, ch. 2.
4. Art. 2 et 4.
5. Art. 3.
6. Fowle, Poor Law, p. 59.

célèbre à si juste titre est aussi remarquable par ce qu'il omet que par ce qu'il prescrit. Il ne contient en effet aucune des pénalités aussi inefficaces que féroces qui remplissent les actes précédents, il ne localise pas davantage l'obligation d'assistance qu'il impose d'une façon générale à tous les habitants et occupants du royaume. L'idée de solidarité qui se dégage de cette loi présentait assurément des inconvénients pour les paroisses les plus riches et les plus industrieuses. Les sollicitations des représentants de ces localités et spécialement de ceux de Londres et de Westminster, déterminèrent la loi du domicile forcé (settlement act.) (1).

Attendu, dit cette loi, que « rien n'empêche les indigents d'aller d'une paroise à une autre, et que ceux-ci s'efforcent en conséquence de s'établir dans les paroisses les plus riches et les mieux partagées au point de vue des biens communs.

Tout juge de paix aura le droit, sur la plainte des marguilliers ou des inspecteurs des pauvres, d'éloigner par warrant, dans les quarante jours qui suivent leur établissement, toute personne qui viendrait se fixer dans les lieux en question pour y occuper un logement d'une valeur annuelle inférieure à 10 livres et de les renvoyer à la paroisse où elles étaient légalement fixées depuis plus de quarante jours, pourvu que les dites personnes soient susceptibles de tomber à la charge de la paroisse et à moins qu'elles ne fournissent des sûretés suffisantes ». Ces dernières expressions étaient si vagues qu'elles per-

1. 14 Ch. II, Ch. 12 (1662).

mettaient de fixer au sol tout individu vivant du travail de ses mains. Cette loi, édictée dans l'intérêt des classes riches, eut pour résultat d'accroître le nombre des indigents et de rendre leur situation plus malheureuse en les obligeant à séjourner là où le travail faisait défaut, alors que les localités voisines manquaient de bras. Elle fut néanmoins rendue plus rigoureuse par un acte de 1685 (1), qui, en vue de déjouer le calcul des indigents « qui se cachent les premiers temps de leur arrivée dans une paroisse », fait courir le délai de quarante jours, du moment où ils ont notifié leur résidence aux juges de paix. Une loi de 1691 (2) alla encore plus loin. Cette notification doit être faite par un écrit dont lecture est donnée à l'église afin que toute personne puisse demander l'expulsion de l'intrus.

En 1728, l'acte 9, Geo. 1, chap. 7, étendant les dispositions d'une loi de 1610, décida que les paroisses auraient la faculté de construire ou de louer des maisons de travail (workhouses), et que plusieurs paroisses pourraient se grouper à cet effet. Ces dispositions furent reprises et complétées en 1782 par le Statut 22, Geo. III, chap. 83, connu sous le nom de Gilbert's act.

Cette loi autorise le groupement facultatif de plusieurs paroisses en vue de l'assistance en commun et de la construction des maisons de pauvres. Elle ne s'en tient pas malheureusement à cette sage mesure, où l'on aperçoit déjà le germe de la réforme de 1834, et inaugure le sys-

1. Jac. II, Ch. 17, art. 3.
2. 3 Guill. et Marie, Ch. 11.

tème déplorable qui va bientôt menacer la prospérité de l'Angleterre. Inspirés par les idées sentimentales et vaguement humanitaires en honneur à la fin du siècle dernier, législateurs et magistrates posent les principes d'un vrai socialisme d'état et soumettent à la même bienfaisance dégradante le laborieux et le paresseux, la mère de famille honnête et la fille publique. La distinction entre l'infirme et l'indigent ordinaire disparait complètement. On ne distingue même plus les personnes incapables de vivre de leur travail, des personnes privées de fortune. Les pauvres doivent être occupés près de leur maison et leur salaire doit suffire à nourrir leur famille.

Les magistrates appliquent ces dispositions sans aucun ménagement. Ils admettent partout un principe auquel le Parlement faillit donner force de loi en 1796. C'est que le salaire doit se régler sur le prix des subsistances et le nombre des membres de la famille qu'il fait vivre. S'il reste au-dessous de ce niveau la taxe des pauvres comble le vide.

L'accroissement de la population, les premiers développements du travail mécanique, l'énorme enchérissement du prix du blé, conséquence des guerres de la révolution, justifient en partie, il est vrai, ces mesures et excusent les propositions folles qui furent faites au Parlement pendant cette période (1).

On ne saurait donc blâmer l'acte 35, Geo. III, qui sup-

1. En 1796, M. Whitbread dépose un projet destiné à fixer un minimum de salaires conformément au prix des denrées. Pitt lui-même propose de gratifier les labourers de subventions allant jusqu'au don d'une vache ou d'un porc.

prime l'expulsion préventive des personnes qui ne sont pas encore à la charge des taxes, mais que dire de l'acte 36, Geo. III, ch. 23 (1796) qui, renchérissant sur une loi de 1691, et consacrant un changement réalisé depuis longtemps dans la pratique, rétablit définitivement les secours à domicile et donne aux juges de paix le pouvoir d'obliger les overseers à exercer la charité sous cette forme?

Sous un tel régime qui donnait, pour ainsi dire, une prime au vice et à la paresse, la taxe des pauvres s'éleva en 1817 à 7, 870, 801 livres. Dans la paroisse de Chalesbury elle avait passé de 13 livres, 1 sh. en 1801, à 367 livres en 1832 et elle absorbait tout le revenu de terres. Il était donc nécessaire d'agir promptement. Les deux lois connues sous ce nom de Sturge Bourne'sacts (1) qui instituaient, sur la demande des paroisses, des select vestries, élues au vote plural, chargées de surveiller la distribution des secours, constituaient un palliatif insuffisant. C'est pourquoi une des premières mesures du parlement réformé de 1832, fut la désignation d'une commission d'enquête dont le rapport, publié en 1839, révéla toute l'étendue et la gravité du mal : dépression incessante des salaires et progression simultanée du budget de l'assistance publique, démoralisation et dégradation de la classe ouvrière, ruine de l'esprit de prévoyance. Toute l'intelligence et toute l'activité des overseers et des churchwardens était consacrée, non à soulager la misère

1. La plus importante est le General Vestries act (58, Geo. III, ch. 69, 1818).

mais à rechercher et à éloigner les indigents étrangers. La taxe des pauvres servait à subventionner les fermiers et les patrons en leur permettant d'engager des ouvriers à des gages dérisoires, elle contribuait à rendre les juges de paix populaires en leur donnant les moyens d'être généreux aux dépens des contribuables.

Ce document concluait à un retour aux principes de l'acte d'Elisabeth, à la suppression graduelle du domicile forcé et à la restriction des secours à domicile. Il proposait, comme réforme immédiate, la création obligatoire de groupes de paroisses pourvus chacun d'un workhouse et placés sous la direction d'une autorité administrative centrale.

II

Un projet de loi, basé sur les conclusions de ce rapport, fut présenté en 1834 et voté le 14 août de cette même année (1).

Après avoir subi d'importantes modifications qui maintenaient en grande partie la situation à laquelle les auteurs du bill avaient entendu remédier radicalement, cette loi formulait un certain nombre de règles et de principes dont elle confiait, pour cinq ans, l'exécution à trois commissaires qui devaient s'adjoindre neuf sous-commissaires (2).

1. 4 et 5 Guill. IV, ch, 76.
2. Loi de 1834, 1 à 18.

En 1847 (1), cette commission devint un vrai ministère sous le nom de Central Poor Law Board. La direction en fut confiée à un membre du parlement, et le Président du Conseil, le Gardien du Sceau Privé, le Ministre de l'Intérieur et le Chancelier de l'Echiquier, y entrèrent *ex officio.*

L'acte 30 et 31, Vict. ch. 106 (1867) déclara cette commission permanente. En 1871 elle se fondit avec le ministère de l'hygiène pour former le Local Government Board, département qui répond assez exactement à notre ministère de l'intérieur (2).

Les Poor Law Commissioners inaugurèrent leur œuvre par la création de onze districts subdivisés eux-mêmes en unions de paroisses. Ils délimitèrent ces dernières circonscriptions sans tenir aucun compte des unités de gouvernement local existantes, en se basant tantôt sur la situation d'un workhouse, tantôt sur la densité de la population ou sur l'intensité du paupérisme dans telle région. Leur idée dominante fut toutefois de grouper un certain nombre de paroisses autour d'une ville à marché.

Une assemblée formée de deux éléments, l'un franchement aristocratique l'autre représentatif dans une mesure assez restreinte, reçut la mission d'administrer l'assistance publique dans ces nouveaux districts. Ce fut le board of guardians dont le titre ne révélait alors qu'imparfaitement la constitution. Les juges de paix, qui rési-

1. 10 et 11, Vict. ch. 109.

2. Le Home Office est plutôt le ministère de la justice et de la police.

daient dans l'union, en faisaient partie de droit. A côté d'eux siégeaient les délégués des diverses paroisses.

Etait éligible à ce poste, tout propriétaire ou usufruitier inscrit à la taxe des pauvres pour un revenu imposable fixé entre un minimum de cinq et un maximum de quarante livres par ordonnance du Local Government Board (1). Chaque cinquante livres en sus de ce maximum donnait une voix supplémentaire jusqu'à concurrence de six. Les qualités de propriétaires et de locataires étaient en outre considérées comme distinctes, aussi le contribuable qui les réunissait pouvait-il voter à l'un et à l'autre titre, soit douze votes qu'il avait éventuellement à sa disposition. Les associations et les corporations participaient d'ailleurs à l'élection par l'entremise d'un mandataire. A plus forte raison les femmes qui remplissaient les conditions requises n'étaient pas exclues (2).

La durée du mandat de gardien était d'une année mais le département central jouissait de la faculté d'étendre cette période à trois ans, sur la demande de la majorité des propriétaires et contribuables, faculté qu'il

1. Jusqu'en 1892 le cens de plusieurs riches unions, notamment à Londres, était fixé, sur la demande des gardiens intéressés, au maximum de 40 livres et descendait rarement au-dessous de 10 livres. A cette date, M. Fowler, président du Local Govern. Board, décida que le cens serait uniformément de cinq livres.

2. En 1875, Miss Martha Merington fut élue à Londres, membre du Board de Kensington. Bon nombre de femmes se sont vu depuis conférer cette dignité. Leurs collègues du sexe laid leur confient d'ordinaire le service des vêtements et des approvisionnements ou l'organisation intérieure des workhouses, fonctions dont elles s'acquittent mieux qu'homme du monde.

eut l'occasion d'exercer presque partout. Quand le nombre des candidats était supérieur à celui des sièges vacants, un scrutin devenait nécessaire, il s'opérait suivant un mode très curieux. Un policeman déposait au domicile de chaque électeur un papier contenant le nom des candidats, il repassait quelques jours après et rapportait au secrétaire des gardiens les bulletins sur lesquels les électeurs avaient mis leurs initiales en regard des noms de leurs élus. Ce système présentait l'avantage évident de faire voter tout le monde, en épargnant le déplacement et la perte de temps qu'impose le scrutin secret. On lui reprochait de faciliter la fraude, la corruption et l'intimidation. Pratiquement les femmes auraient souvent nommé les membres du board, à la place et à l'insu de leurs maris, retenus par le travail quotidien, hors du domicile conjugal.

Telle était l'organisation de l'assistance publique au moment où la loi de 1894 fut votée. Ce système aristocratique, où tout avait été combiné en vue d'une gestion économique, a été modifié conformément aux idées égalitaires qui ont inspiré la nouvelle administration locale anglaise.

Le résultat de cette réforme a été de distinguer les unions urbaines des unions rurales c'est-à-dire, de celles dont aucune partie n'est comprise dans un district urbain (1). Les premières sont toujours dirigées par un

1. Il y avait, en 1893, 648 unions en Angleterre et dans le pays de Galles, y compris Londres, dont 575 rurales en tout ou en partie. Elles renferment 14,681 paroisses et 29,000,000 d'habitants. L'union

board of guardians, à la tête des secondes, le conseil de district joue à la fois le rôle de sanitary authority et de poor law authority, et ses membres, lorsqu'ils agissent en cette dernière qualité, portent le titre de gardiens. Dans les uns et les autres des districts qui composent ces deux catégories, les magistrates cessent de figurer à titre de membre *ex officio*. Néanmoins les boards ont le droit de choisir, en dehors de leur sein, parmi les personnes qualifiées, leur président, le vice-président et deux membres (1).

Dans les unions urbaines, le corps électoral est formé de tous les électeurs paroissiaux. Est éligible toute personne ayant résidé dans l'union durant les douze mois antérieurs à l'élection, et, si la paroisse est située dans un bourg, toute personne capable d'être élue conseiller municipal (2). Le conseil de comté détermine le nombre de gardiens que doit élire chaque paroisse de son ressort, il peut grouper les petites paroisses à l'effet de choisir un délégué commun ou, au contraire, les diviser en quartiers (wards) (3). S'il s'agit de paroisses situées dans plus d'un comté, ces pouvoirs sont exercés par un comité mixte formé de représentants des conseils intéressés (4).

Les élections ont lieu le 15 avril de chaque année, la durée du mandat qu'elles confèrent est fixée à trois ans.

de West Derby dans le Lancashire, a 444.000 et celle de Welwyn dans le comté d'Hertford seulement 2300.

1. Loi de 1894, art. 24.

2. Loi de 1894, art. 20.

3. Loi de 1894, art. 20.

4. Loi de 1894, art. 60.

Un tiers des conseillers se retire chaque année, sauf décision contraire du conseil de comté prise sur la demande du board intéressé.

III

La fonction essentielle de l'autorité locale dont je viens d'esquisser la constitution, ainsi que des employés qui agissent sous sa direction, a pour objet l'application de la loi des pauvres : de nombreuses attributions lui ont été en outre peu à peu confiées qui toutes se rattachent à l'assistance publique par quelque idée commune : préparation des listes d'évaluation à l'aide desquelles est établie la taxe des pauvres, enregistrement des naissances et des décès, exécution, au besoin par voie de contrainte, de la loi qui rend la vaccine obligatoire. Ajoutons enfin que le board of guardians joue le rôle d'autorité scolaire par l'intermédiaire d'un comité spécial (school attendance committee) dans les localités dépourvues de school board et qui n'ont pas la qualité de bourg municipal.

Avant d'étudier rapidement les divers éléments de cette énumération, il est nécessaire d'insister tout d'abord sur l'assistance publique dont l'administration occupe une si grande place dans la vie publique et sociale de l'Angleterre.

On peut formuler ainsi le principe qui a inspiré les actes innombrables en vertu desquels les indigents du Royaume-Uni sont secourus par les contribuables. Tout individu incapable de pourvoir à sa subsistance dispose, à défaut d'autres ressources, du droit d'ère assisté par la circonscription dans laquelle il réside ou par celle où il est légalement autorisé à se transporter. Ce droit, sanctionné par une action judiciaire, implique, comme obligation correspondante, une certaine somme de travail. Les secours qui en sont la conséquence ne constituent d'ailleurs qu'une avance dont le recouvrement sera poursuivi, soit contre l'indigent lui-même s'il revient à meilleure fortune, soit contre les personnes auxquelles incombait son entretien.

Longtemps, nous l'avons vu, chaque paroisse eut exclusivement la charge des indigents fixés sur son territoire dans certaines conditions. Elle ne pouvait pas plus rejeter une partie de ce fardeau sur les paroisses voisines que celles-ci n'avaient le droit de lui imposer l'entretien de leurs propres pauvres. Si l'un de ceux-ci émigrait, dans l'espoir de trouver quelque occupation plus attrayante et plus lucrative que le travail du workhouse, il était rejeté sur son lieu d'origine aussitôt que celui-ci avait été déterminé.

Ce particularisme égoïste imposait aux overseers et aux churwardens des investigations interminables, il suscitait des conflits parfois insolubles et dont la conclusion était toujours très coûteuse. Jamais, a-t-on observé spirituellement, la localité ignorée qui a donné le jour à Shakespeare, n'a été recherchée avec autant d'ardeur et de patience que la paroisse d'origine du dernier des vagabonds, et les sept villes grecques qui se glorifiaient d'avoir été la patrie d'Homère, ont revendiqué cet honneur avec moins de passion que les paroisses successivement habitées par un *beggar* anglais, n'en manifestaient pour arriver à ne pas lui servir de domicile de secours.

Contrairement aux conclusions du rapport qui précéda son vote, la loi de 1834 ne modifia presque pas cet état de choses. Elle persista à traiter l'union comme une confédération de paroisses dont chacune gardait son individualité et contribuait à la constitution du fonds commun de l'agglomération dont elle faisait partie, proportionnellement au nombre de ses indigents (1).

Les règles étroites et minutieuses qui déterminaient le domicile (settlement) de ces derniers, furent donc maintenues, à quelques modifications près, avec tous les inconvénients qu'elles entraînaient. Le settlement s'acquérait seulement par la naissance, l'apprentissage ou le fait d'occuper un bien d'un revenu annuel d'au moins 10 livres. Il en résulta nécessairement, par suite du progrès de l'organisation industrielle toujours instable et précaire, qu'un grand nombre d'ouvriers, nés dans des paroisses rurales et fixés dans des centres manufacturiers, se voyaient, aux époques de chômage, refoulés à leur paroisse d'origine, aux frais de cette dernière localité, de par l'autorité des overseers de leur résidence.

En se multipliant, de telles décisions ne tardèrent pas à produire une situation intolérable. Un acte de 1846 (1)

1. Loi 1834, art. 28 à 32. Néanmoins les gardiens de chaque union avaient le droit sous, la réserve de l'approbation des commissaires de la loi des pauvres, de décider que leur circonscription formerait une seule paroisse, soit au point de vue du domicile légal, soit au point de vue de la taxe des pauvres, art. 35 à 38.

2. 9 et 10, Vict., ch. 66.

y apporta un premier remède, en décidant que, sauf quelques exceptions limitativement spécifiées, nul individu ne pourrait être expulsé de la paroisse où il avait séjourné pendant cinq ans. Pour autoriser l'éloignement d'une personne qu'une maladie ou quelque accident avait privée de ressources, il fallait une ordonnance signée de deux juges de paix et déclarant que l'événement en question avait produit une indigence permanente.

D'autres dispositions achevaient de défendre les ouvriers contre l'arbitraire des officiers de la loi des pauvres. L'année suivante (1), la condition protectrice d'une résidence de cinq ans fut étendue à tout le territoire de l'union. En 1861, ce délai fut abaissé à trois ans. Cette même année, une autre loi soumit à une base d'évaluation uniforme les taxes des pauvres perçues dans les diverses paroisses et fit faire ainsi un réel progrès à l'idée de solidarité et d'unité dont l'acte de 1834 s'était déjà quelque peu inspiré et que l'acte 28 et 29, ch. 66 (union chargeability act), réalisa en 1863 dans une large mesure. Aux termes de cette loi, l'union remplace la paroisse comme centre d'assistance, elle supporte toutes les dépenses relatives à l'entretien des indigents et les répartit entre les paroisses qui la composent, proportionnellement à leur valeur imposable annuelle. La translation d'un indigent ne peut plus s'opérer désormais que d'union à union. Après une première année passée sans avoir reçu de secours, une personne étrangère y devient inamovible (irremovable) c'est-à-dire qu'elle peut y pré-

1. 10 et 11 Vict., ch. 110.

tendre à l'assistance. Un acte de 1876 (1) décida enfin que le domicile légal s'acquiert par un séjour de trois ans dans une paroisse. S'il y a lieu à translation, elle est ordonnée par deux juges de paix, sur la réquisition des gardiens dans le ressort desquels est située la localité d'où l'indigent peut être éloigné, elle est alors signifiée au gardien de l'union qui doit recevoir cette personne. Ces derniers ont la faculté de déférer cette décision aux sessions trimestrielles. L'ordonnance étant confirmée, l'union qui l'a reçue supporte, depuis la date de son émission, la charge de l'indigent en question. C'est ainsi qu'est maintenu le respect de la règle générale aux termes de laquelle les pauvres doivent être entretenus dans la paroisse où ils sont devenus indigents, aux frais de l'union à laquelle appartient cette paroisse. Ce principe suranné est d'ailleurs destiné à disparaître bientôt complétement. L'opinion publique est presque unanime en ce sens (2).

Maintenant que nous savons par quelle autorité locale la distribution des secours est dirigée, il nous reste à rechercher conformément à quelles règles, à l'aide de quels agents et suivant quels procédés les secours sont distribués.

Le principe qui domine la législation inaugurée par l'acte de 1834 consiste à restreindre l'assistance au minimum exigé pour la conservation de la vie. On estime qu'il importe dans l'intérêt de tous, y compris les personnes

1. 39 et 40 Vict., ch. 79.
2. Cette réforme a déjà été accomplie en Irlande.

assistées elles-mêmes, de ne pas rendre la situation de l'indigent valide supérieure à celle de l'ouvrier indépendant le plus pauvre.

Les Anglais distinguent donc deux sortes d'assistances, la première, celle de droit commun, est accordée sous la condition d'un travail à exécuter dans une sorte de prison, le workhouse, c'est l'*in door relief*. Le bénéfice de la seconde s'obtient dans certaines circonstances, exceptionnelles, à domicile. C'est l'*out door relief*. Cette dernière forme d'assistance est réglementée, dans presque tous les poor law districts, par deux ordonnances, l'une de 1844 et l'autre de 1852 (1). Aux termes de cette ordonnance, elle est autorisée seulement en cas de nécessité soudaine et urgente, de veuvage ou de séparation (sous certaines réserves), etc. Les secours à domicile ne sont d'ailleurs jamais donnés pour compléter un salaire insuffisant mais toujours en échange d'une tâche à remplir. L'argent ne doit y figurer que pour la moitié au maximum, le surplus consiste alors en denrées, vêtements, soins médicaux et remèdes, attribution de lots de terrains, rapatriements, etc. (2). Chaque union (3) est pourvue d'un workhouse, organe ordinaire de la fonction d'assistance. C'est là que doivent entrer la plupart de

1. Out door relief prohibitory order et out door relief regulation order.

2. Le paiement des rétributions scolaires dues par les enfants pauvres ou celui des honoraires des vaccinateurs publics n'est pas considéré comme un secours et ne fait subir aucune déchéance.

3. Les gardiens peuvent néanmoins payer pension aux autorités d'une autre union pour utiliser leur workhouse.

ceux qui font appel à la charité officielle du board of guardians.

Il dépend des guardians de décider que l'in door relief sera seul usité. Les boards de quelques unions ont pris cette initiative dans leur ressort et l'out door relief y a été complètement supprimé.

Dans la majorité des cas, cette autorité applique les deux systèmes à la fois (1). Ceci établi, supposons une personne privée de ressources, au moment de quitter les rangs des contribuables à la taxe des pauvres pour se placer au nombre de ceux qui en reçoivent le bénéfice. Si son besoin est pressant, elle est autorisée à s'adresser soit au directeur du workhouse qui l'admet sans plus de formalité, soit aux overseers qui, s'ils ne lui accordent pas un secours en nature, signent un ordre d'admission immédiate. En cas de refus de ces derniers, tout juge de paix peut les requérir, sous la sanction d'une amende de cinq livres, de satisfaire à la demande qui leur est faite. Ces mesures, prises en cas d'urgence, ont d'ailleurs un effet provisoire et doivent être soumises au comité des gardiens.

Cette assemblée agit par l'intermédiaire d'un employé spécial le relieving officer qui reçoit les demandes et en vérifie le bien fondé par une enquête dont il consigne le résultat sur un registre spécial avant de le transmettre au board.

1. Le nombre des assistés varie entre 16,10,00 (Norfolk) et 180,00 (York, West Riding). Les in door paupers figurent dans ces chiffres pour une proportion qui va de 14,05 (Londres) à 3,3 (South Wales).

Les gardiens se réunissent tous les quinze jours et statuent sur le mode d'assistance le plus convenable eu égard à l'espèce qui leur est soumise. Il s'agit, par exemple, d'une veuve chargée d'enfants en bas-âge : Si elle démontre qu'elle fait son possible pour nourrir et élever sa famille et que ses parents sont disposés à lui venir en aide, il lui sera concédé une petite allocation de quelques shillings par semaine. Mais si elle donne l'impression d'une femme négligente ou peu active, elle devra se résigner à vivre au workhouse séparée de ses enfants (1).

Bien souvent, cette unique alternative est offerte, à l'issue d'une vie d'efforts et de privations continuels, aux pauvres vieux laboureurs incapables de louer désormais leurs services, s'ils ne préfèrent se laisser mourir de faim (2). Une fois entré au workhouse, on est soumis à un traitement qu'il serait injuste de qualifier d'inhumain. La vie matérielle est en générale bien supérieure à celle que les pensionnaires subissaient chez eux, ils sont seulement soumis à un travail obligatoire soigneusement réglementé et doivent s'abstenir de tabac et de boissons alcooliques.

1. Le seul moyen légal dont dispose une femme abandonnée de son mari est d'entrer au workhouse. Le mari est alors recherché et conduit devant un juge de paix. S'il ne peut rembourser les dépenses faites à l'hospice au profit de sa femme, il est mis en prison. En tous cas les magistrates ont l'occasion de le rappeler à de meilleurs sentiments. Le père putatif est tenu, sous la même sanction, d'entretenir ses enfants illégitimes.

2. Ils le font souvent, si forte est la répulsion qu'inspire le workhouse.

La séparation des sexes est d'ailleurs absolue (1). Le régime est en somme celui d'une prison bien tenue, sauf que les paupers sont libres de s'en aller, après avoir achevé le travail qui leur était confié, et donné congé un certain temps à l'avance. Cela suffit pour faire du workhouse la suprême déchéance à laquelle les gens du peuple ne se résignent qu'à la dernière extrémité. Ajoutons qu'un quartier spécial de l'hospice est réservé aux vagabonds qui y passent un jour ou deux et qui ne le quittent qu'après avoir fourni pendant un certain nombre d'heures un travail très pénible (2), un autre aux enfants pauvres, un autre parfois aux malades et aux aliénés.

Quel que soit leur mode de distribution, in door ou out door, les secours ne sont d'ailleurs accordés qu'après la constatation de l'insolvabilité des débiteurs de la dette alimentaire, à savoir les parents, grands-parents, enfants, petits enfants de l'indigent. Le budget de l'union leur facilite presque toujours, à l'aide d'un petit subside, l'accomplissement de cette obligation qui est parfois remplie de très mauvaise grâce. En cas de refus, une ordonnance rendue par deux juges de paix, lui donne au besoin la sanction d'un emprisonnement plus ou moins prolongé.

On verra, au chapitre de cet ouvrage consacré à la tutelle centrale, le rôle prépondérant joué par le Local Government Board et ses agents dans l'administration qui vient d'être décrite et comment les membres du board

1. Les époux âgés l'un et l'autre de soixante ans sont toutefois autorisés à vivre réunis, faculté dont ils profitent assez rarement.

2. 45 et 46, Vict. ch. 36 (1882).

ne disposent en quelque sorte d'aucun pouvoir propre. Les agents qui exécutent la loi relèvent en effet du département central et ne sauraient être révoqués qu'avec son assentiment. Ce sont donc des personnages officiels qui méritent de nous arrêter un instant.

Le relieving officer nous est déjà connu.

Le secrétaire (clerk) rédige les procès verbaux des séances, conserve les minutes et les documents, rédige la correspondance, tient la comptabilité générale, revise les comptes des autres employés, il préside aux élections des gardiens, c'est enfin le conseiller légal du board dont il exécute les décisions. Un sollicitor est presque toujours choisi pour exercer ces fonctions. A côté de lui un trésorier fait les paiements et encaisse les recettes. C'est d'ordinaire un banquier. Dans chaque workhouse, on trouve un directeur et une directrice (master ou governor et matron) ordinairement mari et femme.

Le portier (porter) surveille les pensionnaires et dirige leur travail. Les chapelains et les médecins des workhouses, les vaccinateurs et les registrars, les médecins chargés des soins donnés à domicile complètent cette énumération.

Tout le personnel agit sous la surveillance de quinze inspecteurs de districts et de deux inspecteurs des finances, l'un chargé des comptes, l'autre des emprunts, et de quatre inspecteurs d'écoles de workhouse.

La manière dont les livres sont tenus facilite beaucoup

1. 45 et 46, Vict. ch. 36 (1882).

la tâche de ces inspecteurs. Chaque demande de secours doit être mentionnée, ainsi que la réponse qui y a été faite.

L'organisation qui vient d'être décrite peut être regardée comme l'application la plus complète et la plus systématique du principe de la charité légale. Les auteurs français qui l'ont étudiée s'accordent pour la condamner et souhaiter, sinon sa suppression complète, du moins sa restriction graduelle. Les économistes de l'école orthodoxe notamment, développent avec complaisance des faits qui ne sont, pour la plupart, que des souvenirs historiques et présentent ce tableau comme une frappante illustration du mal que peut produire l'ingérence de l'Etat dans ce qui doit rester le domaine de l'initiative privée. La vérité est que la charge d'assistance imposée aux localités du Royaume-Uni, est une condition nécessaire de la constitution et de la vie publique de ce pays, et que, si elle n'existait pas déjà chez eux, les Anglais devraient l'inventer. Dans une société où la propriété foncière est accaparée par quelques milliers de personnes, où l'industrie et le commerce occupent les sept dixièmes des ouvriers et les livrent sans défense à toutes les incertitudes des engagements momentanés, à toutes les souffrances des chômages, il est inadmissible, quel que soit le point de vue auquel on se place — justice ou intérêt bien entendu — que les détenteurs de la fortune publique soient autorisés à se considérer comme des bienfaiteurs bénévoles, libres de toute obligation à l'égard des victimes de l'état de choses dont ils bénéficient. Lorsqu'il s'agit d'un pays comme la France, littéralement peuplé de propriétaires (1), la question devient beaucoup plus douteuse, mais, en Angleterre, elle ne devrait pas se poser, en faisant même abstraction de toute idée de justice (2). Tout ce que l'on peut souhaiter à nos voisins, c'est une série de prudentes réformes qui auraient pour résultat de remettre la terre à ceux qui la cultivent, c'est une riche efflorescence d'œuvres de prévoyance et d'institutions patronales, caisses de retraite organisées, soit par les industriels, soit par les trade's unions, assurances sur la vie et contre les infirmités, etc., qui permettraient de réduire de plus en plus la taxe des pauvres (3).

Nous connaissons maintenant la fonction principale du

1. Voir l'intéressant ouvrage sur l'habitation en France récemment publiée par M. de Foville.

2. « Toutes les fois que nous arrivons, dans un état social, à créer une classe, misérable au point de manquer des choses nécessaires à la vie, un nouveau principe apparait : c'est que les moyens de contrainte ordinaire, s'ils suffisent quand ils s'appliquent à des hommes bien nourris, sont le plus souvent insuffisants à étouffer toutes les plaintes des affamés. Il faut donc employer des moyens de plus en plus puissants, entretenir une armée nombreuse, une police imposante. Dans ces conditions, il est infiniment plus pratique d'apaiser ces estomacs vides en les remplissant que d'obliger de misérables meurt de faim à respecter le roast beef de leurs voisins plus industrieux et mieux partagés qu'eux. » Babbage : Principle of taxation, cité par Aschrott dans Englische Armen-Wesen.

3. Dans son beau livre : *Pauperim, a picture and endowment of old age, an argument*, M. Ch. Booth propose un système de pensions aux vieillards incapables de travail, destiné à permettre la suppression de l'out door relief.

Board of Guardians. Ses autres attributions ne nous retiendront pas longtemps.

Par l'intermédiaire d'un comité important dit de répartion (assessment), et d'après des règles qui seront exposées plus loin, cette assemblée prépare les listes d'évaluation à l'aide desquelles est levée la taxe des pauvres.

Le lien qui rattache à l'assistance publique l'état civil des personnes et l'obligation de la vaccination, n'est pas très apparent, il est toutefois facile de le découvrir si l'on songe que, d'une part, la petite vérole éclate surtout dans les classes pauvres et que de l'autre, sans la détermination du lieu d'origine de tous les paupers, l'application des lois du settlement devient très difficile.

Ces deux services ont donc été confiés aux gardiens. Chaque union est divisée en districts de vaccination (vaccination districts) placés sous la direction d'un ou plusieurs vaccinateurs publics dont les honoraires sont fixés par les conseils de comité. D'autres agents assurent le respect de cette obligation en inscrivant les vaccinations faites. Ils sont nommés par les gardiens.

Tout cela s'opère sous le contrôle actif du Local Government Board (1).

1. Cette intervention est peut-être encore moins superflue là qu'ailleurs. Le fait que l'Etat intervient pour obliger les particuliers à supporte une opération désagréable et coûteuse, parfois même dangereuse, est bien propre à déconcerter ceux pour lesquels l'Angleterre est encore la terre classique du *self help*. Nos voisins ne se plient pas d'ailleurs toujours très docilement à cette obligation. Une société s'est formée, il y a quelques années, dans le but d'obtenir l'abrogation des lois sur la matière. Dans quel-

L'enregistrement des actes de l'état civil est organisé d'une façon analogue. Le board of gardians divise la circonscription à laquelle il préside en districts placés sous la direction d'enregistreurs (registrars). Un enregistreur chef contrôle le service dans chaque union, et un autre siège à Londres, qui centralise les doubles de toutes les déclarations sur tous les points du territoire. Il modifie, groupe, subdivise tous les divers districts (1).

La taxe des pauvres alimente directement les frais d'enregistrement et de vaccination, le total est ensuite réparti entre les diverses paroisses, proportionnellement au nombre de déclarations qui y ont été reçues.

ques unions les gardiens ont même été élus avec mandat exprès de ne pas imposer la vaccination, et le Local Government Board a dû les rappeler au respect de leur devoir.

1. 6 et 7 Guill. IV, ch. 85 et 86 (1836) : 7 Guill. IV et 1 Vict. ch. 22 (1837), 37 et 38, Vict., ch. 88 (1874).

CHAPITRE IV

LES DISTRICTS URBAINS ET RURAUX. LA SANTÉ PUBLIQUE.

I

L'expression santé publique (public health), revêt en Angleterre un sens beaucoup plus large que celui que nous serions tout d'abord tenté de lui attribuer. Elle désigne non-seulement ce qui concerne l'hygiène publique proprement dite, mais en outre ce qui a trait à la voirie et à la police municipale. Sur l'un et sur l'autre de ces deux points, c'est seulement depuis un demi siècle que la loi anglaise s'est préoccupée sérieusement de formuler des règles générales et d'en confier l'application, soit au gouvernement central, soit aux corps locaux. Elle a, il est vrai, largement rattrapé le temps perdu et passé d'un extrême à l'autre avec une étonnante rapidité, bien que pendant cette évolution, sa marche ait été, comme toujours, prudente et graduelle.

Ce changement soudain de direction se rattache aux réformes successives de l'assistance publique et du régime municipal. Tant que le gouvernement des communautés urbaines resta dans les mains des corporations usurpatrices qui en faisaient un si scandaleux abus, nul ne pouvait sérieusement songer à leur confier de nouvelles attributions. Cet obstacle fut levé en 1835, au moment où l'enquête des commissaires chargés de préparer un nouveau projet de loi des pauvres, venait d'appeler l'attention sur les parties malades du corps social.

L'exemple des comités de gardiens fournit bientôt un argument décisif aux partisans d'une législation sanitaire rationnelle. On en vint ainsi, après quelques années d'essais et d'expériences, à l'adoption d'un système façonné sur le modèle de l'assistance publique.

A partir de ce moment, les deux administrations ne cessèrent de se rapprocher, elles passèrent en 1831 sous l'autorité du même département ministériel qui les soumit à des règles de direction ou de contrôle à peu près uniformes et appliquées à l'aide de procédés identiques.

La loi de 1894 a enfin pourvu, au moyen d'un organe unique, à l'exécution de la poor law et des public health acts dans les districts ruraux. Telle est l'évolution qu'il est nécessaire de décrire avant d'exposer la situation actuelle.

II

Tant que la science médicale resta confinée dans un cercle traditionnel de préceptes empiriques et que l'opinion publique, encore dominée par les souvenirs de la vie barbare de jadis, considéra le confort et la propreté comme des besoins superflus, l'initiative privée et certains usages locaux devaient suffire aux mesures indispensables au maintien de la vie commune, dans une société avant tout rurale et agricole. L'acte de Richard II, qui frappe de certaines peines les personnes convaincues d'avoir pollué les cours d'eau, le statut d'Henri VIII qui autorise le Lord chancelier et le Lord trésorier à nommer des commissions d'égoûts, peuvent donc être considérés comme des dispositions isolées et de circonstances. Les juges de paix puisaient d'ailleurs dans la loi coutumière le droit d'écarter et de supprimer, par des ordonnances individuelles, les choses nuisibles (nuisances), susceptibles de porter atteinte à la sécurité des personnes et des biens. Leur intervention suffisait à la rigueur dans les campagnes, mais elles ne pouvait produire de résultat dans les centres urbains, où elle cessait d'ailleurs en fait de s'exercer.

Dans la plupart des agglomérations, y compris même un grand nombre de bourgs, tout ce qui concerne l'hygiène et la salubrité publique, l'entretien des chemins et des égoûts, le pavage, le balayage, l'éclairage, la police des rues, des cimetières, des marchés, des abattoirs, était réglé par des actes locaux, appliqués par divers groupes d'habitants investis de pouvoirs déterminés en vertu d'un acte du Parlement et composés d'après des règles variables. Si ces comités avaient besoin d'entreprendre des travaux considérables ou de suppléer au consentement de propriétaires récalcitrants, ils devaient recourir au Parlement et en obtenir des pouvoirs supplémentaires.

Dès les premières années de ce siècle, l'accroissement

de la population des villes, le développement de la production manufacturière, les progrès réalisés par la richesse et le bien-être, ne tardèrent pas, en rendant intolérable une telle situation, à faire désirer impérieusement les mesures énergiques qu'imposaient d'ailleurs les récentes découvertes de la science.

Un rapport publié en juillet 1842 par les trois commissaires de la loi des pauvres et dans lequels ces fonctionnaires décrivaient, en termes saisissants, les logements et les quartiers ouvriers qu'ils avaient visités, détermina, le 29 mai de l'année suivante, la désignation d'une commission chargée de faire une enquête sur la situation des ouvriers dans les villes et les campagnes et sur les moyens de protéger le plus efficacement la santé publique. Un nouveau rapport, qui fut le résultat de cette enquête, décida enfin le Parlement à intervenir.

Les innombrables petites lois sollicitées par les localités désireuses de réaliser de nouvelles améliorations, contenaient forcément un grand nombre de dispositions identiques, souvent aussi elles se distinguaient les unes des autres par des différences assez inexplicables. Les inconvénients produits par ces contradictions et ces disparates, donnèrent l'idée de rassembler ces divers actes pour les fondre en un certain nombre de types généraux, qu'il serait facile d'adopter en bloc, par la suite, pour parer à un ordre spécial de besoins. Il y eut ainsi des clause acts sur le service des eaux, l'éclairage au gaz, etc. En 1847, deux clause acts, d'une importance exceptionnelle, servirent de préface à la réforme qui fut réalisée un an après.

Le Towns Improvements Clause Act (1) réglementait la voirie et les constructions : le Commissioners Clause Act (2) déterminait la composition, la forme et les conditions de l'élection, les pouvoirs et les obligations des comités d'amélioration.

En 1848, ces organismes, modifiés et fortifiés, furent rattachés étroitement au pouvoir exécutif par l'Act for promoting the public health (3). Un Office de Santé (Board of Health) est institué à cette date et chargé de tout ce qui concerne la santé publique. Cette autorité a mission d'appliquer les dispositions de la nouvelle loi à toutes les localités qui en feront la demande, elle dispose même du droit de les imposer là où la mortalité s'est élevée à 23/1000 pendant les sept dernières années, pourvu que cette proportion soit établie par une enquête officielle, ordonnée sur la pétition d'un dixième des contribuables. En l'absence de cette condition, le Board ne peut édicter qu'une ordonnance provisoire (provisionnal order) valable seulement après confirmation du Parlement (4). Il est autorisé à créer, par un ordre en conseil, des conseils locaux (local boards) qui, dans les bourgs, se confondent avec le town council et se composent, dans les autres centres, de membres élus par les contribuables.

L'office central exerce, par l'intermédiaire de ses inspecteurs, un contrôle très actif sur les circonscriptions qu'il

1. 10 et 11 Vict., ch. 89.
2. 10 et 11 Vict., ch. 90.
3. 11 et 12 Vict., ch. 165.
4. 11 et 12 Vict., ch. 165.

a ainsi formées, il a la haute main sur leurs employés qu'il peut révoquer directement ou, au contraire, maintenir en fonctions malgré une révocation décidée par l'autorité locale pour réprimer un acte fait conformément à la loi (1).

Le zèle inconsidéré et les abus de pouvoir reprochés à tort ou à raison au Board of Health, indisposèrent à diverses reprises l'opinion publique. Voté au début pour cinq ans, l'acte sur la santé publique avait rencontré une vive opposition au moment où il fut renouvelé. A l'expiration de cette seconde période, une nouvelle loi (2) établit un état de chose sensiblement différent. La direction de la santé publique fut à cette époque attribuée au Local Government Office, département placé sous le contrôle du Conseil Privé et du ministre de l'intérieur. Les pouvoirs de cette autorité furent restreints à l'examen des règlements et des emprunts votés par les conseils sanitaires locaux. Le droit d'expropriation, dont l'exercice abusif avait été à diverses reprises signalé au cours de la période précédente, ne put désormais être exercé que sous la réserve de l'autorisation du Parlement. Ainsi que les précédentes, cette mesure présentait un caractère facultatif. Pour être applicable à une localité, elle devait être réclamée par les contribuables ou le conseil municipal suivant qu'il s'agissait ou non d'un bourg.

Diverses lois de détails furent votées depuis cette époque jusqu'en 1872. A cette date, les local boards, les

1. Art. 37 à 40.
2. 21 et 22 Vict., ch. 98 (1858).

commissions d'amélioration, les conseils municipaux, et les vestries paroissiales fonctionnaient simultanément sous la direction concurrente des offices de la loi des pauvres et de la santé publique, du ministre de l'intérieur et du Conseil Privé.

Un aussi grand nombre d'autorités, agissant en vertu d'actes différents et souvent sans principes communs, devaient naturellement produire des conflits, des délais et des frais. Aussi l'application de toutes les lois relatives à l'assistance publique et à l'hygiène fut-elle remise en 1871 (1) à l'Office du Gouvernment Local (Local Government Board). L'année suivante, cette réforme se compléta, grâce à un nouvel acte sur la santé publique (2) qui fut repris et perfectionné par la grande loi de consolidation de 1875 (3).

Désormais, nouvelle restriction au pouvoir des juges de paix qui jusque-là procédaient à la destruction des nuisances, la législation sanitaire s'étendit même aux campagnes.

Aux termes de cette loi, l'Angleterre et le pays de Galles sont divisés en districts sanitaires urbains et en districts sanitaires ruraux.

Les premiers se subdivisent en trois classes :

1° Bourgs municipaux, le town council jouant le rôle d'autorité sanitaire.

2° Districts d'amélioration sous le gouvernement d'une commission instituée en vertu d'un acte local.

1. 34 et 35, Vict., ch. 70.

2. 35 et 36, Vict., ch. 79.

3. Public Health Act. 38 et 39, Vict. chap. 55.

3° Districts de gouvernement local administrés par un local board institué en vertu des actes du gouvernement local antérieurs à la loi de 1875.

Figuraient parmi les districts sanitaires ruraux, les circonscriptions d'hygiène qui ne rentraient dans aucune des trois catégories précédentes; ils coïncidaient pour plus des neuf dixièmes avec les unions de paroisses. Lorsqu'une union était composée pour partie de paroisses urbaines et pour partie de villages, ces derniers seuls entraient dans le district sanitaire rural et ceux des gardiens qui représentaient la portion urbaine de l'union, restaient étrangers aux délibérations du comité sanitaire auxquelles participaient leurs collègues ruraux.

Le Local Government Board avait le droit de former un district sanitaire par une ordonnance qui était définitive s'il la rendait sur la demande des contribuables intéressés convoqués par vingt d'entre eux (1). Cette ordonnance exigeait la confirmation préalable du Parlement si elle était rendue d'autorité. Le Local Government Board pouvait également, par une ordonnance provisoire, dissoudre un district sanitaire, en modifier les limites (2), le diviser en sections, l'unir en tout ou partie à un autre district et investir les autorités d'un district rural de quelques-unes des attributions d'un district urbain (3). Le recrutement des membres des commissions d'amélioration s'opérait suivant les prescriptions de l'acte local dont ces commissions tiraient leur origine, le plus sou-

1. Loi de 1875, art. 272.
2. Loi de 1875, art. 270.
3. Loi de 1875, art. 276.

vent d'une manière analogue à celui des membres d'un local board. Ces derniers étaient élus par les owners et les contribuables à la taxe des pauvres (1). Ces électeurs disposaient d'un nombre de votes proportionnel à la valeur imposable de leurs propriétés d'après un scrutin plural, identique à celui en usage pour l'élection des gardiens des pauvres, c'est-à-dire dans les limites d'un maximum de six voix, avec possibilité de doubler ce chiffre par la réunion de la double qualité de propriétaire et de locataire.

Pour être éligible, il fallait être owner, ou contribuable, résider dans le district ou dans un rayon de sept milles au-delà, figurer sur la liste d'évaluation pour une valeur imposable de 15 ou 30 livres et posséder une fortune réelle ou personnelle de 500 ou de 1000 livres suivant l'importance de la localité.

III

Telle était, avant 1894, l'origine et la composition des autorités locales qui administraient près de 14 millions d'habitants (2).

1. Est owner toute personne qui possède dans le district où elle veut voter une propriété imposable à la taxe des pauvres ou qui reçoit, soit à titre de propriétaire, soit à titre de mortgagiste, le revenu d'une telle propriété (cédule 2, art. 10).

Est contribuable toute personne imposée à la taxe des pauvres pour une année entière, antérieurement au jour de l'élection (céd. 2, art. 11).

2. Ce chiffre est celui de la population de l'Angleterre d'après le dernier recensement, déduction faite de Londres et des bourgs

Il serait superflu d'insister sur l'analogie qui existe sur ces deux points entre l'organisation de ces circonscriptions et celle des unions de paroisses. Si la suprématie des représentants de la richesse peut en effet, dans une certaine mesure être préconisée en matière d'assistance, elle est absolument incompatible avec toutes les idées modernes quand elle s'applique au gouvernement local proprement dit.

Comment admettre d'ailleurs que deux centres d'égale importance puissent être administrés, l'un par tous ses householders, l'autre par quelques bourgeois aisés, sous le prétexte que seule la première de ces villes, jouit d'une charte d'incorporation?

Dans les districts ruraux un tel système, bien qu'il n'aboutisse pas à cette contradiction choquante, soulevait les plaintes les plus vives.

On reprochait aux gardiens d'exercer leur double fonction avec la seule préoccupation de maintenir les contributions au niveau le plus bas et de laisser à l'état de lettre morte les dispositions légales relatives aux logements insalubres, afin de ne pas déplaire aux puissants propriétaires des cottages.

municipaux. Le tableau suivant que j'emprunte au manuel de MM. Uright et Hobhouse. *Local Govern! and Taxation*, p. 16, donne une idée de la façon dont est répartie la population en Angleterre. Les districts sanitaires urbains comprenaient à cette date (1893), 688 local governm. districts et 31 improvement act districts.

Nombre		Superficie		Population	Valeur imposable
1018	districts sanit. urbains.	3.000.000	d'acres	16.500.000	67.250.000
575	» » ruraux.	31.000.000	»	8.250.000	53.250.000

S'il se produit désormais des abus dans l'administration sanitaire, ce sera vraisemblablement dans un sens nettement opposé aux tendances qui viennent d'être signalées. Toutes les garanties et les restrictions qui protégeaient les riches contribuables contre les entraînements et les passions de la masse démocratique ont en effet disparu, en laissant à peine quelques vestiges. C'est ce qui ressortira de l'exposé suivant :

A la tête de chacune des anciennes circonscriptions sanitaires est placé un corps électif, le conseil de district. Le nom et les pouvoirs de cette autorité varient selon qu'elle est chargée d'administrer un bourg municipal, un district urbain ou un district rural (1).

Les town concils et les conseils de district urbains proprement dits sont investis d'attributions fort étendues dont une partie importante échappe aux conseils de dis-

1. Gardons-nous de croire que ces dénominations correspondent toujours à la situation dont elles évoquent l'idée (Tottenhan comté de Middlessex) avec ses 71.000 habitants et Childwall dans le duché de Lancastre, avec ses 200 habitants, sont tous les deux des districts urbains et, réciproquement, des agglomérations d'une certaine importance sont qualifiées de rurales. Le passage suivant d'un discours prononcé en 1891 par sir Ch. Dilke, dans le comté de Gloucester, est très caractéristique. Il prend comme exemple la partie du comté située à l'ouest de la Severn. « Le district sanitaire urbain de Westburg sur Severn mesure entre 80 et 90000 acres, superficie bien supérieure à celle de Bristol, et renferme une population de deux à trois mille âmes. Le district rural de Westburg a un caractère beaucoup plus urbain que le district urbain de Wesburg, etc ». Remarquons aussi que l'épithète sanitaire a disparu de la loi.

tricts ruraux, le surplus restant commun aux unes et aux autres de ces autorités.

Les conseillers qui composent ces assemblées sont élus par tous les électeurs paroissiaux du district, expression qui, nous le savons déjà, comprend en résumé les personnes des deux sexes non secourues par l'assistance publique et pourvues d'une habitation distincte. Chaque électeur dispose d'un seul vote. Est éligible, non-seulement tout électeur, mais toute personne qualifiée et qui a résidé dans le district durant la totalité des douze mois antérieurs à l'élection (1). Ce mandat est obligatoire, sous la sanction d'une amende de 25 livres au maximum, qui peut être portée à 50 livres par règlement spécial. Son acceptation doit faire l'objet d'une déclaration écrite (2), et sa durée s'étend à un terme de trois ans. Un tiers des conseillers se retire chaque année (3). La procédure des élections est la même que dans les bourgs et sera en conséquence étudiée au chapitre suivant.

Les conseils urbains ou ruraux doivent se réunir au moins une fois par mois.

L'une de ces séances doit avoir lieu aussitôt que possible après le 15 avril. C'est dans cette séance, qualifiée par la loi d'annuelle, qu'on procède à l'élection du président. Le choix du conseil peut porter sur une personne étrangère à ses membres (4).

1. Loi de 1894, art. 23 et 24.
2. Loi de 1894, art. 48.
3. Loi de 1894, art. 23.
4. Loi de 1894, art. 59.

Le président sortant est indéfiniment rééligible, il a voix prépondérante en cas de partage. Ce personnage est en outre, de plein droit, juge de paix, pour le comté où il exerce ses fonctions, disposition qui, sans en avoir l'air, semble grosse de conséquences. Néanmoins, s'il s'agit d'une femme, elle reste confinée dans ses attributions présidentielles. Le Parlement a reculé devant une assimilation complète des deux sexes.

IV

Les diverses attributions des conseils de districts urbains et ruraux pourraient être figurées par une dizaine de cercles concentriques dont les plus rapprochés du centre appartiendraient en commun à ces deux autorités, tandis qu'au-delà d'un certain rayon, que le Local Government Board a le droit d'allonger à volonté, la première régnerait sans partage.

Il est, en effet, divers pouvoirs dont l'exercice suppose l'existence d'une agglomération de maisons quelque peu considérable. Dans un village de quelques feux où, par définition, il ne peut y avoir ni rues, ni places, le balayage et l'éclairage public, la police des marchés, la réglementation des fiacres et omnibus, etc., ne se conçoivent même pas. Tous ces besoins supposent un centre urbain.

Néanmoins comme en Angleterre, les faits donnent souvent un démenti aux dénominations officielles et que certaines de ces attributions peuvent être fort utiles à tel conseil de district rural, il est loisible au Local Government Board d'habiliter, par une ordonnance provisoire, cette autorité à les exercer, soit sur toute la surface du district, soit dans les limites d'une paroisse, soit même au profit d'une partie de cette paroisse, sur la demande du conseil de district, du conseil de paroisse ou des contribuables taxés à raison d'un revenu égal au dixième de la valeur imposable de la localité intéressée (1). Conseils urbains et ruraux exercent donc plusieurs fonctions communes. Les premiers de ces deux corps jouissent, en outre, de pouvoirs plus étendus et qui doivent être étudiés séparément.

La plus générale de ces attributions a trait à la découverte et à la suppression de tout ce que nos voisins désignent sous l'expression générale de « nuisance », c'est-à-dire des faits, des choses, des situations susceptibles de causer un dommage à autrui. L'acte sur la santé publique de 1875 (2), et la loi sur les logements ouvriers de 1885 en donnent une énumération longue et minutieuse où figurent notamment les amas d'immondices, les tas de fumier ou de décombres, les mares croupissantes, les bâtiments qui menacent ruine, les maisons remplies d'un trop grand nombre d'habitants, les ateliers insuffisamment aérés, les usines mal ventilées d'où se dégagent des émanations délétères, ou des fumées nauséabondes, etc. Contre toutes ces causes de gêne et d'insalubrité, les conseils procèdent par mesures préventives et répressives. Il leur appartient d'édicter des règlements (bye-laws) imposant certaines obligations, par exemple, sur la nécessité de munir chaque maison de water-closets et de

1. Loi 1891, art. 25. Loi 1875, art. 276.

2. Particulièrement, art. 42 à 50 et 91 à 119. L'article 91 en donne la définition.

tuyaux à décharge en communication avec les égoûts publics et sur les précautions à prendre en élevant une construction, sur le nettoyage et la désinfection des habitations en cas d'épidémie. Des inspecteurs spéciaux, chargés de veiller au respect de ces dispositions et des prescriptions plus générales des lois d'hygiène, signalent les infractions qui y sont apportées. Les corps locaux sont investis d'un pouvoir exécutif qui leur permet de réprimer, dans le plus bref délai, toute tentative de nuisance. Ils s'adressent pour cela aux juges de paix qui constituent la cour de juridiction sommaire.

Les magistrates peuvent indépendamment de l'imposition d'une amende ordonner les mesures nécessaires et les faire au besoin exécuter directement.

Les lois du 14 août 1885 et du 18 août 1890 (1), ont fait une application spéciale de ce pouvoir en matière de logements ouvriers, de garnis, baraques et autres constructions de ce genre. Les logements installés dans des caves (cellar-dwellings) doivent être interdits.

Avant d'utiliser son bien, tout propriétaire de garni (common lodging house), est tenu de le faire enregistrer, formalité que précède une visite destinée à vérifier l'existence des conditions requises. Les conseils autorisent et réglementent de la même manière et sous les mêmes sanctions, les abattoirs (2), les industries dangereuses et insalubres (3).

Ces autorités disposent également des pouvoirs néces-

1. 53 et 54 Vict. Chap. 70. Voir aussi loi de 1875, art. 71 à 90.
2. Loi de 1875, art. 169 et 170.
3. Loi de 1875, art. 112 à 116.

saires à l'établissement et à l'entretien d'un système d'égoûts, à l'acquisition ou à l'aliénation d'égoûts déjà construits (1). Elles peuvent aussi fournir aux propriétaires l'eau pure qui leur est nécessaire, leur procurer le gaz d'éclairage ou l'électricité, les obliger au besoin à s'approvisionner de la quantité d'eau indispensable (2).

La création d'hôpitaux, de chambres mortuaires et de cimetières, est enfin une des attributions communes aux conseils ruraux et urbains (3).

Reste maintenant à décrire les fonctions propres à ces dernières autorités. Entrer dans les détail de ces attributions serait trop long et sans intérêt, il suffira d'énumérer l'éclairage, l'irrigation, le pavage des rues (4), le numérotage et le blanchiment des maisons (5), les mesures nécessaires à la circulation. On verra plus loin que les conseils de district jouent sur le territoire de leurs circonscriptions le rôle de « highway authority ». A ce titre, le conseil urbain peut, non-seulement entretenir les voies de communication, mais les élargir, les redresser et les développer, au besoin en expropriant des terrains et des immeubles.

Sont comprises également dans leurs attributions la construction de fontaines publiques (6), l'organisation de jardins, de parcs, de promenades, la police des mar-

1. Loi de 1875, 13 à 41 ; 46 et 47 Vict. Ch. 37 (1883).
2. Loi de 1875, art. 62.
3. Loi de 1875, art. 131 à 141.
4. Loi de 1875, art. 42.
5. Loi de 1875, art. 46.
6. Loi de 1875, art. 51-68.

chés (1), la destruction des denrées et viandes malsaines (2), la concession de certaines licences jadis à la disposition des juges de paix, telles que celles nécessaires aux agences d'émigration et aux prêteurs sur gage (3).

Sauf le cas où il s'agit d'un town council, les règlements que les conseils de districts urbains publient sur tous ces points, sous la sanction d'une amende de cinq livres au plus, ne sont exécutoires qu'après l'approbation du Local Government Board (4).

Ces fonctions, déjà si nombreuses et si étendues, ne constituent d'ailleurs qu'un minimum dont tous les conseils de district sans exception sont investis, mais qui peut être augmenté en vertu d'une disposition spéciale. L'uniformité n'existe nulle part chez nos voisins, en matière de gouvernement local moins qu'en toute autre chose. Chaque nouvel organe, que le parlement britannique met en mouvement, est façonné de manière à pouvoir s'adapter au milieu dans lequel il est destiné à fonctionner. C'est pourquoi les unités administratives que les dernières lois ont refondues pour les couler dans un certain nombre de moules identiques, ne tarderont probablement guère à présenter chacune quelque particularité qui les individualisera.

Nous connaissons déjà l'extension de compétence

1. Loi de 1875, art. 116-169.

2. Loi de 1875, art. 166-169.

3. Loi de 1875, 116 à 121.

4. Les attributions financières seront exposées au chapitre spécialement consacré à cette partie importante de l'administration locale.

dont sont susceptibles les districts ruraux que le Local Government Board peut rapprocher graduellement des districts urbains jusqu'à ne laisser subsister, entre les uns et les autres, d'autre différence que celle des titres. Pareille extension résulte, pour les districts urbains, de l'adoption de certains actes facultatifs, tel que l'acte sur les bibliothèques publiques de 1892, certaines parties de l'acte sur les logements ouvriers de 1890, etc.

A la requête de tout conseil de district urbain, notamment d'un conseil de bourg municipal, le Local Government Board peut, en outre, par une ordonnance provisoire, conférer à cette autorité tout ou une partie des fonctions suivantes : la nomination des overseers et des assistant overseers, les pouvoirs et les obligations d'un conseil paroissial et certaines attributions spéciales des vestries en matière d'évaluation à la taxe des pauvres (1).

Dans les districts où les conseils auront bénéficié de ces concessions, une telle mesure aura pour effet de dépouiller les vestries des fonctions, d'ailleurs peu importantes, qu'elles exerçaient et de les confiner dans la sphère du temporel ecclésiastique. C'est une nouvelle manifestation de l'esprit de sécularisation qui anime la loi de 1894.

Afin de préparer les décisions qu'ils sont appelés à prendre au cours des réunions générales, les membres de ces conseils se répartissent entre divers comités dont chacun est chargé d'un service spécial; finance, hygiène, travaux publics, etc.

1. Loi de 1894, art. 33 et 34.

Certains travaux, dont l'exécution est susceptible d'entraîner des dépenses considérables, sont souvent destinés à être utilisés par des localités ressortissant de circonscriptions différentes. Il s'agit, par exemple, d'établir un vaste système d'égoûts ou de distribution d'eau. En pareil cas, le Local Government Board est autorisé à former, par ordonnance provisoire, un district uni (united district) qu'administre, conformément à l'affaire commune en vue de laquelle il a été constitué, un comité mixte (joint board), composé de membres électifs ou *ex officio* suivant les règles déterminées par l'ordonnance elle-même. Les dépenses de cette autorité sont défrayées à l'aide d'un fond commun alimenté par les contributions des districts au profit desquels sont entrepris les travaux. Plusieurs districts peuvent être groupés de la même manière dans le but de faire choix d'un officier de santé commun. Les conseils de districts voisins peuvent d'ailleurs toujours s'entendre et conférer ensemble en vue des travaux à exécuter en commun (1).

A la tête des diverses branches d'administration, sont placés des fonctionnaires dont les principaux sont le secrétaire (clerk) et le trésorier (treasurer), que nous retrouverons en étudiant les bourgs municipaux, l'inspecteur (surveyor) de la voirie et des travaux publics et enfin deux officiers auxquels il est nécessaire de consacrer quelqeus lignes.

L'officier de la santé publique (medical officer of health) doit assister aux séances du conseil toutes les

1. Loi de 1875, art. 279 à 285.

fois qu'il en est requis, donner son avis sur les questions techniques que cette autorité doit trancher, proposer des améliorations et des réformes, signaler les menaces d'épidémies et proposer les mesures nécessaires à leur répression. Il doit adresser, chaque année, un rapport au Local Government Board sur la situation de ce district, sans préjudice des rapports supplémentaires en cas d'événement exceptionnel. En relations continuelles avec ce praticien, l'Inspecteur des Nuisances joue un rôle encore plus actif. Il recherche toutes les causes d'incommodité ou d'infection, les signale à l'Officier de Santé et prend, sur l'ordre du conseil, les mesures nécessaires à leur éloignement. Il se procure des échantillons de denrées et d'aliments, constate le cas échéant leur caractère malsain et les transmet en ce cas à l'analyste public.

Les divisions administratives, dont l'organisation vient d'être décrite, constituent une des institutions les plus curieusement originales de l'Angleterre. Ces trois types de gouvernement municipal, le bourg, le district urbain, le district rural, dont le premier s'applique aux centres importants et le troisième aux campagnes, ont pour résultat d'établir une transition graduelle entre les différentes formes de vie commune locale. C'est là un réel avantage qui est, il est vrai, racheté par un inconvénient assez sérieux. Les paroisses rurales ne restent pas isolées, une volonté collective les fait coopérer dans l'administration en commun de la voirie et de l'hygiène. Voilà pour l'avantage.

Voici maintenant l'inconvénient. Le système en vertu duquel certaines villes forment une catégorie à part et occupent un rang inférieur, à raison soit du peu d'importance de leur population, soit aussi de circonstances accidentelles, produit chez elles un affaiblissement incontestable de l'esprit local et de la vie locale.

En France, la commune la plus infime est administrée par un conseil municipal et par un maire, dénominations honorifiques qui donnent toujours une réelle importance aux corps ou aux personnages qu'elles distinguent. Les mots ont en effet une valeur propre qui finit par s'ajouter à celle des choses qu'ils individualisent. Il est donc certain que l'habitant d'un bourg, même dépourvu de police et d'organisation judiciaire, s'honorera toujours de faire partie du town council. Au contraire, les notables dédaigneront souvent le titre de membre d'un conseil de district dont le chairman risquera de faire piètre figure à côté d'un mayor, drapé dans sa robe écarlate et sa lourde chaîne d'or au cou.

Sans insister outre mesure sur une question secondaire, il est permis de souhaiter un titre uniforme pour toutes les agglomérations et les autorités urbaines, ce qui n'implique nullement l'uniformité d'attributions (1).

1. Pour être complet, ce chapitre devrait parler du rôle considérable joué en matière sanitaire par le Local Government Board. Cette question sera traitée dans le chapitre consacré à la tutelle et à la centralisation. Je crois utile toutefois de signaler dès maintenant le résultat qui doit être attribué en grande partie à cette intervention. « Le taux de la mortalité, qui était de 30 0/00 en 1858 à Birmingham, est tombé à 20 0/00 en 1871. De même ailleurs. De 1840 à 1870 la mortalité annuelle était à Londres 24 0/00, dans la décade de 1880 à 1890 elle tombe à 20,5 0/00. La moyenne, de 1851 à 1860, était dans les grandes villes de 24,7, dans les campa-

CHAPITRE V

LES BOURGS MUNICIPAUX.

I

La vie urbaine a eu en Angleterre, où elle est aujourd'hui celle de près de 18 millions de personnes (1), des débuts plus modestes peut-être qu'en nul autre pays. Ses premières manifestations, les Burhs anglo-saxons, sont seulement des townships un peu plus étroitement agglomérés autour d'un noyau central tel qu'un monastère, la résidence d'un roi ou d'un caldorman.

Durant cette période embryonnaire, l'organisation des

gnes de 19,6; la moyenne de 1830 à 1890 fut dans les villes 20,1; dans les campagnes 17,5 » (Sanitary Institute Congress, inaugural adress by Sir Charles Cameron, président (*Times*, 13 septembre 1892, résumé par Max Leclerc. *Les professions en Angleterre*, p. 212). Chiffres éloquents qui justifient les lois innombrables votées par le Parlement pour réglementer les matières d'hygiène et limiter sur ce point la liberté des particuliers, non moins que les pouvoirs très étendus accordés par la loi au pouvoir exécutif.

1. En comptant seulement la population des villes de plus de 10.000 habitants.

2. Stubbs, I, p. 91-96.

burhs n'a rien d'exceptionnel. Leur chef est ordinairement un gerefa et une assemblée, le burh gemot, s'y réunit trois fois par an.

Après la conquête normande, un bailif nommé par le roi, remplace le gerefa, mais l'administration des burhs reste confondue avec celle des comtés et placée, comme pour ceux-ci, sous la direction, soit du roi, soit de l'evêque, d'un ealdorman ou même de quelque seigneur.

Cependant les villes croissaient en richesses et en population, et, à mesure qu'elles prenaient conscience d'elles-mêmes, elles éprouvaient de plus en plus le besoin d'une existence propre. Jusque-là, un fermier royal, ordinairement le sheriff, était responsable devant la couronne, jusqu'à concurrence d'une somme déterminée, du produit des impositions qu'il était chargé de percevoir. Il en profitait pour taxer les bourgeois à son gré sans leur rendre de comptes; au besoin même, il usait d'intimidation pour grossir le boni qu'il s'attribuait. On comprend combien les agglomérations urbaines désiraient faire déterminer une fois pour toutes le montant de leurs contributions. Le meilleur moyen d'obtenir ce résultat était de dépouiller le sheriff de ses fonctions de collecteur. Dès le commencement de la période normande, des contrats furent donc conclus, aux termes desquels la couronne affermait aux habitants des villes le droit de s'imposer eux-mêmes.

Un fermier provost ou mayor, élu par les contribuables, était chargé de la perception sous la surveillance de l'Echiquier qui approuvait son élection (1). On peut se

1. Gneist, *op. cit.*, I. 148-151; Stubbs, I, 409-411.

demander à qui de telles chartes étaient concédées, en d'autres termes quelle collectivité plus étroite agissait au nom de l'ensemble de la population. Stubbs, après avoir énuméré plusieurs opinions plus ou moins conjecturales, émet une hypothèse assez plausible. Le premier exemplaire d'un corps représentatif était la cour de hundred ou de township de la ville, dont faisaient partie les possesseurs de terres, maisons, boutiques et jardins.

Le firma burgi se compléta bientôt d'une exemption presque aussi importante, le court-leet. On désigne de ce nom le privilège accordé au seigneur d'un manoir ou aux habitants d'un district déterminé, de jouir d'une police et d'une cour de justice séparée.

La combinaison de ces deux institutions constitue le bourg municipal. La participation des bourgeois au court-leet, l'élection du mayor et celle du provost furent réglées conformément à une coutume traditionnelle, née de l'usage et des circonstances. En général, pour jouir de ces droits il fallait être capable de participer à l'administration de la justice, payer les taxes et posséder une maison à titre de propriétaire ou de locataire (2). Cette assemblée décidait elle-même le point de savoir si les conditions exigées de ses membres avaient été remplies par ceux auxquels on contestait cette qualité.

Une fois réunis en court-leet, les citoyens assumèrent, par une association d'idées bien naturelle, la gestion de toutes les fonctions communes.

1. Gneist, t. 151-155; Stubbs, I, 625-626.
2. Freeman, householder, paying scot, bearing lot.

Pendant le moyen-âge, ces petites républiques municipales ne firent que se fortifier. La Couronne fut la première à favoriser leur développement afin de contrebalancer l'influence des grands seigneurs.

A une époque qu'on peut fixer à peu près au début du XIVe siècle, l'usage s'introduisit de déléguer à un comité des habitants les plus riches et les plus influents, les fonctions judiciaires et financières. Ce comité s'empara peu à peu de l'administration des propriétés municipales et de toutes les attributions exercées jusque-là directement par les bourgeois. On vit alors la grande masse des contribuables se désintéresser des affaires publiques. Le principe si clair et si équitable que traduisait la formule « to pay scot and to bear lot », fut remplacée par une règle plus étroite qui variait suivant les localités.

Dans les villes manufacturières et commerçantes, il fallut pour participer à la vie municipale, appartenir à une des guildes ou corporations qui se recrutaient le plus souvent par cooptation. Jusqu'au règne de Henri VIII, ces usurpations s'étaient accomplies spontanément et sans régularité.

Sous les Tudors, la Couronne se mit à concéder des chartes aux termes desquelles des catégories restreintes de citoyens étaient investies des pouvoirs municipaux. Plusieurs documents confèrent aux mêmes corps le droit exclusif d'envoyer des représentants au Parlement. La Cour, que l'aristocratie n'effrayait plus, créa, dans plusieurs circonstances, un poste de Grand Intendant (High Steward) au profit d'un pair influent qui devint ainsi le patron du bourg et disposa pratiquement de son siége parlementaire (1).

En accomplissant cette œuvre d'incorporation, le roi et ses conseillers n'avaient en effet d'autre but que de composer les communes à leur gré. La représentation parlementaire et le privilège de la bourgeoisie étant liées l'une à l'autre par un rapport de cause à effet, pour arriver à dominer plus aisément le collège électoral que formait les membres de la corporation, il s'agissait de restreindre le nombre des membres de celles-ci. Les Stuarts entreprirent cette tâche avec la violence maladroite qui caractérise leur gouvernement. Leur tactique fut de faire annuler les chartes par des juges complaisants, sous prétexte d'irrégularité, pour les remplacer par une concession moins libérale. Ils ne craignirent même pas de s'attaquer à la Cité de Londres. Intimidées, plusieurs corporations allérent au devant de l'exécution qui les menaçait, en sacrifiant elles-mêmes leurs privilèges, ce qui fit dire à Jeffreys au retour d'un de ses circuits dans les comtés du nord, que, nouveau Josué, il avait fait crouler devant lui toutes les chartes, ainsi que les murs de Jéricho, et qu'il rentrait chargé de dépouilles. Après la révolution de 1688, les bourgs continuèrent à être considérés, non comme des centres administratifs, mais comme des colléges électoraux. Le seul changement fut que la noblesse et la gentry eurent désormais la disposition de ces instruments de domination parlementaire arrachés à la couronne.

La vie urbaine demeura donc de plus en plus sacrifiée

1. Erskine May : *Constitutional history.* Vol. I, p. 493 de la traduction française.

à la composition de la chambre des communes, et, jusqu'en 1835, les villes furent gouvernées par un town-council, composé, soit de membres à vie recrutés par cooptation, soit, lorsqu'il s'agissait de centres importants, par une poignée de freemen où les étrangers entraient dans une forte proportion, et qui s'accroissait brusquement, au moment d'une élection, pour élire le député du bourg et ses conseillers. Propriétés, fonds municipal, patronage laïque et ecclésiastique, biens des œuvres charitables, tout appartenait sans réserve et sans contrôle (1), à une coterie, soutenue le plus souvent par une tourbe de freemen méprisables qu'elle composait à son gré, parfois comme à Oxford à l'aide des pensionnaires du workhouse. Ces ressources ne servaient pas seulement à payer les festins et les réjouissances des membres du conseil ou l'éducation de leurs enfants, elles couvraient souvent les frais électoraux de tel candidat. C'est dans ce but que Leicester dépensa, en une seule fois, 10.000 livres et hypothéqua une partie de ses propriétés pour obtenir cette somme (2). Le droit exclusif de figurer sur les listes de jury achevait de faire des bourgeois de tout puissants personnages, à peu près sûrs de l'impunité. Les aldermen étaient en outre presque partout magistrates de droit (3). Le monopole de certain commerce, l'exemption des droits de marché ou d'octroi, complétaient enfin les privilèges des membres de ces coteries qui n'étaient rien moins que des élites.

1. Rapport sur la corporation municipale de 1835, p. 31 et 54.
2. Rapport sur les corporations municipales de 1835 p. 54.
3. Rapport de 1835, p. 26 à 29.

L'acte de réforme de 1832 supprima le plus important de ces privilèges : l'électorat parlementaire. La franchise appartint désormais dans les villes à tout occupant d'une maison de 10 livres de loyer. L'aristocratie n'avait plus désormais aucun intérêt à combattre la nouvelle réforme qui s'imposait comme la conséquence de la première. L'année suivante, une commission fut chargée par les chambres de procéder à une enquête sur la situation des bourgs. Le rapport des commissaires, qui révéla une multitude de faits odieux et révoltants, fut suivi d'un bill de Lord John Russel conçu dans un esprit très large et très hardi. Droit de suffrage municipal accordé à tous les habitants imposés à la taxe des pauvres, et l'ayant payée pendant trois ans, suppression des aldermen, telles en étaient les dispositions principales (1). Ce projet ne fut pas attaqué dans son principe et passa sans grande difficulté devant les communes. Les Lords s'efforcèrent de protéger plus efficacement les droits existants ou ce qu'ils considéraient comme tels; ils exigèrent donc, avec certaines conditions d'éligibilité, telle que la possession de terres, le maintien d'aldermen élus à vie, les premiers élus devant être choisis dans le corps existant (2).

Comme toujours en Angleterre, ce conflit se termina par un compromis, et l'on aboutit ainsi à l'organisation dans l'étude de laquelle je vais entrer.

1. Hansard, 3e série, XXVIII, 511.

2. Hansard, 3e série, 128, 180, 579, etc.

II

L'enquête qui précéda le vote de la loi en question (1), avait révélé l'existence de deux cent quatre-vingt-cinq localités possédant les apparences d'une organisation municipale, et parmi lesquelles deux cents pouvaient produire une charte d'incorporation. Trente neuf furent tout d'abord éliminées, on soumit le surplus à un nouvel examen qui n'en laissa subsister que 178, siéges d'une population d'environ 2,200,000 âmes.

Pour tous les bourgs anciens ou nouveaux, la loi, après avoir fait table rase des vieux usages et privilèges, établit une organisation uniforme qui ne cessa depuis lors d'être modifiée, corrigée et augmentée jusqu'au 18 août 1882 où les dispositions anciennes et nouvelles furent consolidées dans un véritable code municipal sans subir de changement notable (2). Cependant 96 localités continuaient à s'administrer d'après des chartes particulières ou des coutumes immémoriales. L'année suivante une loi (3) mit fin à cet état de choses souvent bizarre et parfois même scandaleux, en décidant que celles de ces antiques corporations qui n'auraient pas obtenu une nouvelle charte avant le 25 mars 1885, seraient supprimées. Vingt-cinq d'entre elles ont vu leur situation ainsi régularisée.

1. 5 et 6 Guill. IV, ch. 76.
2. 45 et 46, Vict. ch. 50.
3. 46 et 47, Vict, ch. 18.

La Couronne a reçu de l'acte de 1835, le mandat général d'étendre, par une ordonnance en Conseil Privé, le bénéfice de cette loi à toutes les agglomérations auxquelles elle accorderait une charte. Cette faveur est octroyée, sur une pétition des intéressés, qui est préalablement soumise à un comité du Conseil Privé et publiée dans la *Gazette de Londres* (1).

Il y avait au commencement de 1894, trois cent trois bourgs représentant une population totale d'environ onze millions (2). Qu'on ne s'attende pas à les voir soumis à des règles partout identiques. Cette situation n'a existé qu'un instant lors de la réforme de 1835. Les Anglais n'admettent pas que Birmingham, avec ses 450,000 habitants, puisse être administrée comme Hedon avec ses 979 habitants. Ils estiment que ce qui produit de bons effets dans une ville maritime, ne saurait convenir à une cité manufacturière placée au centre du pays. Chaque bourg, au moins les plus importants, a vu sa constitution modifiée par une série d'actes spéciaux (3), grâce auxquels on peut affirmer qu'il n'en reste pas deux qui se ressemblent complètement. La loi de 1888 (4) a augmenté

1. Loi de 1882 (210-219).

2. D'après le recensement de 1891, la population est, dans 22 bourgs, supérieure à 100,000 habitans, elle est dans 70 bourgs inférieure à 5000. Hedon ne compte même que 979 habitants.

3. C'est ainsi que Birmingham a sollicité et obtenu, entre 1851 et 1882, vingt ordres et statuts qui ont été consolidés en 1883 dans le Birmingham Corporation Act.

4. 51 et 52, Vict., ch. 41.

cette diversité en répartissant les bourgs en trois catégories suivant leur population.

III

Cette intervention continuelle du législateur en vue d'étendre les pouvoirs des municipalités, s'explique par un principe du common law dont je développerai plus loin la portée. Chez nos voisins, les autorités locales n'ont pas reçu le mandat général d'administrer une certaine sphère d'intérêts publics, mais seulement des délégations spéciales dans les limites desquelles elles doivent se renfermer, et qui ne peuvent être étendues qu'avec le consentement des représentants de l'Etat. C'est l'idée qui devra nous guider dans l'étude des attributions communes à tous les corps municipaux.

Le résultat principal de la réforme de 1835 a été de remettre la gestion des affaires du bourg à tous les habitants réellement intéressés à sa bonne administration. On ne pouvait songer sérieusement, comme dans la paroisse, à leur faire exercer directement le pouvoir exécutif ou même délibératif, il suffisait d'en investir un certain nombre de délégués. Ce fut désormais le rôle du town council et, accessoirement, celui de quelques autres fonctionnaires élus. C'est donc la composition du corps électoral qu'il s'agit de déterminer en premier lieu. En font partie ceux qui sont inscrits sur le rôle des bourgeois (1).

1. Citizens (Citoyens) s'il s'agit d'une ville siège d'un évêché.

Pour prétendre à cette inscription il faut réunir cinq conditions :

1° Être âgé de plus de vingt et un ans ;

2° Résider depuis un an dans le bourg ou dans un rayon de sept milles hors de ses limites ;

3° Y posséder, depuis le même laps de temps et à la date du 15 juillet de l'année courante, comme propriétaire ou occupant, soit un bien productif d'un revenu annuel de 10 livres, soit une maison, un magasin et, en général, toute espèce de bâtiments présentant quelque importance et quelqueutilité.

4° Avoir été imposé, à raison de la propriété donnant la capacité électorale, à toutes les taxes levées pendant les douze mois qui ont précédé l'élection ;

5° Enfin, au cours des sus-dits douze mois, n'avoir pas reçu de secours publics de la paroisse ou d'une union de paroisses (1).

En 1869, le Parlement décida sur la proposition de M. Jacob Bright, le frère de l'illustre orateur, que les dispositions relatives au droit de vote, s'appliqueraient aux personnes des deux sexes. Toutefois les tribunaux restreignirent la portée de cette loi aux femmes non mariées.

Le rôle est dressé annuellement, dans chacune des paroisses du bourg, par les overseers qui, après l'avoir laissé à la disposition du public, le soumettent à la cour de révision devant laquelle toutes les réclamations sont portées.

1. Loi de 1882, art. 9; 48 et 49 Vict. ch. 15 (1885), art. 15.

Cette cour se compose du mayor, aidé de deux assesseurs (revising assessors), nommés pour un an. Ceux-ci doivent être bourgeois et posséder la qualité voulue pour être conseillers mais sans faire partie du conseil (1).

Chaque candidat doit être présenté par un écrit signé de deux électeurs.

On ne procède à l'élection que s'il y a deux ou plusieurs concurrents ; dans ce cas, elle a lieu au scrutin secret. Le bourg peut, si cela est nécessaire, être divisé à cet effet par une ordonnance du conseil en un certain nombre de quartiers (wards), présidés par un alderman (2).

Le résultat de l'élection est la désignation des conseillers qui forment les trois quarts du town council (conseil de ville). Pour être éligible à cette fonction, il est nécessaire d'être inscrit sur le rôle des bourgeois. Toutefois ce privilége est encore accordé à ceux qui, toutes les autres conditions étant réunies, possèdent une fortune mobilière ou immobilière évaluée à 1.000 livres ou sont imposés à la taxe des pauvres pour un revenu annuel de 30 livres. Si le bourg renferme moins de quatre quartiers, ces valeurs sont respectivement abaissées à 500 et à 15 livres (3). Une incapacité frappe les auditeurs, les revising assessors, les titulaires d'un emploi rénuméré à la disposition d'un conseil autre que celui de maire ou de sheriff, les ministres d'une secte et les membres d'une con-

1. Loi de 1882, art. 29, 3e annexe, 1re partie.

2. Loi de 1882, 3e annexe, 2e partie.

3. Loi de 1882, art. 11.

grégation religieuse, quiconque enfin a contracté directement avec le conseil, sauf le cas de bail ou d'achat d'une terre (1).

La durée du mandat des conseillers est de trois ans; il est renouvelable chaque année pour un tiers du conseil (2), leur nombre varie, entre un minimum de douze à un maximum de cinquante-un. A côté d'eux, siègent les aldermen. Ces personnages jouent le même rôle que les conseillers, ils ne diffèrent que par leur mode de recrutement. Le conseil les choisit pour six ans, soit parmi ses membres, soit parmi les bourgeois. Cette institution qui rappelle le système de cooptation pratiqué par les conseils de jadis, doit son origine à un compromis qui trancha un conflit entre les Communes et la Chambre des Lords. Au cours de la discussion qui prit place dans cette dernière assemblée, le duc de Wellington, Lord Warncliffe et Lord Ellenborough avaient attaqué en termes véhéments la disposition qui livrait sans restriction les propriétés, les revenus et les patronages civils et ecclésiastiques des bourgs à la majorité numérique. C'était-là, à les entendre, une anomalie sans précédent, une exagération inouïe du principe de la souveraineté populaire. Ils proposaient, comme conclusion, le maintien dans la proportion du quart, des aldermen élus à vie. La Chambre des Communes finit par se ranger à cet avis en transformant toutefois cette inamovibilité en un mandat de six ans (3). Les aldermen représentent l'élément sta-

1. Loi de 1882, art. 12.
2 Loi 1882, art. 13.
3. Hansard, 3e série, XXX, 126, 480, 519.

ble, traditionnel et pondérateur. On leur reproche de fausser le mécanisme du système représentatif, en perpétuant, dans l'assemblée municipale, une majorité contraire à celle des électeurs. Le town council est présidé par le maire (mayor). Les attributions de ce personnage ont un caractère plutôt honorifique. Il représente la ville dans les cérémonies où il parait revêtu d'une robe bordée d'hermine, il parle au nom de la corporation, il est de droit justice of the peace pendant son année de charge et celle qui suit la fin de ses fonctions. Dans les délibérations du town council sa voix est prépondérante en cas de partage. Le conseil peut l'élire, même parmi les personnes auxquelles la dignité de conseiller peut être conférée et dispose de la faculté de lui attribuer un traitement ou, tout au moins, de l'indemniser de ses frais de réception (1). Deux fonctionnaires salariés sont chargés de préparer et d'exécuter les décisions de ces administrateurs élus. Le secrétaire municipal (town clerk) détient le sceau de la ville, il conserve les documents, pièces, minutes, et en délivre des extraits, il rédige les procès-verbaux des séances. Il est le conseiller légal de la corporation en cas de procès, de vente ou d'achat d'immeubles; aussi le choisit-on toujours parmi les sollicitors les plus entendus aux affaires. Si la corporation présente au Parlement un projet d'intérêt local, le town clerk en surveille la rédaction. Les listes électorales sont imprimées par ses soins. Toute la besogne administrative courante lui revient enfin naturellement. Ces fonctions absorbantes

1. Loi de 1882, art. 15.

sont d'ailleurs largement rétribuées. Le Clerk de Birmingham, par exemple, reçoit 2.200 livres. C'est d'ailleurs le mieux payé.

Le trésorier municipal est chargé de tout ce qui regarde la gestion financière. Il fait les payements sur la présentation d'un ordre signé de trois ou quatre membres du conseil dont les noms lui ont été préalablement communiqués et encaisse les impôts et revenus. Il tient la comptabilité à jour et en soumet les résultats deux fois par an aux auditeurs avec les reçus et pièces justificatives. Après la vérification opérée par ces autorités, il prépare, sous la sanction d'une amende de 20 livres, un relevé complet des comptes de l'année écoulée qu'il adresse au Local Government Board. Le trésorier est d'ordinaire un banquier qui se contente, en guise de rémunération du bénéfice qu'il retire des dépôts opérés au compte du bourg (1). A Birmingham on lui alloue 1050 livres.

Je note tout de suite, pour mémoire, à côté de ces représentants et agents actifs de la corporation, l'existence de trois auditeurs chargés de réviser les comptes et d'en vérifier non-seulement la régularité mais aussi la légalité. Deux d'entre eux sont élus par les bourgeois et l'autre choisi par le maire dans le sein du conseil. Cette désignation a lieu le 1er mai et pour la durée d'un an (2).

Toute personne réunissant les conditions exigées pour être élue à un emploi corporatif (corporate office) est tenue d'accepter expressément ce qui est considéré non-

1. Loi de 1882, art. 18 et 27.
2. Loi de 1882, art. 25 à 29. Voir plus loin, pages 235-237.

seulement comme un honneur, mais aussi comme une charge. Elle doit donc signer, devant le secrétaire municipal, ou deux membres du conseil, une déclaration en ce sens, si elle ne préfère payer une amende de 25 livres qui est doublée s'il s'agit du maire. Elle jouit néanmoins d'un délai de cinq jours pour réclamer le bénéfice de certaines causes de dispense telle que l'âge de 65 ans (1). Elle encourt la même pénalité en résignant ses fonctions.

IV

Les pouvoirs des town council varient en étendue, sur certains points, conformément à une classification établie par la loi de 1888, d'après l'importance de l'agglomération que ces assemblées municipales administrent.

J'étudierai ces différences dans un chapitre spécial, en même temps que les rapports établis par la loi entre les comtés et les bourgs situés dans leurs limites. Pour le moment, il me suffira d'exposer celles de leurs attributions qui leur sont à tous communes.

Le town council se réunit quatre fois par an pour expédier les affaires générales. La première séance a lieu le 9 novembre à midi, les trois autres, aux dates et aux heures que le conseil a fixées.

Le mayor peut d'ailleurs toujours provoquer une réunion extraordinaire. En cas de refus de sa part, cinq membres du conseil ont le droit d'agir à sa place (2). Les

1. Loi de 1882, art. 34 et 35. Loi de 1882, art. 6.

2. Loi de 1882, art. 22; première annexe, art. 1 à 5.

membres du conseil sont convoqués individuellement par le secrétaire, sans préjudice d'un avis général par voie d'affiches (1). Le *quorum* des membres présents à la délibération, ne doit pas être inférieur au tiers du nombre total des aldermen et des conseillers (2). Les réunions sont en général mensuelles, elles intéressent vivement l'opinion publique, et les journaux les reproduisent souvent *in extenso*. Dans l'intervalle, le conseil agit au moyen de comités permanents dont il ne fait guère qu'approuver les décisions. Les plus importants sont ceux des finances et celui dit de « garde » (watch committee). Ce dernier dirige la police et certains services accessoires, tels que celui des incendies (fire brigade).

La gestion de la fortune et des revenus de la ville est la principale fonction du town council. Depuis une vingtaine d'années, le patrimoine immobilier des corporations anglaises s'est accru dans des proportions extrêmement considérables. Dans la plupart des grandes villes, il ne comprend plus seulement les édifices ou bâtiments destinés à un usage public nécessaire, tels que la Maison de Ville, les prisons, les asiles d'aliénés, mais encore des musées et des bibliothèques, des établissements de bains, des jardins et des promenades, des usines à gaz, des logements ouvriers, etc. Cette gestion est soumise à d'importantes restrictions.

Pour acheter plus de cinq acres de terre, les représentants de la corporation ont besoin du consentement du Local Government Board.

1. Première annexe, art. 5 et 6.
2. Première annexe, art. 10.

Cette autorisation est aussi nécessaire en cas de vente, d'hypothèque, d'aliénation, ou même de location quand la durée du bail dépasse trente et un ans, délai porté à soixante-quinze ans, lorsqu'il s'agit de terrains et de bâtiments propres à des constructions ou à des embellissements.

Le conseil dispose de la police du bourg, avec certaines restrictions que j'exposerai plus tard ; il nomme, révoque les fonctionnaires ou employés municipaux et fixe leur traitement, il joue, dans les limites de son ressort, le rôle d'une autorité sanitaire et en exerce tous les pouvoirs, y compris celui de lever la taxe générale de district (1).

A ce titre principalement, et d'une façon générale, il édicte des règlements (bye-laws) sur tout ce qui concerne l'administration du bourg, la prévention et la répression des actes nuisibles, sous la sanction d'amendes qui ne sauraient, en aucun cas, dépasser cinq livres.

Pour être valables, ces bye-laws doivent avoir été votés par les deux tiers au moins des membres du conseil présents à la séance au cours de laquelle ils ont été proposés.

Un affichage de quarante jours doit précéder leur mise à exécution. Un exemplaire est en outre adressé au secrétaire d'état à l'intérieur, et, pendant le même délai de quarante jours, qui peut d'ailleurs être prolongé par elle, la reine dispose du droit de désapprouver le règlement, sur l'avis de son conseil privé (2).

1. Loi de 1882, art. 105 à 111, modifiés par la loi de 1888, art. 72.

2. Loi de 1882, article 23.

CHAPITRE VI

LES COMTÉS.

I

La constitution des bourgs municipaux a servi de modèle aux rédacteurs de la loi du 13 août 1888 (1) qui a réformé le gouvernement des comtés. Disons tout de suite que le résultat principal de cette réforme a été la séparation des fonctions législatives et des fonctions judiciaires et l'attribution des premières à une assemblée démocratiquement élue. Avant de décrire l'organisation actuelle d'un comté, il est nécessaire d'exposer en deux mots l'état de chose qui l'a précédée.

Les juges de paix (justices of the peace), étaient alors, à la fois, officiers de police judiciaire, juges et administrateurs. En ces deux premières qualités, ils instruisaient les affaires criminelles et réprimaient, avec ou sans l'assistance d'un jury, un nombre considérable d'infractions, tranchaient certaines contestations civiles et délivraient

1. 51 et 52 Vict., ch. 41.

les ordonnances destinées à faire cesser une situation illégale ou contraire à l'ordre public. En outre, dans les réunions générales qu'ils tiennent encore tous les trimestres (quarter sessions), ils géraient le patrimoine mobilier ou immobilier, veillaient à l'entretien des édifices et des monuments publics, des ponts, des chemins et des grandes routes (main roads) du comté, inspectaient les asiles des aliénés, les maisons de correction et les prisons. Ils nommaient les inspecteurs paroissiaux des pauvres et les fonctionnaires du comté. La direction de la police locale, la répartition du comté en divisions de petites sessions et en sections de vote leur appartenaient. L'organisation des écoles professionnelles et correctionnelles, la vérification des poids et mesures, l'enregistrement des électeurs s'opéraient par leurs soins. Ils octroyaient, en sessions spéciales, des licences aux cabaretiers, aux colporteurs, aux prêteurs sur gage, aux locomotives et aux bicycles. Enfin c'étaient ces représentants d'une classe déterminée, nommée par la couronne, qui approuvaient la taxe des pauvres et recevaient les appels dirigés contre les divers impôts locaux, votaient les taxes du comté et les répartissaient. Un agent d'exécution, le secrétaire de paix (clerk of the peace), tenait la main aux décisions prises en vertu des pouvoirs dont l'énumération précède, décisions qu'il avait presque toujours préparées et inspirées.

Pour remplir ces diverses fonctions, les town councils disposent de ressources que la loi range en deux catégories. Dans la première classe, figurent les rentes et bénéfices des terres de la corporation, les intérêts, dividendes et produits annuels des sommes, impôts, biens, mobiliers et valeurs qui lui appartiennent ou doivent lui être payées, les amendes et indemnités qu'elle perçoit, enfin le produit des subventions de l'Etat et des impôts qui lui ont été assignés.

Tout cela forme le fonds du bourg (borough fund). Si ces revenus ne suffisent pas, le conseil est autorisé à voter un impôt, le borough rate, d'après les règles et dans les limites qui seront exposées au chapitre XI (1).

1. Loi de 1882, articles 144 à 150.

II

La réforme de 1888 a eu pour résultat de dépouiller les juges de paix de la plupart de leurs attributions administratives pour en revêtir un nouveau corps local. Actuellement le gouvernement des comtés appartient donc à deux pouvoirs qui diffèrent par leur origine et leurs attributions.

Le premier est chargé des fonctions dites impériales et judiciaires, le second des fonctions administratives et purement locales.

Seules les dernières rentrent complètement dans le cadre de cet ouvrage et seront développées dans ce chapitre. Il suffira, pour les premières, de décrire ce qui est indispensable à l'intelligence de l'administration locale proprement dite.

Les fonctions impériales et judiciaires sont exercées principalement par le collège des juges de paix à côté duquel figurent divers personnages qui jouent un rôle accessoire et surtout décoratif. Le premier de ceux-ci est toujours, en théorie, le Sheriff qui occupe la place du scir-gerefa saxon et du vicomte normand. Cet officier est désigné annuellement par la reine en conseil privé d'après une procédure curieuse (1).

1. Chaque année, les juges du Banc de la Reine dressent une première liste de trois candidats par comté qui est soumise à un comité mixte, composé de juges et de secrétaires d'état. Cette liste,

Ses fonctions sont aussi onéreuses que peu attrayantes. Il est censé exécuter les writs des cours supérieures, il préside aux élections parlementaires en qualité de returning officer, désigne les officiers ministériels d'ordre inférieur, reçoit à grands frais, héberge, promène, dans un carosse doré, les juges en tournée d'assises. Sauf sur ce dernier point, la partie matérielle de ces attributions est remplie par un sous-shériff auxquels sont abandonnés les émoluments qu'elles comportent. Les grands propriétaires, auxquels cette charge est offerte chaque année, ont d'ordinaire toujours des excuses à faire valoir pour en être dispensés et ne l'acceptent, le plus souvent, que malgré eux.

Le poste de Lord Lieutenant est beaucoup plus convoité. Ce personnage, représentant de la couronne dans le comté, est désigné à vie. C'est presque toujours un pair (1).

Depuis que le commandement de la milice lui a été enlevé en 1871, ses fonctions se bornent à proposer les personnes que le Lord Chancelier gratifie d'une commission de juge de paix. A vrai dire, ce droit de présentation lui appartient en qualité de *custos rotulorum*, titre qui ne lui est pas décerné obligatoirement mais qui est presque toujours joint à celui de Lord Lieutenant.

Pour être l'objet de cette désignation il suffit, en droit,

devenue définitive, est présentée à la reine qui pique le nom de l'élu avec un poinçon d'or, censément au hasard, mais en réalité en tête de la liste.

1. Sauf dans le comté anglais de Surrey et dans la majorité des comtés gallois.

de posséder un revenu de 100 livres. Sont assimilés à cette condition une expectative (reversion) sur un revenu de 300 livres, ainsi que le fait de vivre, depuis deux ans, dans une maison de campagne imposée à raison de 100 livres par an.

Les pairs, leurs héritiers présomptifs, les héritiers des personnes pourvues d'un revenu foncier de 600 livres n'ont à justifier d'aucun cens. Dans la pratique, il faut en outre être un gentleman, ce qui exclut toute personne enrichie dans le commerce de détail. A ces magistrates désignés à vie, moins par une décision du Lord Chancelier, qu'en vertu de leur situation sociale, sont adjoints des membres *ex officio* dont les lois de 1888 et de 1894 ont augmenté le nombre dans une forte proportion. Ce sont les juges, les conseillers privés, les présidents des conseils de comté et des conseils de districts (1).

Les juges de paix exercent leurs fonctions, quelquefois isolément, plus souvent réunis. Dans ce dernier cas, ils agissent tantôt collectivement et par des décisions qui produisent leur effet sur tout le territoire du comté, tantôt dans les limites de la « division » où ils résident. On donne ce nom à un certain nombre de circonscriptions qui se répartissent en petty divisions et en special divisions.

Les affaires les plus importantes sont réglées dans les sessions générales dites trimestrielles.

En principe, un nombre minimum de deux juges est

1. Il y a 1018 conseils de districts urbains, 575 districts ruraux et 62 conseils de comté. On voit que la proportion des juges de paix désignés par l'élection est appréciable.

nécessaire à la validité de ces délibérations. Des secrétaires ou greffiers (clerks) à traitements variables (1) sont attachés à chaque petty session.

Les pouvoirs des juges de paix ont maintenant un caractère essentiellement judiciaire. Néanmoins la réforme de 1888 leur a laissé quelques attributions administratives qu'ils exercent en sessions trimestrielles ou en sessions spéciales.

C'est en sessions spéciales que les listes de jurés sont révisées. Dans les unes et dans les autres de ces réunions, les magistrates procèdent à l'octroi de certaines licences, principalement de celles qui sont nécessaires au commerce des liqueurs enivrantes (intoxicating liquors).

En Angleterre, un grand nombre de commerces et de professions ne peuvent s'exercer sans une autorisation spéciale accordée par les autorités locales. Les deux dernières réformes ont fait dépendre la plupart de ces autorisations des conseils de comté ou de districts. Aux termes du projet soutenu en 1888 devant le Parlement, par le ministère conservateur, ce changement s'étendait même à la vente des liqueurs enivrantes. L'ancien état de choses fut maintenu, grâce aux protestations de l'opposition libérale, excitée à l'idée de l'influence que pourraient prendre les cabaretiers sur les conseillers à l'élection desquels ils auraient contribué (2).

1. Dans le comté de Warwick, le traitement des greffiers varie entre 85 livres, division de Warwick, et 1000 l. division d'Aston.

2. En Angleterre, les débitants (publicans) sont soutenus par les conservateurs et attaqués par les radicaux qui ont pris en

Ce sont donc les juges de paix qui concèdent, refusent, renouvellent ou retirent cette dernière sorte de licences. Les magistrates qui figurent dans chaque petty sessional division, tiennent, dans ce but, une réunion générale. Tout octroi nouveau ou tout refus de renouvellement doit être confirmé par le « licensing committee » du comté que la session trimestrielle élit parmi ses membres, et toute personne a le droit de faire opposition aux demandes adressées à ces autorités. La session trimestrielle entend les appels portés contre les décisions prises en faveur ou au détriment des débitants.

Les magistrates, réunis en sessions trimestrielles, accordent encore les licences nécessaires à l'ouverture des asiles particuliers d'aliénés. En session spéciale, ils autorisent de même les salles publiques de billard.

On le voit, les attributions administratives des juges de paix se réduisent en somme à peu de chose, et ces personnages sont maintenant presque entièrement confinés dans le domaine de la justice sommaire.

Sheriff, lord lieutenant custos rotulorum et magistrates, ont ceci de commun qu'ils sont commissionnés par la couronne. A côté et au-dessous de ces autorités, deux autres représentants de ce que j'ai appelé les fonctions impériales et judiciaires ont une origine, dans une certaine mesure, élective.

Le coroner est un officier de police judiciaire, d'ordinaire homme de loi ou médecin, chargé de procéder à

main la cause de la tempérance, sans reculer même devant ses exagérations.

une enquête, en cas de mort soudaine ou violente, de décès survenu dans une prison ou un établissement d'aliénés.

Il agit, en outre, dans certaines hypothèses, comme substitut du sheriff. L'enquête a lieu en présence d'un jury de douze personnes qui détermine les causes de la mort et, le cas échéant, désigne le coupable. Jusqu'en 1887 (1), ce magistrat était élu à vie par les freeholders du comté dont il achetait parfois les votes à beaux deniers comptants. Il est maintenant désigné par le conseil de comté (2) et reçoit un traitement fixe.

Le secrétaire de la paix (clerk of the peace) qui, jusqu'en 1888, était nommé par le custos rotulorum dont il exerçait en fait les fonctions, est choisi depuis, par le comité mixte permanent (standing joint committee) don, il sera parlé tout à l'heure. C'est d'ordinaire un sollicitort il joue le rôle de greffier et de conseiller légal des juges de paix. Il cumule ces fonctions avec celles de county clerk Ses appointements varient entre 1000 et 1500 livres.

III

Sauf une ou deux exceptions, toutes les attributions que j'ai qualifiées d'administratives et de purement locales ont été transmises aux conseils de comté.

Ces assemblées n'administrent pas les comtés géogra-

1. 50 et 51, Vict. chap. 71.
2. Loi de 1888, art. 8.

phiques, c'est-à-dire les subdivisions territoriales entre lesquelles sont traditionnellement répartis l'Angleterre et le pays de Galles, mais les comtés administratifs, en d'autres termes les parties des comtés géographiques qui ne sont pas comprises dans les limites des bourgs-comtés ou qui ont fait l'objet d'une délimitation distincte. C'est ainsi que le comté d'York est partagé en trois ridings, ceux de Suffolk et de Sussex en deux divisions. Les comtés de Cambridge, de Northampton et de Southampton, comprennent, de même, respectivement l'Isle of Ely, le Soke of Peterborough et l'île de Wight à la tête desquels est un conseil distinct (1).

Le nombre de ces circonscriptions est de soixante-deux, celui des comtés-bourgs atteint soixante-quatre.

Pour connaître la constitution des conseils de comté, il suffit de se rapporter à ce que nous savons déjà de celle des bourgs municipaux (2). Ceux-ci ont en effet à peu de chose près servi de modèles à ceux-là.

Seules les conditions d'éligibilité diffèrent. Les ecclésiastiques, qui ne peuvent faire partie du conseil municipal, ne sont pas écartés du conseil de comté. Est également éligible toute personne qui, bien que n'ayant pas la qualité requise pour être alderman ou conseiller, aux termes de l'acte de 1882, est un pair possédant une propriété dans le comté ou figure sur la liste des électeurs parle-

1. Le nombre des comtés administratifs qui coïncidaient exactement avec celui des anciens comtés géographiques de même nom, était, en 1893, seulement de 14.

2. Voir pages 111 et 112.

mentaires à raison d'une propriété située également dans le comté. Les conseillers se retirent d'ailleurs en bloc tous les trois ans (1).

En vue des élections, chaque comté administratif a été divisé en un grand nombre de circonscriptions électorales représentées chacune par un conseiller.

La loi de 1888 a chargé de cette opération les conseils municipaux des bourgs et les sessions trimestrielles. Elle a dû toutefois parer préalablement à des conflits éventuels, en chargeant le Local Government Board de procéder à la répartition des sièges entre les bourgs suffisamment importants pour mériter une représentation spéciale, et le reste du pays.

Ce partage effectué, les sessions trimestrielles ont divisé le territoire placé sous leur autorité en autant d'arrondissements qu'il leur était dévolu de sièges. Ces divisions devaient, autant que possible, être égales en population, ne pas dépasser les limites d'un district sanitaire et contenir une ou plusieurs paroisses entières. Dans les bourgs qui devaient élire plus d'un représentant, le conseil municipal a déterminé un certain nombre de quartiers (wards) dont les habitants auraient à élire un délégué, en tenant compte bien entendu des wards déjà existants et utilisés déjà pour des élections municipales (2).

En prévision des erreurs ou des abus auxquels ces premières divisions auraient pu donner lieu et surtout en vue de pourvoir aux changements nécessaires dans l'avenir, le Local Government Board a reçu le pouvoir de modifier,

1. Loi de 1888, art. 2.
2. Loi de 1888, art. 2.

sur les représentations du conseil intéressé, le nombre des conseillers d'un comté et de remanier ses divisions électorales. Un bourg peut de même être divisé en wards par une ordonnance en Conseil Privé, si les deux tiers des conseillers en font la demande (1).

Le chiffre des représentants ainsi attribué aux divers comités est très considérable. Il oscille entre 21 (Rutland) et 105 (Lancashire), la moyenne est environ 60. Le recrutement des commissions s'opère ainsi très facilement et tous les hommes distingués d'une région peuvent être appelés à la gestion des affaires publiques, soit à titre de conseiller, soit à titre d'alderman.

Les aldermen grossissent encore, en effet, ce chiffre d'un tiers, ils jouissent des mêmes attributions que ceux des bourgs, mais ils ne prennent part ni à l'élection du président ni à celle des autres aldermen. La loi n'a pas voulu permettre à une assemblée impopulaire de se maintenir au pouvoir, contrairement à la volonté des électeurs (2).

Le conseil tient quatre séances annuelles obligatoires. Dans la première, fixée au 7 novembre, il procède à l'élection du chairman et des aldermen. Nulle délibération n'est valable sans la présence d'un quart des membres du conseil.

1. Loi de 1888, art. 51.
2. Loi de 1888, art. 2.

IV

Avant d'énumérer les attributions des conseils de comté, il importe de se rendre compte de la difficulté éprouvée par ces autorités à exercer leur compétence d'une façon aussi active et aussi suivie que celle des autres corps locaux, les conseils municipaux notamment, dans une circonscription aussi étendue que celle d'un comté administratif.

Leurs séances ne sauraient en effet se renouveler fréquemment sous peine de priver certains districts de toute représentation effective. Les conseils de comté doivent donc à peu près partout, se borner à leurs réunions obligatoires et se décharger de leurs fonctions exécutives sur des comités à pouvoirs très étendus, en se réservant seulement la surveillance et le contrô... les actes de ces autorités déléguées.

Ces comités agissent donc avec une très grande indépendance, non-seulement de fait mais aussi de droit. Leurs décisions possèdent une valeur propre qui semble dériver d'une sorte de mandat permanent, valable tant que le conseil ne l'a pas révoqué. Chacun d'eux établit son règlement, fixe le *quorum* nécessaire à la validité de ses délibérations et détermine l'ordre de ses travaux (1). Le comité de finance joue un rôle particulièrement important. C'est en quelque sorte un organe distinct du conseil. Son avis préalable est toujours nécessaire. Nulle dépense,

1. Loi de 1888, art. 82.

dette ou obligation, ne peut être contractée sans qu'elle ait été précédée d'un rapport estimatif émané de lui (1).

Ceci posé, et une fois admis que les conseils de comté, pris en eux-mêmes, n'ont, en pratique, guère plus de pouvoirs que nos conseils généraux, il reste à déterminer leur compétence théorique.

Ces autorités sont propriétaires des biens immobiliers et mobiliers du comté, elles disposent des maisons communes (county halls), des prisons, des locaux destinés aux audiences de la cour d'assises ou des juges de paix, et au logement des juges. Elles possèdent également le mobilier de ces bâtiments. Elles ont le droit d'acheter, de louer et d'acquérir de nouveaux biens et d'aliéner leurs immeubles, avec l'autorisation du Local Government Board (2).

Par contre, toutes les dettes et obligations du comté sont supportées par les conseils (3). Les conseils sont également chargés de la fondation et de la gestion des asiles d'aliénés (4), des écoles techniques, professionnelles et pénitentiaires (reformatory schools) (5). Ils divisent le

1. Loi 1888, art. 80.

2. Loi de 1888, art. 64 et 65.

3. Loi de 1888, art. 35, 36, 38, 39, 122, 124.

4. Loi de 1888, art. 3, 32, 34, 38, 86. La gestion des asiles appartient pratiquement à un comité d'inspection (visiting committee) composé de sept membres au moins et chargé de construire, d'agrandir, de réparer les asiles, de nommer les employés de faire les règlements et d'y tenir la main, etc.

5. Loi de 1888, art. 3 et 38. D'après un acte de 1866 (29 et 30. Vict. chap. 117), tout enfant de moins de 16 ans, convaincu d'infraction entraînant la servitude pénale ou l'emprisonnement pour

territoire du comté en sections de vote et désignent les locaux où s'opéreront les élections, ils entretiennent les ponts et celles des routes qui ne dépendent pas des conseils de district. Ils nomment et révoquent les employés du comté, élisent les coroners, fixent les appointements de ces fonctionnaires, déterminent le tarif des droits et indemnités que peuvent réclamer au public les inspecteurs, analystes et employés autres que le secrétaire de la paix, notamment les vérificateurs des poids et mesures, la direction de ce service leur ayant été attribuée (1). La nomination d'un ou plusieurs officiers de santé publique leur appartient facultativement. Les praticiens, qui bénéficient de cette décision, ne doivent exercer aucune autre fonction ni soigner de particuliers sans le consentement exprès et par écrit du conseil (2).

Nous savons déjà quelle est, en Angleterre, l'importance de la réglementation des licences nécessaires à l'exercice de certaines industries. A ce point de vue, les conseils de comté disposent de pouvoirs étendus. Ils autorisent les courses de chevaux, l'ouverture des théâtres et des salles de danse ou de musique. Ils enregistrent les statuts des sociétés scientifiques et reçoivent les déclarations des organisateurs de

plus de dix jours, est envoyé dans ces sortes de maisons de correction connues sous le nom plus doux de reformatory schools. Les reformatory et les industrial schools relèvent du ministère de l'Intérieur.

1. L'article 3 de la loi de 1888 contient l'énumération de presque toutes les attributions des conseil de comté.

2. Loi de 1888, art. 17.

fondations charitables. La création de certaines sociétés de crédit (loan societies) et de réunions destinées au culte, est également soumise à leur contrôle.

A d'autres points de vue, les assemblées apparaissent comme les représentants et les garants de l'ordre et de la sécurité publique, dans les limites du territoire dont elles ont la garde. C'est le conseil qui représente le comté en justice et qui a le droit de s'opposer, devant le Parlement, aux projets de loi susceptibles de porter préjudice au comté. C'est lui qui exécute les lois destinées à prévenir les maladies contagieuses, à prohiber l'introduction en Angleterre des insectes nuisibles, à réglementer la confection, la garde et le transport des matières explosibles, à protéger les poissons d'eau douce, à réprimer la pollution des rivières. Par contre, le conseil est responsable du dommage survenu à des personnes ou à des propriétés à la suite de troubles ou d'émeutes.

Des chapitres spéciaux exposeront les pouvoirs considérables de cette autorité en matière financière, la part qu'elle prend à l'application des lois agraires, son rôle d'arbitre et de juridiction d'appel à l'égard des conseils de district et des corps paroissiaux, la faculté dont elle dispose de délimiter le territoire des circonscriptions inférieures.

En vue de ces diverses attributions, les conseils de comté édictent des règlements (bye-laws). La présence des deux tiers des conseillers à la séance où ces règlements sont votés, est nécessaire à leur validité. Un exemplaire en est adressé au secrétaire d'état à l'Intérieur, quarante jours au moins avant leur exécution. Pendant ce délai, la reine, sur l'avis de son conseil privé, peut annuler le règlement en tout ou en partie et en suspendre l'exécution. Si ce document prévoit et réprime des faits non encore déclarés punissables par la loi, ses dispositions sont soumises au Local Government Board qui accorde ou non son approbation. Avis de cette formalité est donné par les journaux locaux, un mois avant son accomplissement. Jusqu'à la fin de cette période, un exemplaire est tenu à la disposition du public dans les bureaux du conseil de comté. Des mesures de publicité encore plus sérieuses — affichage, expédition aux inspecteurs des pauvres paroissiaux — suivent enfin l'adoption du règlement (1).

V

La réforme essentielle réalisée par la loi de 1888, a été déjà mise en relief au début de ce chapitre. Depuis lors, les pouvoirs administratifs et judiciaires ont cessé d'être cumulés par les juges de paix qui ne remplissent plus que cette dernière fonction, alors que la première est exercée par le conseil de comté. Ce partage, nous le savons déjà, n'a cependant pas eu lieu d'une façon complète. D'une part, en effet, les magistrates ont conservé quelques attributions administratives : concessions des licences, désignation des inspecteurs des prisons locales; de l'autre, la direction de la police, service à caractère mixte, au moins

1. Loi de 1888, art. 16.

dans l'opinion de la majorité qui a voté la loi, a été attribuée à un comité composé, pour moitié, de juges de paix et, pour moitié, de membres du conseil de comté. C'est le comité mixte permanent (standing joint committee). Le nombre des membres de ce comité est déterminé amiablement par les sessions trimestrielles et le conseil de comté, ou, à défaut d'entente, par un secrétaire d'Etat.

Cette assemblée élit son président : en cas de partage le sort décide. Elle a, nous le verrons plus loin, sinon la direction, du moins le contrôle de la gendarmerie (constabulary) ; c'est la première et la principale de ses attributions. Le comité mixte en exerce encore quelques autres. C'est lui qui nomme le secrétaire ou greffier de la paix (clerk ofthe peace), ainsi que le greffier des petty sessional divisions (clerks of the justices) et qui révoque ces fonctionnaires, en cas de faute grave.

Le comité mixte détermine enfin les locaux dans lesquels les juges de paix exerceront leurs fonctions en sessions trimestrielles ou autrement (1).

Le système de gouvernement local inauguré dans le comté par l'acte de 1888, et que ce chapitre vient de décrire, a fonctionné à peu près partout d'une manière très satisfaisante. A ne l'apprécier qu'au point de vue théorique, il serait injuste de méconnaître l'heureux parti qu'il a tiré de la combinaison de l'élément populaire et de l'élément aristocratique.

Confier aux représentants des contribuables, l'administration du patrimoine et des revenus publics, laisser aux

1. Loi 1888, article 30.

mains des propriétaires fonciers, celle de toutes les fonctions sociales qui exige le plus de prestige, d'indépendance et de largeur d'esprit, mettre en contact les uns et les autres sur un terrain commun en leur attribuant, avec droit égal, un service important dont la bonne gestion impose, à ceux qui l'exercent, une grande fermeté tempérée par beaucoup de modération, ce départ semble on ne peut plus ingénieux et équitable.

On ne saurait affirmer néanmoins que cette combinaison soit de très longue durée et que la gentry jouisse indéfiniment du dernier privilège qui lui a été laissé. L'Angleterre semble décidément orientée vers la démocratie et tout porte à croire qu'elle ne restera pas longtemps à moitié chemin.

La Chambre des Lords sera-t-elle longtemps encore en état de braver les attaques que son attitude lui attire? Les juges de paix continueront-ils à se recruter exclusivement dans une certaine classe sociale et à représenter un seul parti politique? C'est au moins douteux. Sur ce dernier point, nous savons déjà que la loi de 1894, en attribuant *ex officio* le titre de magistrate aux présidents des conseils de districts, a déjà rendu moins exclusive la composition des membres du « county bench ». Cette concession n'a pas satisfait les radicaux qui continuent à diriger les critiques les plus vives contre ceux qu'ils nomment « *les grands non payés* » (great unpaids). Ils leur font deux reproches principaux. Tout d'abord les juges de paix appartiennent, pour la presque unanimité au parti conservateur ou tout au moins unioniste (1) ; ils s'inspire-

1. Le 5 mai 1894, M. Asquith, ministre de l'intérieur, a reconnu

raient en outre, dans l'exercice de leur droit de juridiction sommaire, d'un esprit de classe très caractérisé, réprimant impitoyablement le braconnage, la maraude et le vagabondage, statuant avec la plus grande indulgence sur les délits dirigés contre les personnes (1). Pour remédier à cette situation, certains libéraux modérés proposent d'enlever au Lord Lieutenant la seule attribution qu'il ait conservée, c'est-à-dire son droit de présenter au Lord Chancelier les candidats aux fonctions de juges de paix. Les radicaux sont allés jusqu'à proposer de confier aux conseils de comté la mission de désigner les magistrates, jusqu'au jour sans doute où ces derniers seront élus directement par le peuple.

devant les Communes que les juges de paix conservateurs étaient, par rapport aux juges de paix libéraux, comme neuf est à un. Dans cette même séance, la Chambre a pris une résolution, invitant le Lord Chancelier à user de son droit de nomination pour rétablir l'équilibre. Dans la séance de la Chambre des Lords du 5 juin, le Lord Chancelier a cité un comté dont la représentation est purement libérale et où l'on trouve 120 magistrates conservateurs, 21 libéraux unionistes et 3 libéraux. Aussi ce dignitaire a-t-il, en moins d'un an, nommé 401 Gladstoniens.

1. Chaque semaine le journal de M. Labouchère (Truth) imprime en regard, sur deux colonnes parallèles, les décisions les plus caractéristique des county benches : un tel a volé des navets dans un champ, un mois de prison ; un tel, en rentrant ivre chez lui, a battu sa femme et lui a cassé un bras, 21 heures de prison ou quelques shillings d'amende. Il faut toutefois reconnaître que la sévérité des juges de paix tend à s'adoucir. C'est peut-être une des explications qu'on peut donner à la diminution si extraordinaire du nombre des délits constatées en Angleterre par les statistiques.

CHAPITRE VII

RAPPORTS DES BOURGS ET DES COMTÉS.

I

Au point où nous sommes parvenus, nous pouvons nous faire une idée suffisamment nette du gouvernement local de l'Angleterre.

Nous avons étudié tout d'abord la paroisse. Cette molécule primitive, élément essentiel de toute société, nous est apparue groupée en un certain nombre d'unions en vue de l'administration de l'assistance publique, de l'évaluation et de la répartition des taxes et de quelques autre services moins importants.

A peine distinctes de ces premiers groupements, des agglomérations sans personnalité absolument propre, nous ont ensuite préparés, par une double gradation, à l'étude de la vie urbaine, tandis que les juges de paix, d'une part, le conseil, de comté de l'autre, gouvernaient l'ensemble du territoire où ces diverses autorités exercent leurs fonctions respectives.

Les lois de 1888 et de 1894 nous ont enfin montré, et nous

montreront encore avec plus de précision dans la suite de cet ouvrage, le conseil de comté maintenir entre ces corps locaux l'harmonie et l'unité de vues sous la surveillance et avec le concours du Local Government Board, tantôt en agissant directement, tantôt au moyen du droit de juridiction dont il est investi.

Les centres urbains, auxquels leur qualité de bourgs municipaux donne une individualité nettement tranchée, jouissent, nous le savons déjà, d'une indépendance plus ou moins grande relativement aux autorités qui administrent le territoire dans les limites duquel ils sont situés. Certains d'entre eux se suffisent presque à eux-mêmes, d'autres dépendent au contraire, dans une assez large mesure, des magistrates et du conseil de comté, suivant qu'il s'agit de la compétence administrative ou judiciaire. De cette dernière, il suffira de dire quelques mots.

Depuis la loi de 1888, qui a rajeuni sur ce point d'antiques coutumes, la grande majorité des bourgs possède une commission de paix distincte (1) ou, en d'autres termes un bench of magistrates. Le maire préside de droit le bench, dont il continue à faire partie un an après sa sortie de charge (2). Les autres justices sont nommés par le Lord-Chancelier. Nulle condition de fortune ne limite son choix. Il suffit que ces magistrats urbains résident dans le bourg ou dans un rayon de sept milles, et y occupent

1. Sur 303 bourgs municipaux 73 seulement n'ont pas de commission de paix distincte et 123 ont une commission de paix séparée sans cour de session trimestrielle.

2. Loi municipale de 1882, art. 155.

une maison, un magasin ou toute autre propriété (1). Ils exercent leurs fonctions gratuitement et, during good behaviour, c'est-à-dire tant qu'ils n'ont pas encouru de cause d'indignité ou d'incapacité. Ils ont, relativement aux délits commis dans le bourg et aux contestations qui s'y élèvent, la même juridiction et la même autorité que les juges de comté, sauf qu'ils ne peuvent siéger aux assises (2).

Les juges de comté conservent d'ailleurs le droit de siéger dans le bourg, faculté que pratiquement ils n'exercent jamais.

Dans plusieurs villes populeuses, le rôle judiciaire de ces magistrats municipaux est souvent réduit à néant, en tous cas fort simplifié, par la juridiction concurrente d'un légiste rétribué (stipendiary magistrate) choisi par le ministre de l'intérieur parmi les avocats pouvant justifier de sept années d'exercice (3). Dans cette hypothèse, les magistrates se renferment ordinairement dans leurs attributions administratives, au premier rang desquelles il faut placer l'octroi des licences.

Inutile de faire ressortir l'importance d'un tel pouvoir dans les centres populeux. Les juges de paix l'exercent chaque année au mois d'août dans une session connue sous le nom de « brewster session ».

Si le bourg a plus de dix magistrates, cette session est tenue par un comité nommé par eux et parmi eux ; s'il en compte un nombre inférieur, les nouvelles licences et le

1. Loi de 1882, art. 157
2. Loi de 1882, art. 158
3. Art. 161.

renouvellement des anciennes sont concédés par tout le bench. Dans le premier cas, les décisions sont soumises à tous les magistrates en session spéciale, dans le second, à un comité mixte où siègent trois justices du comté. Ces derniers reçoivent enfin les appels en sessions trimestrielles (1).

Grâce aux efforts des partisans de la tempérance cette attribution est généralement exercée avec une grande rigueur. Dans certaines villes, aucune licence n'a été concédée depuis vingt ou trente ans. Toute infraction dans la vente des consommations, dans l'ouverture ou la fermeture des établissements, est sévèrement réprimée.

Un peu plus du tiers des bourgs (2) possèdent, en sus d'une commission de paix, des quarter sessions propres. Ce privilège leur est concédé sur pétition et doit être précédé de la nomination d'un recorder, magistrat inamovible que cette dignité, en grande partie honorifique, oblige à siéger seulement quatre fois l'an.

L'obtention d'une cour de sessions trimestrielles implique la jouissance des juridictions criminelles et d'appel, ainsi que le fonctionnement d'un grand et petit jury (3).

1. Loi de 1882, art. 246; 35 et 36, Vict., chap. 91 (1872); 37 et 38, Vict., ch. 49 (1874).

2. Cent cinq. Leur nomenclature exclut plusieurs bourgs très importants, par exemple Sunderland (131000 h.) et West Ham (205,000 h.), elle comprend au contraire Sandwich (2800 h.), et Ludlow (4500 h.). *Wright and Hobhouse, Local Government*, p. 25.

3. Loi de 1882, art. 162 à 170.

II

Depuis la réforme introduite par la loi de 1888 dans le gouvernement local, les rapports des bourgs avec l'autorité administrative du comté où ils sont situés, varient suivant qu'ils figurent dans l'une des catégories suivantes.

La première comprend tous les bourgs de plus de 50.000 habitants et dix-sept autres qui, sans atteindre ce chiffre, ont été, comme les premiers, qualifiés de « comtés-bourgs » (county-boroughs) soit au total, soixante-un (1). Une ordonnance provisoire, rendue après enquête, par le Local Government Board, sur la proposition du conseil de comté ou du conseil de bourg, peut ajouter, à la liste officielle, [illegible] bourgs dont la population s'élèverait, par la suite, au minimum qui vient d'être indiqué (2). Les bourgs en question sont presque entièrement assimilés aux conseils de comté. Ils reçoivent directement de l'Echiquier les contributions grâce auxquelles la loi de 1888 s'est proposé de venir en aide aux budgets locaux, et par conséquent, aux propriétaires fonciers. Leur indépendance n'est cependant pas absolue et, à quelques points de vue, ils font encore partie administrativement, du comté où ils sont situés géographiquement.

1. Loi de 1888, troisième cédule.
2. Loi de 1888, art. 54.

Il en est ainsi quant aux élections parlementaires, quant à la confection des listes de jurés et quant au service du jury. Si le county borough n'a pas de cour de sessions trimestrielles distinctes, il est sous la direction du coroner du comté, à l'élection duquel il contribue d'ailleurs, grâce à ses délégués qui forment un comité mixte avec les conseillers de comté.

Il contribue de même, en pareil cas, aux frais des assises, des petty et des quarter sessions. Sauf le cas, où antérieurement à 1888, le bourg constituait un county of town ou un county of city, il dépend enfin du sheriff du comté. Les deux conseils ont d'ailleurs toujours le droit de s'entendre pour unir leurs efforts et leurs ressources en vue d'un service commun. Il en est ainsi, très souvent, de la police et des asiles d'aliénés. Lorsque le conseil de comté pourvoit à un service auquel le bourg est intéressé, ce dernier y contribue naturellement. S'il y a dissentiment sur le chiffre de cette contribution, il est tranché par un arbitre choisi par les parties et, si celles-ci ne peuvent s'entendre, par le Local Government Board. La somme ainsi fixée est alors répartie et perçue par les autorités financières du bourg, sur l'ordonnance du trésorier du comté (1).

Cette première catégorie de villes mise à part, le surplus se répartit en trois classes.

Dans la première, figurent les bourgs dont la population oscille entre 10.000 et 50.000 habitants et qui possèdent une cour de sessions trimestrielles. Ces bourgs gar-

1. Loi de 1888, art. 31 à 35.

dent le droit de nommer un coroner et conservent l'administration des asiles d'aliénés. Ils dépendent du comté pour l'entretien des grandes routes (main roads).

Dans la seconde, rentrent les bourgs du paragraphe précédent qui n'ont pas de sessions trimestrielles. En l'absence de cette juridiction, le conseil de comté dispose du droit d'accorder les licences et autorisations qui dépendent ailleurs des juges de paix (1).

La troisième comprend enfin les bourgs qui comptent moins de 10,000 habitants et jouissent ou non d'une cour de session trimestrielle. Ces localités perdent une bonne part de leur individualité au profit du conseil de comté qui hérite de plusieurs attributions exercées jusque-là par le town council.

Ce corps perd notamment la direction d'une police distincte (2), l'administration des industrial et des reformatory schools, la nomination des coroners et des analystes, le droit d'appliquer les lois sur la conservation du poisson, les matières explosives, les épizooties, etc.

Il garde, bien entendu, sa qualité d'autorité sanitaire, mais ses pouvoirs ne diffèrent presque pas de ceux d'un conseil de district urbain, et désormais le conseil de comté pourvoit à un grand nombre de ses besoins et lève à cet effet les contributions nécessaires.

En vue de permettre au conseil municipal de défendre les intérêts financiers de ses habitants, la loi lui prescrit d'envoyer au conseil de comté un certain nombre de

1. Loi 1888, art. 35 à 38.
2. Il n'exerçait d'ailleurs jamais cette attribution.

délégués qui s'abstiennent de participer aux délibérations étrangères à la circonscription dont ils ont reçu mandat (1).

On le voit, l'acte de 1888 a eu pour résultat de fortifier l'autonomie des villes importantes et d'unir plus étroitement au comté les centres secondaires. En s'additionnant aux espèces créées par les lois précédentes et aux innombrables variétés nées d'actes locaux, les catégories de bourgs instituées par cette réforme ont achevé de communiquer un caractère de variété en quelque sorte indéfinie à la vie urbaine anglaise.

Inutile d'insister sur le contraste qui oppose cette richesse de formes, cette souplesse et cette élasticité d'organisations, à l'uniformité quelque peu rigide et monotone de notre régime municipal.

1. Loi de 1888, art. 38 et 39.

CHAPITRE VIII

LA POLICE DES COMTÉS ET DES BOURGS.

I

C'est seulement dans la première moitié de ce siècle que les anglais se sont préoccupés d'organiser leur police d'une manière régulière et efficace.

Le statut de Winchester (1) attribua aux juges de paix le droit de nommer des watchmen (gardes). Dans la suite, on constate que les habitants des diverses paroisses étaient en outre tenus, sur la désignation des magistrates réunis en special session, d'exercer les fonctions de constable à tour de rôle pendant un an.

Les yeomen et, plus tard, les fermiers, auxquels s'appliquait cette désignation, s'empressaient d'ordinaire de se donner un remplaçant. On conçoit sans peine tout ce qu'une telle organisation, ou plutôt une telle absence d'organisation, présentait de défectueux.

Le lighting and watching act de 1833 (2) y apporta

1. 13 Ed. I, st. v (1285).
2. 3 et 4. Guill. IV, ch. 90.

une réforme partielle. Aux termes de cette loi, les habitants des paroisses qui en avaient adopté les dispositions, devaient élire des inspecteurs chargés d'organiser et de diriger une police.

Deux ans plus tard, la loi municipale décida qu'une force suffisante au maintien de l'ordre, serait établie dans chaque bourg et entretenue par le conseil municipal, agissant par l'intermédiaire du watch committee. Les comtés bénéficièrent en 1839 (1) d'une disposition analogue. Leurs quarter sessions reçurent alors la faculté d'établir une police régulière dans leur ressort. Enfin, après deux autres lois et divers actes locaux, le town police clauses act (2) obligea tous les comtés à se munir d'un service de police soumis à certaines règles.

Les rédacteurs de cette loi y insérèrent une disposition destinée à donner plus d'efficacité à leurs prescriptions. La Trésorerie devait, sur le certificat d'un des principaux secrétaires d'État, attestant que la police de tel comté ou de tel bourg avait été efficacement maintenue et dirigée, solder le quart de la paye et des frais d'équipement des agents.

Jusqu'en 1888, les sessions trimestrielles eurent donc la disposition de la police dans leurs comtés respectifs.

On sait déjà que la loi votée à cette date, a enlevé ce pouvoir à l'assemblée générale des magistrates, pour le remettre à un comité mixte permanent composé, moitié de juges de paix, moitié de conseillers de comté : cette loi a

1. 2 et 3. Vict. ch. 93.
2. 19 et 20. Vict. ch. 69 (1856).

également modifié l'organisation de la police municipale. Il est donc nécessaire d'étudier immédiatement le fonctionnement de la police dans le comté et dans le bourg, sauf à réserver pour un chapitre spécial la police métropolitaine.

Dans la première de ces sphères administratives, le comté mixte édicte des règlements qui doivent être soumis au Parlement pendant six semaines et recevoir l'approbation du ministère de l'intérieur (1); il fixe le nombre des policemen, nomme, dirige, révoque le cas échéant, le constable en chef (chief constable), sous les ordres duquel est placé le reste du constabulary.

Deux ou plusieurs comités mixtes jouissent d'ailleurs de la faculté de s'entendre pour faire choix de la même personne (2). La désignation de ce fonctionnaire est, dans tous les cas, soumise au consentement du ministre de l'intérieur (3).

Le chief constable nomme les autres constables, sauf dissentiment du comité mixe, il les révoque sans contrôle. Ces agents doivent être assermentés, ils sont dispensés du service de la milice et du jury et n'ont pas le droit de remplir un autre emploi. S'ils négligent leurs devoirs, ils sont sujets à une amende de 5 livres, à laquelle peut être joint un mois de prison, avec ou sans travaux forcés (4).

En sus de leurs attributions ordinaires, le comité

1. 2 et 3 Vict., chap. 93, art. 3.

2. C'est le cas du Cumberland et du Wesmorland, de l'East et du West-Suffolk, du comté de Northampton et du Soke de Perterborough.

3. Loi de 1888, art. 9, 21, 25, 30.

4. 2 et 3 Vict., ch. 93, art. 12, 13, 16.

mixte, les sessions trimestrielles et le conseil de comté, ont le droit de leur imposer toute autre fonction connexe, notamment celle de pompiers (1).

Comme le besoin d'un service d'ordre ne se fait pas d'ordinaire également sentir sur tous les points d'un comté, par exemple, dans un centre ouvrier et dans une région purement agricole, il est loisible au comité de diviser son ressort en districts de police. S'il s'abstient de prendre cette mesure, et si quelques-uns des habitants estiment qu'elle ne saurait être différée sans inconvénient pour eux, ils ont la ressource d'adresser une pétition au secrétaire à l'intérieur, qui fait insérer cette réclamation dans la *Gazette de Londres*, et peut, un mois après, provoquer un ordre en conseil imposant cette division (2). Chacun des districts ainsi formés alimente seul certains chapitres du budget de police déterminés par le comité mixte, tels que la paye et l'habillement des hommes. Les autres sont à la charge de tout le comté.

Le conseil de comté pourvoit à la moitié de ces deux catégories de dépenses au moyen d'une contribution perçue sur la base de la taxe de comté. Le surplus du compte spécial de police est fourni par certaines contributions que le conseil de comté a le droit de percevoir, aux termes de la loi de 1888. L'application de ces ressources est néanmoins subordonnée à l'obtention d'un certificat d'efficacité (certificate of efficiency) du secrétaire à l'intérieur. Si ce ministère se refuse à constater le bon fonctionnement de la police dans tel comté, le con-

1. Loi de 1888, art. 9.

2. 19 et 20 Vict., ch. 69, art. 4 ; 20 Vict., ch. 2, art. 1.

seil compétent doit verser dans les caisses du Trésor les sommes destinées aux fonds de police (1).

Trois inspecteurs attachés au département le tiennent au courant et lui permettent d'exercer ce contrôle en connaissance de cause.

Un second fonds a été, en outre, établi dans chaque comté, en vue d'assurer des pensions au personnel des policemen, à l'aide des éléments suivants : un prélèvement de 2 1/2 0/0 au maximum sur la paye des constables, les suspensions de traitement et amendes subies par ces derniers, une partie des amendes infligées par les juges de paix exerçant leur juridiction sommaire, etc. Le déficit, s'il y en a un, est comblé par une allocation sur les 150.000 livres qui sont prélevées chaque année, depuis 1890, sur certains droits sur les bières et liqueurs alcooliques (2).

II

L'autorité du comité mixte s'étend, non-seulement au territoire administré et jugé par le conseil électif et les juges de paix commissionnés dont il est l'émanation, mais encore aux districts urbains ou ruraux et aux bourgs les moins importants. Ces diverses circonscriptions ne jouissent pas d'une police indépendante. Ce privilège appar-

1. Loi de 1888, art. 24, 25 et 68.

2. 53 et 54 Vict., ch. 45 et 60 ; 56 et 57 Vict., ch. 10 ; 57 et 58 Vict., ch. 51.

tient seulement aux municipalités de plus de dix ou de vingt mille habitants, suivant les cas.

L'idée commune qu'on retrouve dans toutes les lois générales sur la police, à commencer par la loi de 1840 (1), est qu'il est bon d'encourager la fusion de la police des bourgs et des comtés. L'acte en question autorisait les bourgs à placer leur police sous la direction du chief-constable du comté, l'acte de 1856 (2) décida que cette combinaison serait la condition des subventions de la Trésorerie, quand le bourg qui les recevrait compterait moins de 5.000 habitants et que toute convention conclue dans ce sens entre un comté et un bourg de population supérieure, devrait être soumise à l'assentiment du secrétaire à l'intérieur.

Depuis 1877 (3), les localités de moins de 20.000 habitants, auxquelles une charte est octroyée, n'ont pas le droit d'organiser une police distincte. Enfin, la loi du 18 août 1888 doubla le chiffre minimum établi sur la loi de 1856. Cinquante municipalités sont, à ce point de vue, privées de leur autonomie (4). Le conseil municipal de tous les autres bourgs a le droit de s'entendre avec le comité mixte du comité circonvoisin dans le but de contribuer à l'entretien d'une force commune, placée sous les ordres du chief constable de ce comté. Si cet accord ne

1. 3 et 4 Vict., ch. 88.

2. 19 et 20 Vict. ch. 69, art. 20.

3. 40 et 41 Vict., ch. 69.

4. La police distincte dont jouissaient des agglomérations urbaines sans charte ni attributions municipales en vertu, soit d'actes locaux, soit du lighting and watchimg act de 1833 leur a été retirée.

peut se conclure, le conseil municipal signale le fait au secrétaire à l'intérieur, lequel procède à une enquête, et provoque, s'il y a lieu, un ordre en conseil destiné à trancher le conflit. Lorsque les deux polices ont été ainsi unifiées, le retour à la situation antérieure a lieu immédiatement, par consentement mutuel, sauf l'agrément du ministre de l'intérieur, ou par une décision unilatérale qui ne produit son effet que six mois après notification à l'autre partie (1).

Dans les bourgs qui jouissent d'une police séparée, le comité de garde (watch committee) a la direction de ce service. Le maire en fait partie nécessairement et les membres du town council le composent dans la proportion d'un tiers au plus de leur nombre total (2). Ce maximum a été établi pour permettre au conseil tout entier de recevoir l'appel des constables suspendus ou révoqué par le comité. Jusqu'à la loi municipale ceux-ci n'avaient de recours que devant le ministre de l'intérieur.

Le watch committee fixe le nombre des policemen et leurs émoluments. Ces derniers sont tenus de prêter serment devant un juge ayant juridiction dans le bourg, ils agissent suivant les ordres des juges de paix ou conformément aux prescriptions des règlements édictés par le watch committee. Celui-ci peut toujours les suspendre et les révoquer; deux juges de paix ont aussi le droit de les suspendre (3). Les constables en défaut sont en outre

1. 3 et 4 Vict., ch. 88; 19 et 20 Vict., ch. 69.

2. Loi de 1882, art. 190.

3. Loi de 1882, art. 191.

passibles d'une amende de 40 shillings et d'un emprisonnement de dix jours au plus (1). Les outrages ou la rébellion dont ces agents pourraient être victimes, sont punis d'une amende qui peut aller jusqu'à cinq livres, sans préjudice des poursuites correctionnelles ou criminelles qu'un tel acte est susceptible d'entraîner (2).

Les dépenses de la police municipale sont alimentées, moitié par les contributions imposées aux habitants, moitié à l'aide d'une subvention distribuée par le conseil de comté. Là où, antérieurement à l'acte de 1882, une taxe spéciale était perçue en vue de la police, l'impôt en question porte le nom de watch rate, ailleurs il rentre dans la taxe de bourg ordinaire. Quant aux subventions pour lesquelles le conseil de comté sert d'intermédiaire, le chapitre consacré aux finances locales en traitera. Il est utile d'observer dès maintenant que le produit des droits destinés à être portés au compte de l'Échiquier et dont la police du bourg devait profiter, doit être retenu par le conseil de comté et appliqué par lui aux dépenses générales du comté, si le secrétaire à l'intérieur refuse d'accorder au bourg son certificat d'efficacité (3).

On a sans doute remarqué le rôle important joué dans l'administration de la police par l'autorité centrale représentée par le conseil privé et le secrétaire à l'intérieur. Ce dernier dispose pratiquement d'un pouvoir absolu, grâce à ses certificats d'efficacité dont les budgets des bourgs et des comtés ne sauraient se passer, sans danger

1. Loi de 1882, art. 191.
2. Loi de 1882, art. 195.
3. Loi de 1888, art. 25.

pour leur équilibre. Son consentement est, en outre, nécessaire à la détermination du nombre des agents, à la nomination du chief constable, à la validité des règlements et du tarif des droits et gratifications. En résumé, la police provinciale est très fortement rattachée au gouvernement.

En étudiant l'organisation de la police à Londres, nous verrons que la Métropole ne dispose sur ce point d'aucune autonomie et que le contrôle du ministre de l'intérieur s'y transforme en gestion directe (1).

1. En 1893, le personnel de la police, dans les bourgs et les comtés de l'Angleterre et du pays de Galles, se composait de 24.058 hommes ; à Londres, il s'élevait au chiffre de 15.930 hommes, y compris 994 policemen qui maintenaient l'ordre dans la Cité, soit un total de 39.988 auxquels il faut joindre 950 constables additionnels, commissionnés à la demande et entretenus aux frais de compagnies ou de particuliers. La proportion du nombre des constables à celui des autres habitants, telle qu'elle résulte du recensement de 1891, est ainsi de 1 pour 1005 environ. En cas de troubles ou de circonstances exceptionnelles, les juges de paix ont d'ailleurs le droit de nommer des constables spéciaux dont les fonctions cessent lorsque l'ordre est rétabli. Les dépenses de police ont atteint en 1893, le chiffre de 2.455.628 livres, pour les comtés et les bourgs, 1.623.758 livres pour la Métropole et 37.705 livres pour la cité (*Wright et Hobhouse, Local Government*, p. 55.

CHAPITRE IX

LES VOIES DE COMMUNICATION.

I

Tandis que de temps immémorial, l'entretien des ponts appartenait au comté, d'après le common law, l'obligation de réparer les chemins constituait une des charges de la paroisse. Cette expression paroisse ne désignait pas seulement la paroisse ecclésiastique, mais encore d'autres unités territoriales, villages ou hameaux, qui constituaient des highway parishes. En 1555 (1) un inspecteur des chemins (surveyor of highways) fut créé dans chacune de ces circonscriptions. Un acte de 1773 (2) qu'un statut de 1691 avait préparé, chargea les juges de paix, siégeant en session spéciale, de nommer ce fonctionnaire et de faire respecter l'obligation des paroisses.

Des prestations en nature, auxquelles pouvaient se substituer des contributions en argent, étaient imposées par le surveyor.

1. 2 et 3 Ph. et Mary, ch. 8.
2. 13 Geo III, ch. 78.

Lorsque les progrès réalisés, dans les deux derniers siècles, par l'industrie et le commerce, nécessitèrent un plus grand développement des moyens de communication, en faisant désirer des relations directes entre les points les plus éloignés du territoire, l'initiative privée s'offrit spontanément à satisfaire ce nouveau besoin. Des sociétés sollicitèrent du Parlement l'autorisation de tracer des routes, sur le parcours desquelles elles perçurent, à l'aide des barrières et de tourniquets (turnpikes), des péages destinés à rémunérer les capitaux engagés.

Il semblait naturel à cette époque de faire peser les dépenses de viabilité uniquement sur les voyageurs ; on ne s'éleva que plus tard à la conception que les dépenses de voirie profitent, non-seulement aux voyageurs et aux riverains, mais aussi à tous les habitants du pays.

Un statut de 1835 (1) vint perfectionner cette organisation rudimentaire. Dans chaque highway parish, le surveyor devait désormais être élu, tous les ans, par la vestry, soit parmi les possesseurs d'un revenu immobilier de 10 livres ou d'une fortune mobilière (personal estate) de 100 livres, soit parmi les occupants d'immeubles d'un revenu de 20 livres. Ce fonctionnaire était chargé, sous la surveillance des juges de paix, de l'entretien des routes, de la répartition et de la perception d'une taxe spéciale (highway rate), dont il fixait le montant, sur la base de la taxe des pauvres, sans pouvoir dépasser 2 shillings 6 pence par livre de valeur imposable.

1. 5 et 6 Guill. IV, ch. 50.

Ces obligations étaient sanctionnées par une amende de cinq livres au maximum.

Les paroisses étaient en outre autorisées à se réunir en districts, à la requête de leurs vestries, et avec l'assentiment de la session trimestrielle. Les juges de paix choisissaient un inspecteur de district (district surveyor), sur la présentation des paroisses intéressées. La vestry d'une paroisse de plus de cinq mille habitants disposait enfin de la faculté de nommer, à la majorité des deux tiers, un comité spécial (board for the repair of highways) de vingt membres.

De facultative, cette organisation devint obligatoire, du moins si les juges de paix le jugeaient nécessaire, aux termes d'un acte de 1862 (1) complété en 1864 (2).

Chaque paroisse élit désormais un ou plusieurs gardiens (waywardens), dont la réunion forme un conseil où figurent de droit les juges de paix du district. Ces boards forment une corporation, nomment les employés, et succèdent aux droits et obligations des inspecteurs des routes sauf en ce qui concerne la perception de la taxe, qui est toujours recouvrée, dans chaque paroisse, par les surveyors, sur l'ordre du board. Les rôles sont rendus exécutoires par deux juges de paix en petty session.

Les sessions trimestrielles jugent les appels intentés contre leurs décisions. A partir de 1862, 362 highway districts furent ainsi organisés en Angleterre et dans le nord du Pays de Galles : ils renfermaient 8.125 parois-

1. 25 et 26 Vict., ch. 61.
2. 27 et 28 Vict., ch. 101.

ses et 66.188 milles de routes. Le comté de Wilts, par exemple, adopta cette organisation en 1861 et divisa son territoire en dix-sept highway boards ruraux.

Pendant que cette importante réforme se préparait ou s'accomplissait, la loi sur la santé publique de 1848 avait confié aux commissions locales de santé l'entretien des routes et des chemins situés sur le territoire de cette autorité. La loi plus importante encore de 1875 avait transmis cette attribution aux districts sanitaires urbains. En 1878 (1), il fut enfin décidé que partout où les highway districts coïncideraient avec les districts sanitaires ruraux, ceux-ci absorberaient ceux-là.

Ces deux changements ne corrigeaient qu'une partie de ce système si compliqué.

A côté du réseau de chemins entretenus par les localités, figuraient toujours les vieilles turnpike roads exploitées par des bureaux de commissaires (boards of trustees ou commissioners), sous le contrôle des sessions trimestrielles. La concurrence des chemins de fer avait ruiné ces compagnies qui, dans la plupart des cas, pouvaient à peine couvrir leurs frais. Deux actes, l'un de 1841, l'autre de 1863, avaient même autorisé les sessions trimestrielles à gratifier les administrateurs de turnpike roads de subventions prélevées sur les highway rates. Aussi, lorsque leurs concessions expirèrent, nul n'en sollicita le renouvellement. La plupart des turnpike roads tombèrent donc à la charge des districts de route et surtout des paroisses. Faute de ressources suffisantes, elles furent naturellement

1. 41 et 42 Vict., ch. 77.

négligées. Pour remédier à cette situation fâcheuse, le même acte de 1878 décida que, dans tous les districts autres que les bourgs municipaux qui ne contribuaient pas à la taxe de comté, les routes affranchies de leurs tourniquets depuis le 3 décembre 1870, seraient mises pour moitié à la charge des highway authorities, le comté devant supporter l'autre moitié des frais d'entretien, et seraient qualifiées grandes routes (main roads). Cet acte attribuait enfin le contrôle général de la voirie aux juges de paix en sessions trimestrielles.

La loi de 1888 (1) transmit ce contrôle aux conseils de comté qui héritèrent également de l'entretien des grandes routes, à l'exception du parcours réclamé par les districts urbains intéressés, dans les douze mois qui suivirent la promulgation de la loi.

C'était là un réel progrès dans le sens de l'unification. Toutefois beaucoup restait encore à faire, et, au commencement de 1894, l'administration du réseau routier relevait d'au moins huit autorités différentes.

Pour se rendre exactement compte de la réforme opérée par la loi des conseils de paroisse, il est nécessaire de résumer l'état de chose auquel elle a été destinée à porter remède.

Au moment de son adoption, les routes du royaume pouvaient se classer ainsi (2) :

1° Les routes placées sous la direction du surveyor of

1. Art. 11.

2. J'emprunte le tableau suivant à l'excellent ouvrage de pratique : *Councillor's handbook by Herbert and Jenkins*, p. 52.

highways d'un highway district et entretenues à l'aide d'une taxe de grandes routes ;

2° Les routes comprises dans les limites d'un highway district, administré par un highway board, où figuraient les magistrates résidant dans le district et des waywardeers élus par les paroisses. Les dépenses, votées par ces autorités, étaient soldées à l'aide d'un fonds commun, auquel les paroisses du district contribuaient dans la proportion de leur valeur imposable (1) ;

3° Les routes administrées par un district sanitaire rural, où l'autorité sanitaire jouait le rôle du highway board et dont les dépenses figuraient dans le budget du district ;

4° Les routes administrées par un district sanitaire urbain et dont les dépenses étaient défrayées par la taxe générale de district ou une taxe générale de route ;

5° Quelques routes à tourniquet.

6° Les main roads, entretenus par les diverses autorités qui précèdent, à travers le territoire desquelles elles pas-

1. D'après le discours prononcé devant les Communes, en mars 1893, par M. Fowler, président du Local Government Board, pour exposer son projet, il y avait, à cette date, 362 highway districts, englobant environ 8000 highway parishes, et, en outre, 6477 highway parishes non comprises dans des districts urbains ou des highway districts. On en comptait 1017, à la fin de 1864, représentant plus de 20189 milles. En 1882, ces deux chiffres étaient descendus respectivement à 71 et à 2180. Le 1er janvier 1893, il n'y avait plus que deux compagnies, administrant 20 milles de routes et dont les pouvoirs expiraient en 1895 et 1896. *Wright and Hobhouse*, p. 49.

saient, et placées sous le contrôle direct des quater sessions du comté. Leurs dépenses étaient réparties entre les autorités susdites, le comté et la Trésorerie ;

7° Les parties des anciennes routes à tourniquet qui traversent des bourgs pourvus d'une session trimestrielle, et, à l'occasion desquelles l'autorité sanitaire recevait une contribution de la Trésorerie ;

8° Les routes du sud de la principauté de Galles et de l'île de Wight qui étaient soumises à un régime spécial (1).

Cette organisation si compliquée vient d'être heureusement modifiée de la manière suivante :

Il importe actuellement de distinguer, d'une part, les grands chemins (highways), de l'autre, les grandes routes (main roads) et les ponts.

En 1892, il y avait en Angleterre et dans le pays de Galles, 20,327 milles de grandes routes (main roads), c'est-à-dire de routes créées en 1878, à la place des routes à tourniquets. Elles sont confiées aux conseils de comté. Néanmoins le conseil d'un district urbain a le droit, dans

1. Dans les six comtés du sud de la principauté, les routes à tourniquet étaient administrées par des comités de routes de comté (county roads boards) et des comités de routes de district (district roads boards). Les uns et les autres furent supprimés. Les conseils de comté succédèrent aux premiers et des highway boards, composés de magistrates et de gardiens, aux seconds (Loi de 1888, art. 13). Tout péage demeura aboli à partir d'avril 1889. Dans l'île de Wight, le conseil de comté hérita pareillement des routes à tourniquet qui furent affranchies des péages. Toutefois les highways avaient coutume d'être entretenus par des commissaires spéciaux.

les douze mois qui suivent la création d'une grande route, d'en réclamer la charge.

Le conseil du comté doit alors contribuer à l'entretien de la route suivant une proportion qui, à défaut d'un arrangement entre les deux autorités, est déterminée par le Local Government Board. Le conseil de comté peut, en outre, ranger, dans la classe des grandes routes, tout grand chemin qui met en communication des centres importants ou qui aboutit à une gare de chemin de fer (1).

Cette autorité pourvoyait ainsi, en 1891, à l'entretien des deux tiers des main roads. Les ponts, autres que ceux des bourgs, lui sont aussi confiés.

Les 99,862 milles de grands chemins (highways) qui existaient en 1892, appartiennent actuellement aux conseils de district dont elles traversent le territoire. Les surveyors of highways, les waywardens et les highway boards sont supprimés. Leur disparition peut toutefois être différée de trois ans par les conseils de comté et le Local Government Board dispose de la faculté de prolonger ce délai.

Désormais, il n'y a donc plus d'administration spécialement chargée de la voirie. Ce service constitue une des attributions les plus importantes des nouvelles assemblées locales. Cette attribution se traduit dans la pratique par des pouvoirs fort étendus, minutieusement énumérés et destinés à leur permettre d'entretenir, de réparer, d'élargir les routes et chemins, de tout y disposer pour la plus grande commodité des voyageurs, d'en éloigner toute chose susceptible de les endommager.

1. Loi de 1888, art. 11.

Bornons-nous à signaler la faculté, dont disposent les autorités de voirie, d'extraire des pierres et des graviers des terres vaines et communes ou, en cas d'insuffisance, de s'attaquer à tout autre terrain de la paroisse, sauf quelques exceptions, au besoin en vertu d'une autorisation de juges de paix qui supplée au consentement du propriétaire (1). En prévision de tous ces détails d'administration, le conseil de comté édicte des règlements applicables aux voies de communications quelles qu'elles soient situés sur son territoire et sanctionnés par des amendes de deux livres au maximum recouvrables par la procédure sommaire. Ces règlements n'entrent en vigueur qu'après l'approbation du Local Government Board (2).

Pour faire face à cette obligation le conseil de comté a recours à la taxe de comté; le conseil de district fait appel au fonds commun auquel contribuent toutes les paroisses sur la base de la taxe des pauvres; enfin, le conseil de district urbain utilise la taxe générale de district. Cependant, si le conseil rural estime qu'il est équitable d'établir une distinction, à raison de certaines différences de situation ou de circonstances exceptionnelles, il peut, avec l'approbation du conseil de comté, diviser son district en deux ou plusieurs parties et faire supporter à chacune d'elles, une dépense de voirie inégale. De même, le conseil urbain perçoit une taxe de grande route séparée sur les portions de son district qui ne sont pas taxées, à raison de travaux de pavage, d'adduction d'eau et de

1. 5 et 6, Guill. IV, ch. 50 (1835), art. 51-55.

2. Highways and locomotives act. (1878), 41 et 42, Vict., ch. 77.

canalisation. Le conseil de comté peut d'ailleurs subventionner tout highway compris sur son territoire.

On a sans doute remarqué le caractère décentralisé de la partie de l'administration locale que je viens d'étudier. En confiant aux conseils récemment créés, la gestion des voies de communication, la loi a dû se préoccuper d'assurer le bon fonctionnement de ce service, en cas de négligence ou de mauvais vouloir des autorités compétentes. Elle s'en est remise sur ce point au pouvoir chargé de faire respecter la loi, et c'est la justice, mise en mouvement par tout intéressé, qui oblige le conseil en défaut à remplir son devoir.

Supposons une grande route en mauvais état, le premier venu peut adresser une plainte à un juge de paix. Celui-ci doit assigner le conseil de comté devant la prochaine petty session. Les juges de paix ajournent alors l'autorité devant une des sessions suivantes, et, dans l'intervalle, procèdent à une enquête sur l'état de la route. S'ils constatent le bien fondé de la réclamation, ils ordonnent au conseil de se mettre en règle, dans un délai déterminé, et, au besoin, font exécuter le travail à ses frais par des personnes désignées.

On peut toutefois prévoir le cas où l'autorité de voirie conteste l'obligation au respect de laquelle on prétend la rappeler (denies the liability). En pareille hypothèse, le débat est porté devant un jury, par une curieuse application de la procédure criminelle, en vertu d'un acte d'accusation (bill of indictment) (1).

1. Herbert and Jenkins : *Councillor's handbook.*, p. 152-153.

Lorsque le conseil négligent est un conseil de district (1), le conseil de comté, autorité supérieure, investie de pouvoirs de contrôle et de tutelle assez étendus, a le droit d'intervenir.

Il doit donc mettre en demeure le corps local en question de se conformer à ses obligations, et, si cette injonction n'est pas obéie dans le délai fixé, faire le nécessaire aux frais du conseil de district (2). Si ce dernier conteste la réalité de son obligation, il faut alors avoir recours à un jury par la procédure d'indictment. Le conseil de comté ne paye d'ailleurs la contribution annuelle à laquelle il est tenu au profit des districts urbains qui ont réclamé la possession d'une grande route, qu'autant que la conclusion du rapport de son surveyor ou de ses inspecteurs établit le bon état de cette voie de communication. Ce moyen de coercition, indirect, mais très efficace, complète l'unification d'un service dont la complication était si grande autrefois. Pour être tout à fait exact, il faut ajouter que le résultat le plus immédiat de cette réforme, d'ailleurs si heureuse, a été un accroissement de charges, incontestable, bien qu'il soit difficile d'en déterminer la proportion, à cause de la multiplicité et de la confusion des budgets établis auparavant par les diverses highway authorities. Avant 1888, les dépenses de la voirie, décidées, dans chaque localité, par les quelques gros contribuables entre lesquels elles se répartissaient aussitôt, s'opéraient très parcimonieusement. On reprochait, en

1. Jusqu'à l'application complète de la nouvelle organisation, il faut dire toute highway authority.

2. Loi de 1888, art. 11.

outre, à ces autorités d'exercer parfois leurs attributions dans leur intérêt exclusif. Certains surveyors ne se seraient occupés que des chemins susceptibles de desservir leurs terres, d'autres auraient trouvé le moyen d'épierrer leurs champs aux frais du district et de la paroisse et de leur céder, moyennant un prix élevé, les cailloux qui les encombraient, sous prétexte de macadamiser les routes. Depuis que le conseil de comté en a pris la direction, ce service s'accomplit, au contraire, avec un plus grand souci de l'intérêt public, mais aussi d'une manière plus minutieuse, partant plus coûteuse. Cette tendance ne fera probablement que s'accentuer lorsque l'état de chose que les dernières lois ont réformé, aura entièrement fait place à la nouvelle organisation.

CHAPITRE X

LA QUESTION AGRAIRE ET LES CORPS LOCAUX.

I

On peut caractériser d'un mot l'organisation agraire de la Grande Bretagne : dans ce pays, la terre n'appartient pas à ceux qui la cultivent, elle est au contraire exploitée, depuis plus d'un siècle, par un nombre assez restreint de fermiers, au profit de quelques milliers de personnes.

D'après le nouveau Domesday Book, publié en 1873, les 33 millions d'acres sur lesquels s'étend le territoire de l'Angleterre et du pays de Galles, étaient possédés en 1871, par 972.836 propriétaires. Ce total paraît respectable mais il faut en déduire, tout de suite, les biens des autorités publiques et des corporations, des propriétaires urbains, et de 703.289 personnes qui possèdent moins d'un acre, soit 1.449.008 acres pour les premières et 151,172 acres, seulement pour les troisièmes. On constate alors, en considérant toute la surface du Royaume Uni, que 30.680.421 acres sont aux mains de 2184 possesseurs parmi lesquels les 600 pairs détiennent à eux seuls un cinquième de cette contrée, et que « les deux tiers de l'Angleterre et du pays de Galles appartiennent à 10.207 personnes, les deux tiers de l'Ecosse à 330 personnes, les deux tiers de l'Irlande à 1942 personnes (1) ».

De fait, on ne rencontre presque nulle part en Angleterre un survivant de cette forte et libre race qui peuple nos campagnes. Le paysan, maître du domaine qu'il travaille de ses mains, soit à titre de fermier, soit, plus généralement, à titre de propriétaire, y est devenu un type si rare que les économistes vont l'observer chez lui comme un phénomène extraordinaire (2). On trouve, à sa place, le *labourer* qui vit, au jour le jour, à la merci d'une maladie, d'un accident, d'un changement de temps ou du mauvais vouloir de celui qui l'emploie. En d'autres termes, le régime du grand atelier existe chez nos voisins, dans l'industrie agricole, comme dans l'industrie manufacturière ; dans l'une et dans l'autre, l'ouvrier y est traité comme une marchandise ordinaire à laquelle s'applique, sans restriction, la loi de l'offre et de la demande.

Longtemps une telle situation a paru, non-seulement

1. Boutmy, *Développement de la Constitution Anglaise*, p. 213, Bateman, *Great Landowners*; Brodrick, *English land and landlords* IIe partie, ch. IV, Glasson VI, 296 et suiv., Cauwès, *Cours d'Economie Politique*, IV, 496 et s; Karl Marx. *Le Capital*, trad. Le Roy, 317-321 ; Laveleye : *La propriété et ses formes primitives*, p. 439 et s., J. Dumas : *Le problème foncier en Angleterre.* Ce dernier ouvrage contient un exposé aussi complet que possible de la question.

2. Dans l'île d'Axholme, petit district du Lincolnshire, par exemple : (Atudy of Small Holdings by W. Bear).

naturelle, mais en quelque sorte bienfaisante. L'agriculture était florissante, les fermiers s'enrichissaient rapidement, le révenu des terres augmentait sans cesse et leur valeur s'accroissait encore plus vite. Nul ne songeait à regarder au delà, à s'inquiéter de l'humble ouvrier, instrument de toutes ces richesses, et celui-ci n'avait pas davantage l'idée de se plaindre.

Cependant les mauvaises années survinrent, le progrès s'arrêta et fit bientôt place à la décadence; le malaise qui semblait passager devint chronique, enfin l'on constata que la crise agricole, qui sévit depuis une vingtaine d'années dans les divers pays de l'Europe, ne se manifestait nulle part avec plus d'intensité et sous un aspect aussi alarmant, qu'en Grande Bretagne. D'autre part, le labourer prit conscience de la situation misérable et précaire dans laquelle il était condamné à vivre, il commença à élever la voix. Des enquêtes révélèrent la misère de sa situation, des publicistes en étudièrent les causes. Son affranchissement politique, réalisé en 1884 et en 1885, parut devoir entrainer, comme corollaire nécessaire, son affranchissement social.

Les avantages d'une réforme qui ferait, de la plupart des journaliers ruraux, autant de petits patrons, prirent de plus en plus corps et apparurent, chaque jour davantage, à tous les esprits.

Les recherches dirigées par la Commission du Travail, (Labour Commission), que préside le duc de Devonshire, ont provoqué récemment la publication de nombreux et volumineux rapports sur l'état de l'agriculture et la condition du labourer. La conclusion de ces documents est plutôt optimiste. Ils sont pourtant remplis de faits d'une terrible éloquence : les labourers touchent des salaires très insuffisants dont ils sont généralement privés en cas de mauvais temps (1); ils habitent des cottages malsains, trop étroits et souvent en ruines (2); l'eau pure leur fait

1. D'après les renseignements qui m'ont été fournis par M. Green, secrétaire de la *Rural Labourers League* de Birmingham et auteur d'un remarquable ouvrage, récemment paru, sur les industries rurales de l'Angleterre, le salaire moyen d'un journalier varie de 12 à 14 schillings par semaine, dans le centre et le sud de l'Angleterre. Pendant l'hiver, ce chiffre tombe souvent à 8 schillings. Dans le nord du royaume, où d'ailleurs le paysan est beaucoup plus robuste, les labourers célibataires habitent d'ordinaire dans le même bâtiment que leur fermier et partagent sa nourriture. Ceux qui sont mariés reçoivent un supplément de salaire en nature, sous forme de lait, de pommes de terre, etc. D'après le rapport de M. W. Little, senior assistant agricultural commissioner, le total des salaires, gratifications, subventions en nature, atteint un maximum de 20 schillings dans le comté de Durham et de 11 dans le comté de Dorset, régions qui représentent le haut et le bas de l'échelle. Les ouvriers reçoivent un supplément à l'époque de la moisson, mais en revanche, ils cessent le plus souvent d'être payés, en cas de mauvais temps. La durée des heures de travail est de 8 h. 1/2 à 10 h. 1/2 pendant l'été, elle s'abaisse d'une heure en hiver et n'a plus de limites au moment du travail urgent (p. 13). Le loyer du logement représente environ un septième du salaire.

2. « La majorité des cottages des paroisses rurales manque de tout ce qui est exigé pour servir d'habitation à une famille chrétienne, dans un pays civilisé. La quantité de chambres n'est pas suffisante, le plus grand nombre de ces cottages n'en ayant qu'une seule, ils manquent de drainage, l'eau leur fait défaut... Ils sont dans la plupart des cas si lamentablement dégradés, qu'il serait

presque défaut partout, ils dépendent étroitement, même en matière de politique ou de religion, du landlord, de ses fermiers et de ses agents et peuvent se trouver, du jour au lendemain, sans travail et sans abri, leurs engagements se contractant à la semaine ou à la journée, et les cottages où ils habitent, étant la propriété de leurs employeurs (1). Aussi les jeunes gens actifs et intelligents

impossible de les réparer. Il est impossible d'exagérer les funestes effets d'un tel état de choses, à tous les points de vue physique, social, intellectuel. » Rapport de M. Fraser (assistant agricultural commissioner, p. 113). «... Un grand nombre de villages que j'ai visités sont une honte (disgrace) pour les propriétaires... La paroisse de Batcombe, par exemple, compte 23 cottages avec une seule chambre à coucher, et 5 de ces familles ont plus de 3 enfants. Dans les 42 paroisses des unions de Cerne et de Wimborne, 16 0/0 ont une seule chambre à coucher, 113 sont cependant occupés par des familles ayant plus de 3 enfants (Rapport de M. Stanhope, ass. agr. com sur le comté de Dorset où pourtant, dit-il, « de grandes améliorations ont été réalisées depuis 27 ans ».) « Le point le plus digne d'attention, est l'état infâme (infamous) des cottages. Dans la majorité des paroisses que j'ai visitées, ils tombent en ruine, manquent d'eau et de chambres à coucher, et sont uniformément mauvais. Deux des principaux propriétaires se sont lavés des reproches qu'on leur adressait au sujet de leurs cottages, en les démolissant sans les remplacer, et depuis, les labourers campent en plein air (herd in the open villages). Beaucoup sont une honte pour une contrée civilisée. Sur 62 cottages, 29 ont une seule chambre à coucher » (Rapport de M. Stanhope sur le hrospshire). Quantité d'autres témoignages aussi caractéristiques seraient à citer.

1. Certains landlords privent une grande partie des habitants d'un village de l'exercice de leur culte, en refusant de louer le terrain nécessaire à la construction d'une chapelle dissidente. Les

émigrent-ils tous dans les villes, où les attire le mirage des salaires élevés, des plaisirs convoités, des ambitions vagues et indéfinies. Il ne reste guère au village que les vieillards, les timides et les incapables (1). C'est une sélection à rebours. Ici, les bras manquent, là-bas, la quantité de travail offerte s'accroit démesurément; les salaires baissent, les loyers haussent et des milliers d'ouvriers sans emploi s'entassent dans des bouges déjà trop exigus. Un seul remède convient à un

lettres sur la « Vie dans nos villages », résultat d'une enquête faite par un rédacteur du Daily News, sont d'une lecture navrante. Elles sont remplies de faits réellement incroyables, qui n'ont jamais été démentis, et qui en disent long sur la misère et la dégradation du paysan anglais. Ce petit livre est pourtant rédigé avec une remarquable modération, il n'en est que plus éloquent. Pour s'en tenir aux documents officiels, voici quelques témoignages des rapports des assistant agricultural commissioners. « Les relations entre employeurs et employés sont caractérisées par une absence de cordialité et, très souvent, par une mutuelle suspicion. » Rapport de M. Chapman, cité par M. Little, p. 153. « Il y aurait une grande erreur à supposer la condition ordinaire des labourers satisfaisante. Il suffit de comparer leur budget et leur gain hebdomadaire pour constater que la grande majorité gagne juste de quoi vivre, et est incapable d'économiser en vue de la vieillesse et du chômage. Un grand nombre vit dans un état chronique de dette et d'anxiété, et dans la plus lamentable dépendance de la charité publique. Il leur est très difficile de se procurer du lait pour leurs enfants. Dans la plupart des districts, l'eau est insuffisante » (Rapport de M. Chapman, cité par M. Little, p. 157).

1. Wickham Tozer. *The depopulation of English Villages.* Rapport de M. W. Little, p. 8 et 9. *Life in our villages, passim.*

tel mal. La mutualité, la coopération, la réforme du système monétaire et des taxes locales constituent des palliatifs dérisoires ou tout au moins insuffisants. Inutile de parler de protection dans un pays qui est le marché du monde. Reste le remède qui consiste à attacher le paysan à la terre en l'en rendant maître.

Une telle réforme réaliserait un retour à un état de choses qui n'est pas très éloigné et qui fut pour les paysans anglais une ère de prospérité presque sans mélange. Jusque vers le commencement du siècle dernier, les campagnes d'Angleterre sont, en effet, peuplées de petits propriétaires, de tenanciers héréditaires et à vie, de fermiers à long bail, qui forment comme le noyau solide et sain des sujets du royaume et qu'un auteur du temps décrit en ces termes : « Ordinairement, ils vivent dans l'abondance, habitent de bonnes maisons et travaillent fort pour s'enrichir. Ils louent aussi la terre du seigneur, la cultivent avec soin et ainsi gagnent de l'argent. Alors ils achètent les biens des grands messieurs qui se ruinent, ils envoient leurs fils aux écoles, aux universités, au barreau et leur laissent assez de terres pour qu'ils deviennent des gentlemen (1). »

Ce sont ces Yeomen, qui « armés au-dedans de leur bonne conscience et au-dehors de leurs bras de fer, tenaient ferme dans les batailles et chargeaient furieusement l'ennemi »; ils avaient fait trembler la France pendant la guerre de cent ans et rendirent Cromwell

1. Harisson's description of England cité par Laveleye. *La propriété*, p. 410.

invincible. « Au XVIIe siècle, ils habitent des cottages construits sur le communal, souvent ils sont exempts de tout loyer. Chaque cottage a son petit enclos qui peut devenir un jardin ou un potager. Au-delà de la haie qui le borne, commence le communal. On peut y laisser vaquer une vache, un cochon, des poules... Lorsque commence le XVIIIe siècle, les salaires agricoles sont, absolument et relativement, beaucoup plus élevés qu'ils ne l'ont été antérieurement. L'usage du pain de froment est général. Le travailleur rural consomme du fromage et même de la viande. C'est son âge d'or (1). »

« Le déclin des yeomen commença avec la prépondérance de la Chambre des Communes qui s'établit de 1700 à 1750; il fut consommé par les grandes inventions mécaniques de la fin du XVIIIe siècle (2). » A partir de cette époque, mille influences de jour en jour plus puissantes pèsent sur le petit et le moyen cultivateur et le déterminent à vendre son bien. Il est attiré vers les villes par l'exemple de fortunes rapidement réalisées dans le commerce et l'industrie. La transformation persistante des labourages en pâturages, l'élévation du cens exigé des juges de paix et des candidats au Parlement, les lois sur la chasse rendent sa vie de plus en plus difficile. Autour de lui, ses riches voisins, désireux d'arrondir leur domaine, guettent ses moindres défaillances. La loi de primogéniture, un système savant de substitutions, imaginé du

1. Boutmy, p. 220; J. L. *Green the old Yeomen of England.*
2. Boutmy. *Développement de la constitution Anglaise*, p. 229.

temps de la guerre civile par deux légistes royalistes (1) et universellement adopté après la restauration, ne permettent pas aux *latifundia* de se désagréger.

Les frais énormes qu'entraine toute aliénation immobilière, quelle que soit son importance, concourent au même but. Enfin, les innombrables inclosure acts, votés de 1710 à 1843, par des Parlements composés de landlords, permettent aux seigneurs de manoirs d'enclore les communaux à leur profit exclusif et de priver ainsi tout un village d'indépendance et de bien-être. Entre 1760 et 1767, une simple clôture suffit à transformer 7.325.439 acres de communaux en propriétés privées.

Vers le milieu de ce siècle, l'œuvre d'expropriation était consommée. Ses funestes effets n'ont pas tardé à se faire sentir. Les représentants de la classe dirigeante ont bien vite reconnu l'immensité de l'abime, creusé par eux-mêmes, qui les séparait de la masse des prolétaires; la fragilité d'un ordre social au maintien duquel un si petit nombre de personnes est intéressé, leur est enfin apparue; ils se sont alors courageusement efforcé de réparer, du moins en partie, les conséquences de l'évolution dont leurs ancêtres avaient profité et dont les récentes réformes économiques et politiques avaient d'ailleurs détruit les principaux avantages qu'ils en retiraient jadis. C'est aux corps locaux qu'ils ont confié, à diverses reprises, l'accomplissement de cette œuvre réparatrice. Les lois de 1888 et de 1894 ont assuré le triomphe de ces idées, en

1. Palmer et Orlando Bridgman. Ce dernier devint Lord Chancelier sous les Stuarts.

conférant aux conseils de comtés, de district et de paroisses des pouvoirs extrêmement étendus. L'importance de ces attributions, l'influence que leur application est susceptible d'exercer sur l'évolution de la société britannique, excuseront, je l'espère, l'exposé qui vient d'être fait des données du problème à la solution duquel nos voisins travaillent en ce moment.

II

Deux mesures ont été prises récemment dans ce but : la première, généralisation de dispositions antérieures, en vue d'adoucir la condition de l'ouvrier des villes et des campagnes; la seconde, innovation beaucoup plus ambitieuse sinon aussi heureusement calculée, dans l'intention de reconstituer la classe des yeomen.

Une loi de 1819 (1) qui nous est déjà connue, le Sturge Bourne's act, complétée par divers actes subséquents, autorise les gardiens des pauvres à constituer, avec le consentement de la vestry, des lots de terrain, soit pour les faire cultiver par les indigents, soit pour les louer aux habitants pauvres et laborieux, moyennant une rente fixée par la vestry. Ils disposent de la faculté d'approprier à cet effet, les terres paroissiales et même d'en acheter aux propriétaires à concurrence de 20 acres. A partir de 1831 (2), ils ont le droit de prendre à ferme 50 acres au

1. 59, Geo III, ch. 12, art. 12 et 13.
2. 1 et 2 Guill. IV, ch. 42 et 59.

plus et, toujours dans le même but, d'enclore la même quantité de communaux, forêts ou terres vagues appartenant à la couronne.

Ces dispositions, qui étaient restées jusque-là à peu près lettre morte, furent reprises et rendues obligatoires en 1882, par M. Jesse Collings. L'allotments extension act (1) prescrit aux administrateurs des fonds affectés à des œuvres charitables, de louer par fractions, à raison d'un acre par personne, les terrains dont ils ont la charge, obligation à laquelle les administrateurs en question opposèrent une force de résistance passive invincible. Le 6 janvier 1886, un amendement à l'adresse, présenté par l'auteur de l'acte en question, et visant la réforme agraire, avait déterminé la chute du ministère Salisbury. L'année suivante, le Parlement adoptait un bill proposé sur cette question par le gouvernement. L'objet de cette loi (2) est d'attribuer aux ouvriers, des parcelles destinées à leur servir de supplément de salaire et à développer en eux le goût de la propriété. Les autorités sanitaires doivent, sur la demande écrite de six personnes, électeurs parlementaires ou contribuables, résidant dans le district, rechercher s'il est ou non possible à la classe ouvrière, d'obtenir des allotments raisonnables par arrangement amiable (3).

Dans la négative, ces autorités sont tenues de faire acquisition des terrains nécessaires et de les louer aux ouvriers à raison d'un acre au plus. Si ces acquisitions

1. 45 et 46 Vict, ch. 80.
2. Allotments act., 16 septembre 1887 (50 et 51, Vict, ch. 48).
3. Art. 1.

volontaires ne suffisent pas, les autorités sanitaires peuvent s'adresser à l'autorité du comté (le county council, depuis 1888) qui, par une ordonnance provisoire, oblige le cas échéant, les propriétaires à céder leurs terres. Cette ordonnance ne devient définitive qu'après l'adoption par le Parlement d'un bill introduit par le Local Government Board (1).

En cas de désaccord sur le taux de l'indemnité, le différend est soumis à un arbitre désigné par les parties, ou, si elles ne s'entendent pas sur ce choix, par le Local Government Board.

On le voit, l'application de cette loi était abandonnée au bon vouloir des conseils de districts dont les membres, presque tous des boutiquiers ou des fermiers élus au scrutin plural, étaient, ou franchement hostiles ou, tout au moins, peu favorables à la réforme. Il devint donc, presque immédiatement, nécessaire de sanctionner ces prescriptions en accordant un recours aux intéressés. L'acte de 1890 (2) y pourvut. Quand l'autorité sanitaire a laissé sans effet la demande à elle adressée par six contribuables ou électeurs, ceux-ci ont désormais le droit d'interjecter appel devant le conseil de comté, qui procède aussitôt à une enquête par l'intermédiaire d'un comité spécial. Si le résultat en est favorable, le conseil agit directement.

Pour qui connaît l'état de sujétion des ouvriers agricoles anglais, et les conditions dans lesquelles s'exerce leur travail, il est facile de comprendre avec quelle peine

1. Art. 2 et 3.
2. 53 et 54 Vict., ch. 65.

six d'entre eux se décidaient à braver le ressentiment des fermiers et des landlords qui les employaient et dont ils demandaient les terres aux autorités locales. Aussi l'opposition libérale avait-elle vainement tenté, en 1887 et en 1890, pendant les discussions au cours desquelles achevèrent de s'élaborer les deux lois votées successivement à chacune de ces dates, de rendre moins difficile l'exercice de ce droit de pétition (1). Tout en maintenant ce chiffre minimum, l'acte des conseils de paroisses s'est proposé de suppléer à l'initiative individuelle en accordant la même faculté aux parish councils. Ces assemblées peuvent donc désormais, concurremment à six électeurs ou contribuables résidents, demander aux conseils de district d'acquérir, par achat ou location, les terres nécessaires aux allotments. Si l'autorité en question n'accède pas à cette demande, le conseil de comté (2) procède à une enquête publique, sur l'appel des requérants; il convoque des témoins et peut les obliger à prêter serment et à déposer. L'enquête terminée, le conseil de comté accueille ou rejette l'appel. Dans les deux hypothèses, une voie de recours est ouverte aux intéressés devant le Local Government Board. Ce ministère statue, par une ordonnance provisoire, qui ne devient définitive en cas d'opposition, qu'a-

1. M. Bradlaugh, notamment, proposa le 16 août 1887 de substituer « personnes majeures » à « électeurs ou contribuables ». Le 6 mai 1890, sir W. Foster soutint un amendement aux termes duquel deux électeurs ou contribuables suffiraient.

2. Quand l'autorité sanitaire est le conseil d'un bourg-comté, le Local Government Board agit à la place du conseil de comté (Loi de 1888, art. 34, loi de 1891, art. 9.

près une enquête, suivie de la ratification du Parlement. Les terrains acquis grâce à l'intervention du county council, restent la propriété du parish council et sont administrés par lui. Les conditions de cette expropriation et, notamment, le chiffre de l'indemnité sont aussi réglées par un arbitre que les parties désignent elles-mêmes. En cas de dissentiment, le Local Government Board exerce ce choix à leur place (1).

Tant qu'il s'agit d'acheter, de gré ou de force, les terrains destinés aux allotments, les conseils paroissiaux jouent un rôle de postulant assez effacé. Ils prennent au contraire possession de la scène et interviennent activement, lorsqu'ils se proposent seulement de louer les terrains en question. C'était peut-être, dans cette hypothèse, que le droit des propriétaires et des fermiers demandait des garanties particulièrement efficaces. Un possesseur, qui se résignerait sans trop de peine, à se voir exproprier pour toujours, d'une partie de son domaine, se considèrera comme gravement lésé par une décision destinée à le priver momentanément de la jouissance de ses terres, sauf à les lui restituer entièrement ruinées, au bout d'un certain nombre d'années.

Les rédacteurs de la loi de 1891 ne se sont pas laissé toucher par cette considération, ils ont au contraire jugé que l'expropriation définitive est moins grave que l'expropriation temporaire et ont, dans ce dernier cas, investi les conseils de paroisse et de comté d'un pouvoir bien plus considérable.

1. Loi de 1891, art. 9.

Si la première de ces autorités ne peut obtenir à bail les terres qu'elle compte sous-louer sous forme de petits lots, le county concil a le droit de l'autoriser à en prendre possession, malgré la résistance du propriétaire, pour une période de 14 ans, au moins, et de 35 ans au plus. L'indemnité payable aux intéressés est alors déterminée par un arbitre choisi par les parties ou, en cas de désaccord, par le Local Government Board. Ce ministère confirme ou désapprouve, en dernier ressort, l'ordonnance du conseil de comté. L'approbation du Parlement, nécessaire dans toutes les autres hypothèses, n'est plus exigée dans celle-ci, innovation sur l'importance de laquelle il serait superflu d'insister (1).

Les possesseurs de parcs, jardins, lieux de plaisance, ne peuvent d'ailleurs être contraints à vendre et à louer aucune partie des biens en question.

On a sans doute été frappé des pouvoirs extrêmement étendus dont disposent les autorités locales sur tous les points qui viennent d'être étudiés. Les propriétaires fonciers ou leurs fermiers ne pouvaient pourtant pas être à la merci des paysans, plus ou moins laborieux et intelligents, destinés à détenir leurs terrains sous forme d'allotments. Les lois de 1889 et de 1890 les ont protégés par toute une série de dispositions minutieuses. Les conseils de district ont le droit d'édicter des règlements, avec l'approbation du Local Government Board, et de nommer des administrateurs ou allotments managers, choisis, soit dans leur sein, soit en dehors et dont ils déterminent les attri-

1. Loi de 1891, art. 10.

butions (1). Dans les paroisses rurales, les pouvoirs de ces managers passent au conseil paroissial si cette assemblée ou un sixième d'électeurs en fait la demande (2).

En principe, aucun allotment ne doit dépasser un acre. Cette superficie est susceptible d'être portée à quatre acres dont trois, au moins, en pâturage, si l'allotment est concédé par le conseil paroissial. Les prairies, prises à bail par cette autorité, ne peuvent être mises en culture sans le consentement écrit du propriétaire. Défense est faite aux occupants des allotments de les sous-louer. Ils sont autorisés à y construire un hangar, une serre, une cabane à outils ou une porcherie mais rien de plus. La loi leur concède le droit d'enlever en quittant les lieux tout ce qu'ils auront bâti ou planté.

Pour ce qui a trait au loyer et aux indemnités exigées, comme aussi aux impôts dus, le conseil de paroisse est censé être l'occupant et tenu à toutes ses obligations. Il peut d'ailleurs exiger du preneur, paiement préalable d'un quart de fermage et ne doit pas louer à un taux inférieur à la somme destinée à couvrir toute perte éventuelle. Enfin, si le propriétaire des terrains divisés en allotments, établit devant le conseil de comté qu'il a réellement l'intention de les utiliser pour procéder à des travaux d'extraction de minerais ou pour tracer des routes en vue de travaux de cette nature, il a le droit d'en reprendre possession, après avoir notifié son intention au

1. Loi de 1887, art. 6 et 9.
2. Loi de 1894, art. 6.

conseil paroissial douze mois à l'avance, et avoir indemnisé l'occupant (1).

Si l'occupant reste plus de quarante jours sans payer son fermage, si pendant plus de trois mois il viole les règles qui lui ont été prescrites ou s'il réside à plus d'un mille de la paroisse dans les limites de laquelle est situé son allotment, l'autorité locale a le pouvoir, après sommations demeurées sans effet, de résilier le contrat.

Un arbitre détermine le montant des indemnités dues par l'une des parties à l'autre (2).

III

Le but visé par la loi du 27 juin 1892 (3) est la résurrection de la petite propriété en Angleterre. Cette tâche ardue a été confiée aux conseils de bourgs et de comté.

Les conseils achètent pour cela des terres qu'ils revendent, sous certaines conditions prescrites par la loi, aux cultivateurs désireux d'exploiter eux-mêmes un petit domaine. Ces autorités agissent par l'intermédiaire d'un comité qu'elles choisissent parmi leurs membres (4) et qui examine s'il convient d'intervenir dans tel cas particulier (5).

Le conseil dispose de la faculté d'acquérir des terrains

1. Loi de 1887, art. 7 et 8; loi de 1894, art. 10.

2. Loi de 1894, art. 10.

3. Small Holdings Act (55 et 56 Vict. ch. 31).

4. Cette disposition est facultative, quand il s'agit d'un conseil municipal.

5. Loi de 1892, art. 5.

destinés à constituer des small holdings (petites tenures). L'achat ne peut avoir lieu que de gré à gré (1). Depuis quelques années, les propriétaires ruraux sont si disposés à vendre leurs immeubles qu'il a semblé inutile d'édicter des mesures de compulsion. Lorsque, à raison de leur situation ou d'une autre circonstance, certains terrains présentent une valeur d'avenir qui élève leur prix de vente bien au-dessus du chiffre qu'indiquerait d'ailleurs leur rendement, le conseil est autorisé à les affermer dans le but de les sous-louer (2).

Tout électeur du comté a le droit d'adresser à cette assemblée une pétition établissant la nécessité de constituer des small holdings dans telle partie du comté. Le comité dont il a été parlé plus haut, examine cette demande et, s'il y a lieu, procède à une enquête dont il transmet le résultat au conseil. On lui adjoint, pour la circonstance, les conseillers et les aldermen qui résident dans la circonscription électorale où la pétition prétend que des small holdings sont désirés (3).

Une fois en possession de ses terrains, le conseil peut les enclore, les drainer, y dessiner des chemins et y élever des constructions ; il rédige des règlements en vue de résoudre les difficultés susceptibles de naître dans la pratique et de préciser les obligations des locataires (4). L'étendue des lots concédés varie de un à cinquante acres, maximum qui ne doit être dépassé que si le revenu

1. Loi 1892, article 1.
2. Loi de 1892, article 2.
3. Loi de 1892, article 5.
4. Loi de 1892, article 6.

annuel du bien n'excède pas cinquante livres. Plusieurs personnes peuvent s'organiser en syndicat pour acheter un ou plusieurs de ces lots et les exploiter de concert à des conditions qui doivent être approuvées par le conseil.

De sérieuses facilités de paiement, qu'on pourrait toutefois souhaiter encore plus grandes, sont accordées aux acheteurs. Un mois au plus tard après la conclusion de la vente, ceux-ci sont tenus de verser au moins un cinquième du prix. Un quart au plus de ce qui reste dû peut, si le conseil le décide, être représenté par une rente perpétuelle et rachetable. Le surplus doit être amorti, au moyen de paiements bisannuels, dans un délai maximum de cinquante ans. Le conseil néanmoins a le droit d'accorder un délai de cinq ans à tout paiement dû par l'acquéreur, en considération d'une dépense contractée par lui et susceptible d'accroître la valeur du holding (1).

Il arrive souvent que le locataire d'une petite ferme est désireux d'acheter le domaine qu'il cultive, mais que l'argent lui fait défaut. L'article 17 permet au County Council d'avancer à ce tenancier les quatre cinquièmes du prix. Cette avance sera gagée par la valeur de l'immeuble. Toutes les conditions auxquelles est subordonné le droit de celui qui reçoit directement un holding du conseil de comté, s'appliquent aux fermes dont cette autorité a transformé la possession en propriété (2).

Ces règles, qui révèlent l'intention bien arrêtée de la loi de ne favoriser que les paysans et de protéger le nou-

1. Art. 6.
2. Art. 17.

veau propriétaire contre sa propre imprévoyance, sont applicables jusqu'à complet paiement du prix et, en tout cas, pendant 20 ans. Les paiements périodiques doivent être versés régulièrement, le holding ne pourra être divisé, cédé, loué sans le consentement du conseil, il sera cultivé par le possesseur lui-même, et ne devra être utilisé qu'à la culture, il ne renfermera qu'une seule habitation où il est interdit de vendre des liqueurs enivrantes. Le conseil a même le droit de décider que nulle habitation n'y sera élevée sans son consentement. En cas de violation d'une de ces conditions, la mise en vente peut être provoquée par le conseil. Ce même droit lui appartient si le holding est menacé d'être divisé par suite de décès de propriétaire et à raison d'un testament ou d'un droit de succession (1).

Même quand le délai de 20 ans est expiré et le prix de vente entièrement soldé, le propriétaire ne devient pas encore maître absolu de son domaine.

S'il veut le consacrer à quelque objet étranger à la culture, un triple droit de présomption est susceptible d'être exercé successivement par le conseil, les propriétaires antérieurs du holding et les propriétaires voisins (2).

Si les personnes qui sollicitent le holding sont incapables de payer le prix aux conditions qui viennent d'être exposées, et dans le cas où il s'agit d'un domaine d'une contenance et d'un revenu inférieur à 15 acres ou à 15 livres, le conseil est autorisé à le louer. Cette facilité

1. Art. 9.
2. Art. 11.

devient évidemment une nécessité quand le conseil sous-loue des terres qu'il a prises à bail. Le locataire doit d'ailleurs se conformer *mutatis mutandis* aux règles qui lient le propriétaire. En se retirant, il a le droit d'emporter toute plantation et construction pour lesquelles il ne peut réclamer d'indemnité (1).

Il est permis au conseil de déléguer tout ou partie de ses pouvoirs à un comité où figurent deux conseillers ou représentants de la division électorale et deux membres du parish council de la paroisse où sont situés les holdings (2). Cette autorité dispose du pouvoir d'emprunter, notamment à la Trésorerie agissant par l'intermédiaire des Public Works Loans Commissioners, en vue d'exécuter la loi. Les sommes prêtées à cet effet seront remboursées, au plus tard, dans les cinquante ans, elles ne figureront pas au nombre des éléments de la dette du comté, dont le total, nous le savons déjà, ne peut excéder un dixième du revenu imposable (3).

La charge imposée à la taxe du comté par l'exécution de l'acte ne doit pas dépasser la proportion d'un penny par livre (4).

IV

Les diverses lois, dont je viens de donner l'analyse, fonctionnent déjà depuis quelques années. On peut donc se

1. Art. 4.
2. Art. 17.
3. Art. 19.
4. Art. 18.

demander quels ont été leurs résultats et comment l'opinion publique les apprécie en Angleterre.

Le Small Holding Act est resté sans aucun effet. Les journaliers que les rédacteurs de cette loi s'étaient proposé de transformer en propriétaires, ont semblé ignorer son existence (1). Le motif principal de cet échec est facile à déduire. Tout achat suppose un capital et les labourers en sont totalement dépourvus. Dans le cas même ou quelques-uns d'entre eux disposeraient de la somme qui représente le cinquième immédiatement exigible du prix d'achat, le fond de roulement et les avances indispensables à quiconque entreprend d'exploiter un domaine leur feraient vraisemblablement défaut. Le cultivateur anglais semble d'ailleurs animé dans une mesure très faible de cette passion qui attache d'un lien si puissant notre paysan à la terre qu'il laboure, et le conduit parfois même à la ruine en le poussant à des achats hors de proportion avec ses ressources. Les petits fermiers, dans les rares districts où il en existe encore, sont au contraire moins disposés que jamais à se fixer définitivement sur un domaine que les progrès de la crise agricole rendent de moins en moins productifs. On doit, par conséquent, blâmer la méfiance de la loi de 1892 à l'égard de

1. « Bien que le small holdings act soit en vigueur depuis le 1er octobre 1892, je n'ai pas connaissance d'un seul cas où ses dispositions aient été mises à profit. Dans la séance du 3 août 1893, M. Fowler a déclaré à la Chambre des communes que le Local Government Board n'avait pas encore reçu une seule demande d'autorisation en vue d'un emprunt destiné à mettre la loi à exécution » (*A. Study of small holdings by* W. E. Bear, p. 84).

la location des terrains dont elle n'autorise l'affermage que jusqu'à concurrence d'une contenance de 15 acres ou d'un revenu de 15 livres, et si l'individu qui les sollicite est incapable d'acquitter le cinquième de leur prix d'achat. Cette location devrait au contraire être encouragée, quitte à rendre possible la transformation du loyer en amortissement au moyen d'annuités réparties sur une très longue période.

Le système des allotments a au contraire donné les plus heureux résultats. Ce n'est pas que les autorités sanitaires et les conseils de comté aient eu souvent l'occasion de recourir aux pouvoirs de compulsion que leur attribue l'acte de 1887 (1). Mais les landlords ont conçu assez généralement l'idée d'allotir une partie de leur domaine au profit de leurs cottagers et les dispositions de cette loi ont contribué pour beaucoup à leur inspirer cette décision.

Là où ces tentatives ont été faites, les recettes des cabarets ont baissé et le bien-être des paysans s'est accru. On reproche il est vrai, à tort ou à raison, aux propriétaires et aux fermiers d'avoir concédé aux amateurs d'allotments des terrains de mauvaise qualité situés très loin du village, et d'exiger en échange, des fermages

1. Ces pouvoirs n'ont été à ma connaissance exercés qu'une seule fois; contre la comtesse de Rechberg dans le comté de Norfolk. L'obstination de cette noble dame lui a coûté 1000 livres, somme à laquelle sont montés les frais mis à sa charge. Il est vrai que le conseil de comté a dû débourser, pour le même objet, près de la moitié de cette somme.

En 1892, cinquante-six autorités sanitaires rurales et quatre excessifs (1). A supposer que ces affirmations ne soient pas exagérées, et que les risques courus par les propriétaires ne justifient pas en partie les faits qu'elles énoncent, les allotments n'en restent pas moins un palliatif bienfaisant.

Il faut se garder pourtant de leur attribuer une vertu qu'ils n'ont pas et de les considérer comme autre chose qu'un moyen d'acclimater chez les labourers les qualités de prévoyance du petit propriétaire rural, tout en améliorant quelque peu leur situation matérielle. Un ouvrier qui a travaillé dix heures consécutives, n'est guère disposé à bêcher son propre champ, à moins que la perspective de ce labeur supplémentaire ne l'ait engagé à ménager ses forces au détriment de son employeur. Les allotments ne constituent donc qu'un acheminement vers la petite propriété et le problème foncier attend toujours sa solution (2).

conseils de comté avaient acquis des terres pour les diviser en allotments soit un total de 1207 acres loués à 2891 personnes.

1. « Ils nous font la charité en doublant leurs revenus » disait à l'auteur des lettres sur « *La vie dans nos villages* », un paysan de Woodstock dans le comté d'Oxford (page 61). Au cours de la discussion qui a précédé le vote de la loi de 1887, il a été affirmé que, dans la plupart des paroisses où des allotments ont été concédés, leur prix de location s'est presque toujours élevé au double du taux ordinaire des fermages et lui a même été, dans certains cas, cinq ou six fois supérieur. Sir B. W. Foster a même cité une localité du comté de Derby où des allotments avaient été loués 10 livres l'acre, au lieu d'une livre.

2. En 1886 et 1890, le total des allotments de moins d'un acre

détachés des cottages s'élevait respectivement aux chiffres suivants, en Angleterre, dans le Pays de Galles et en Ecosse :

	1886	1890 Moins d'un quart d'acre	1890 Entre 1/4 et 1 acre	Totaux
Angleterre.....	348.872	310.698	130.326	441.024
Galles..........	4.949	6.932	630	7.562
Ecosse.........	3.974	5.291	1.128	6.149
Grande Bretagne	357.795	322.921	132.084	455.005

Celui des small holdings était en 1890.

	au dessous d'un are	De 1 à 5 acres inclusivement	De 5 à 20 acres	De 20 à 50 acres	Holdings moins de 50 acres occupés par le propriétaire
Angleterre	25.680	109.528	111.039	62.131	47.531
Galles.....	1.672	12.298	18.211	12.480	4.880
Ecosse....	1.300	22.359	22.122	10.612	3.329
	28.652	144.185	151.372	85.213	55.740

Return of Allotment and Small Holdings, 1890, p. VII.

CHAPITRE XI

INSTRUCTION PUBLIQUE.

Plus encore en Angleterre que dans les autres pays, le développement de l'enseignement primaire, les directions qui lui ont été successivement imprimées, les rivalités auxquelles ces réformes ont donné lieu, furent inspirés par des considérations religieuses. Jusqu'à la Réforme, tous les établissements d'instruction, depuis les universités jusqu'aux plus humbles écoles, sont rattachés à l'Eglise par les liens les plus directs et les plus étroits, la plupart n'étant qu'une dépendance des églises et des monastères. Après la ruine du catholicisme, si plusieurs statuts imposent au clergé l'obligation d'entretenir dans chaque paroisse une école, c'est qu'il importe que tous les fidèles sachent lire la Bible. Au commencement de ce siècle, l'impulsion subitement reçue par l'enseignement populaire est due surtout aux efforts concurrents des deux grands partis religieux qui divisent les Anglais en membres de l'église établie et en dissidents. L'État ne s'est décidé qu'assez tard à mettre la puissance dont il dispose au service de la formation intellectuelle des futurs citoyens, il l'a fait avec une timidité et une circonspection que justifient l'ardeur des diverses sectes dissidentes à dépouiller l'Église établie du privilège d'éducation auquel elle prétendait et la force de résistance déployée par celle-ci pour défendre ce qu'elle considérait comme son droit. En cette matière comme en beaucoup d'autres, le parlement britannique a procédé par expériences graduelles et facultatives. Quand après une longue période d'essais, il a entrepris une réforme sérieuse, ce n'a pas été par une mesure universelle mais seulement sous la forme d'interventions isolées destinées à suppléer l'initiative privée, en investissant les localités des pouvoirs nécessaires. C'est à ce titre que cette organisation rentre dans le cadre de l'administration locale.

Au commencement de ce siècle, deux associations puissantes, inspirées chacune par un principe opposé, travaillaient très activement à la diffusion du savoir dans les masses populaires. La première, fondée en 1808 par le quaker John Lancaster, sous le titre de *Société des écoles britanniques et étrangères*, se proposait de distribuer à tous les enfants sans distinction de culte, une instruction purement laïque. Sur le modèle de cette association, mais dans un autre esprit, le Dr Bell avait organisé, trois ans plus tard, la *Société Nationale* dont l'objet était d'élever la jeunesse conformément aux doctrines de l'Église Anglicane. Ces associations, qui exercent encore une action très puissante, toujours soutenues l'une par le clergé et l'aristocratie, l'autre par les non conformistes fonctionnèrent plus de vingt ans avant de recevoir un encouragement des pouvoirs publics.

Après un projet radical soutenu par Lord Brougham et dont une enquête de quatre ans avait précédé la discussion, projet qui ne visait rien moins qu'à la création d'une taxe spéciale destinée à l'entretien d'instituteurs pris obligatoirement dans le sein de l'église établie, le Parlement adopta une mesure infiniment plus modeste et vota en 1833 une subvention de 20,000 livres destinée à faciliter la construction de nouvelles écoles.

Ce subside fut distribué un peu au hasard jusqu'en 1839 où, en même temps qu'il était porté à 30,000 livres, un ordre en conseil, instituait un comité du Conseil Privé, dit d'éducation, chargé d'en vérifier l'emploi et sous les ordres duquel agissaient, à cette fin, des employés et des inspecteurs.

Trente ans, sous le contrôle de ce comité, les écoles des diverses confessions reçurent ces subventions après avoir justifié de l'accomplissement d'une double condition destinée à concilier les protestations de l'église établie et les exigences de ceux qui croyaient la conscience des enfants du peuple menacée par la plus légère ingérence des représentants du culte officiel. D'une part, tandis que les inspecteurs, chargés par le département d'éducation de surveiller les écoles dissidentes, devaient être des laïques, ceux des établissements subventionnés qui dépendaient de cette confession étaient soumis au contrôle d'ecclésiastiques anglicans dont la nomination était soumise à l'agrément de l'archevêque de Cantorbéry. D'autre part, ces inspecteurs n'avaient pas le droit d'intervenir dans l'administration intérieure des institutions de l'une et de l'autre catégories, ils devaient se borner à constater l'observation ou la violation des règles au maintien desquelles le bénéfice des subventions était subordonné, aux termes d'un règlement de 1853. Le chiffre de ces allocations variait avec le nombre des enfants qui justifiaient d'une assiduité scolaire de 176 jours par an. En 1861, le Comité d'éducation décida de contrôler l'instruction des enfants au moyen d'examens passés à un âge déterminé. Les épreuves portaient sur la lecture, l'écriture et l'arithmétique, et une partie des subventions était subordonnée aux succès de chacune d'elles. L'ensemble de ces prescriptions formait le code d'éducation.

Les résultats donnés par l'intervention de l'État en matière d'instruction populaire en avaient fait apparaître le caractère bienfaisant aux esprits les plus prévenus. Il était néanmoins incontestable qu'un grand progrès restait à réaliser. D'une déclaration de M. Forster, ministre de l'éducation en 1870 et auteur de la loi dont je vais parler, il résulte que 1.500.000 élèves seulement étaient à cette époque inscrits sur les registres des écoles inspectées, et qu'un nombre d'enfants au moins égal restait privé de toute instruction, principalement dans les centres manufacturiers. M. Forster ajoutait qu'une bonne partie des inscrits ne figurait à l'école que quelques jours par an. Une telle situation réclamait un système plus énergique et mieux conçu que les mesures indirectes et spéciales prises jusque-là. Une loi fut donc votée sur l'initiative du ministère Gladstone. L'état de chose qu'elle a établi en 1870 (1) subsiste encore en grande partie. Je

1. 33 et 34. Vict. ch. 75.

vais l'exposer en tenant compte des changements qu'il a subis presque chaque année depuis.

La principale de ces modifications résulte de la loi du 15 août 1876 (1). Jusqu'à cette époque, les school boards avaient le droit, par un règlement soumis à l'approbation préalable du Conseil Privé, de contraindre les parents à envoyer leurs enfants âgés de cinq à treize ans à une école primaire.

Les school boards qui usèrent de cette faculté — et plusieurs la négligèrent — le firent avec beaucoup de ménagements et de restrictions. Enfin, en 1876, le principe de l'obligation fut consacré. Désormais la législation scolaire a pour bases l'obligation entendue d'une façon absolue et la neutralité atténuée et comprise dans le sens que les parents sont seuls juges de l'éducation religieuse nécessaire à leurs enfants. L'application de ce double principe est confiée à des corps locaux qui agissent sous la surveillance d'un département ministériel, le comité d'éducation du Conseil Privé. Ce comité institué en 1837 et fortifié en 1853, se compose actuellement de divers membres *ex officio* présidés en théorie par le Vice-Président du Conseil qui est le vrai ministre de l'instruction publique et siège parfois dans le Cabinet.

Jusqu'à la loi Forster, les attributions de ce département se bornaient à l'administration des allocations votées par le Parlement. Depuis lors, son rôle s'est développé. On peut le résumer en disant qu'il est chargé de veiller à ce que les districts placés sous sa direction soient pourvus

1. 39 et 40 Vict., ch. 79.

d'une organisation scolaire suffisante et d'y tenir la main.

Il ne s'agissait nullement, en effet, dans la pensée des législateurs de 1870, de faire concurrence aux écoles privées mais seulement de mettre à la portée de tous les parents les moyens d'instruire leurs enfants sans les exposer à recevoir des idées inspirées par une religion autre que la leur. Partout où l'initiative privée suffit, et les habitants sont sous certaines conditions juges sur ce point, l'État ne doit pas intervenir. Partisans de l'Église établie et dissidents se sont accordés pour écarter cette ingérence de toutes les localités où des écoles confessionnelles existaient en nombre suffisant.

La législation scolaire anglaise diffère donc profondément de la nôtre par son principe. C'est ce qu'il ne faudra pas perdre de vue dans la suite de cet exposé.

Tout le territoire est divisé en districts scolaires entre lesquels sont réparties les diverses écoles élémentaires publiques du royaume (1).

Pour être publique et jouir des avantages attachés à cette qualité, une école élémentaire doit remplir les conditions suivantes : 1° admettre tous les enfants sans exiger leur présence à aucun exercice religieux et sans leur demander une rétribution de plus de 9 pence par semaine ; 2° rester ouverte constamment aux inspecteurs du dépar-

1. Le 1er avril 1893 il y avait 167 schools boards dans les bourgs municipaux et 2163 dans d'autres localités. Les premiers comptaient neuf millions d'habitants dans leur ressort et les seconds cinq et demi. A la même époque, des school attendance committees fonctionnaient dans les 131 autres bourgs, dans 72 districts sanitaires et dans toutes les unions dont aucune partie ne vivait

tement central ; 3° se soumettre enfin aux prescriptions du code publié par ce département.

Dans un grand nombre de localités, grâce à la générosité des partisans de l'enseignement libre, le ministère de l'éducation a pu s'abstenir complètement jusqu'en 1876 et, depuis lors, dans une mesure encore assez large. A partir de cette date (1), les prescriptions de la loi Forster sont maintenues par un comité dit d'assiduité scolaire (school attendance). Ce comité est nommé pour un an, dans les bourgs par le Town Council, dans les autres districts scolaires, par les gardiens de l'union à laquelle appartiennent les paroisses intéressées. Il se compose de six à douze membres. Comme son nom l'indique, il veille à ce que les parents envoient régulièrement leurs enfants aux écoles et promulgue des règlements dans ce sens. Il doit également adresser au Comité d'Education des rapports sur l'état de l'instruction dans le district dont il a la direction.

sous la juridiction d'un school board. Ils embrassaient une population de plus de 10 millions.

En 1892, le nombre des écoles libres du royaume (Londres excepté) était le suivant :

Anglicanes..................	11.580
Wesleyennes................	512
Catholiques..................	875
Société britannique, neutres..	1.294
	14.261

J'emprunte ces chiffres à l'intéressant manuel de pratique déjà cité : *Local Government and Taxation by Wright and Hobhouse*, p. 86.

1. 39 et 40 Vict. ch. 79.

Ces exposés sont contrôlés par des fonctionnaires spéciaux dits inspecteurs de rapports.

Dix contribuables, ou les personnes dont les biens représentent un tiers de la valeur imposable du district, disposent en outre de la faculté de contester les conclusions de ces documents et les décisions des inspecteurs. Sur cet appel le ministère procède à une enquête publique et indique ensuite le cas échéant ce que le district aurait à faire pour rendre sa condition satisfaisante dans le délai maximum de six mois (1).

Si ces observations sont sans effet, un comité scolaire (school board) est établi.

Un school board doit, en outre, être créé sur la réquisition des électeurs ou, s'il s'agit d'un bourg, du conseil municipal leur représentant. Partout ailleurs, c'est-à-dire dans les paroisses, le secrétaire des gardiens convoque les électeurs sur la réclamation de cinquante contribuables.

Si la proposition soumise à leur suffrage est repoussée, elle ne peut être proposée de nouveau avant un an (2). En outre, le département d'éducation a le droit de créer d'office un school board lorsqu'il acquiert la conviction que les directeurs d'une école élémentaire ne peuvent ou ne veulent plus l'entretenir et que la fermeture de cette école aurait pour conséquence de rendre insuffisants les moyens d'instruction dont dispose le district (3). Le nom-

1. Loi de 1870, art. 10.
2. Loi de 1870, art. 12.
3. Loi de 1870, art. 12.

bre des membres du school board varie en cinq et quinze (1), il est, en cas de besoin, modifié par le board lui-même, sauf approbation du Comité d'éducation. Ces membres sont éligibles pour trois ans. La seule condition exigée des candidats est l'âge de 21 ans. Plusieurs femmes sont nommées à chaque renouvellement. Le vote est secret et cumulatif. Chaque électeur, c'est-à-dire, dans les bourgs, les bourgeois, dans les paroisses, tout contribuable, dispose d'un nombre de voix égal à celui des membres à élire et peut les concentrer sur un seul nom, disposition établie en vue d'assurer la représentation des minorités religieuses (2).

S'il survient une vacance avant l'expiration de son mandat, le school board la remplit lui-même. Il peut prendre son président en dehors de ses membres. Le school board, ainsi constitué, est une personne morale jouissant du droit de posséder. C'est lui qui nomme et qui révoque non-seulement son trésorier et ses employés, mais encore les instituteurs (3). Il veille à l'entretien et à l'acquisition des locaux nécessaires, et peut même, à cet effet, contracter des emprunts, il édicte des règlements dont il peut confier l'exécution à des fonctionnaires spéciaux, il fixe notamment le tarif des rétributions scolaires, le tout sous la sanction du département central, il peut enfin déléguer tout ou en partie ses pouvoirs, sauf

1. Loi de 1870, art. 31.
2. Loi 1870, art. 29.
3. Loi de 1870, art. 30.

ceux des finances, à une commission d'au moins trois directeurs (1).

Voilà les autorités locales scolaires constituées, étudions maintenant leur action. Leur rôle, ne l'oublions pas, est de faire respecter les applications des deux principes d'obligation et de gratuité qui ont inspiré la législation anglaise. Il faut donc mesurer la portée de cette double règle.

Tout parent est tenu d'envoyer ses enfants à l'école, de cinq à treize ans, sans pouvoir invoquer d'autres excuses que les trois suivantes: 1° L'enfant reçoit d'une autre manière l'instruction suffisante ;

2° Il est malade ou retenu loin de l'école par une cause de force majeure ;

3° Il n'y a point d'école où l'enfant puisse aller à une distance inférieure à trois milles calculés sur le trajet le plus court (2).

Un enfant au-dessous de onze ans ne peut louer ses services qu'à la condition de figurer à l'école le temps voulu. Entre 11 et 14 ans il peut toutefois être dispensé de tout ou en partie de l'assiduité scolaire s'il a obtenu un certificat constatant, soit qu'il a acquis un certain degré d'instruction soit, s'il s'agit d'un enfant au-dessous de quatorze ans, qu'il a fréquenté annuellement l'école deux cent cinquante fois pendant cinq ans (3). Ces prescriptions sont sanctionnées par une amende qui ne doit

1. Loi de 1870, art. 15.
2. Loi de 1870, art. 74
3. 54 et 55, Vict. (1891), ch. 75, art. 18.

pas excéder cinq shillings par infraction (1). Voilà pour l'obligation. Passons maintenant à la neutralité.

Ici, il importe de distinguer entre les écoles publiques placées sous l'autorité d'un school board et celles administrées par un comité privé contrôlé par un comité d'assiduité scolaire.

Dans le second cas, nous le savons déjà, le ministère de l'instruction publique dispose de subventions qu'il n'accorde que s'il a constaté, par le témoignage de ses inspecteurs, l'observation des règles de son code annuel et surtout des trois clauses dites de conscience de la loi de 1870.

1° L'admission ou le maintien d'un enfant ne sera pas subordonné à sa présence à un exercice ni à son abstention du même exercice ;

2° Les inspecteurs du gouvernement n'auront à aucun degré le droit de s'occuper de l'enseignement religieux donné dans une de ces écoles non plus que d'interroger un élève sur une question religieuse;

3° Lorsqu'une instruction religieuse est donnée dans une école, tout élève doit pouvoir s'en abstenir sans perdre aucun des avantages qu'il aurait retirés de cette école. S'il est des parents qui soient dans d'autres sentiments l'enseignement religieux doit être donné à leurs enfants au commencement ou à la fin des heures de classe à des heures indiquées dans un horaire (time table) approuvé par le ministère et affiché dans la salle de classe.

Lorsqu'il s'agit d'une école placée sous la direction

1. Loi 1870, art. 74.

d'un school board, le principe de neutralité est plus sévèrement observé. Dans de tels établissements tout catéchisme ou formulaire religieux est rigoureusement proscrit (1). Cette disposition n'empêche pas d'ailleurs l'instituteur, malgré les protestations d'un parti qui s'intitule progressiste, de lire et d'expliquer la Bible, pourvu qu'il ne manifeste pas ses préférences pour une secte déterminée. Ainsi donc, dans les établissements qui dépendent d'un school board, neutralité complète ou du moins exclusive de toute notion confessionnelle; dans les écoles libres au contraire, neutralité mitigée ou plutôt enseignement religieux limité et restreint.

La raison de cette différence est des plus simples. Les écoles de la première catégorie tirent leurs principales ressources des taxes levées sur tous les contribuables, celles de la seconde des contributions volontaires; on n'a donc pas voulu obliger les fidèles d'une confession à entretenir à la fois les écoles inspirées par leurs idées religieuses et celles inspirées par des convictions tout opposées.

Ceci m'amène à parler des ressources des établissements d'enseignement primaire. Rien de particulier à dire sur les cotisations personnelles qui maintiennent en grande partie les écoles publiques libres. Le school board dispose de ressources propres qui entrent pour une très large part dans le fond scolaire à la composition duquel contribuent pour le surplus les rétributions des élèves, les subsides de l'Etat, les donations des particuliers et au

1. Loi de 1870, art. 14.

besoin les emprunts. Ces ressources ont pour base la taxe scolaire qui est prélevée dans les bourgs sur la taxe du bourg, dans les paroisses sur la taxe des pauvres et perçue dans les unions ou les districts au moyen de contributions payées par les différentes paroisses (1).

Les ressources communes aux établissements libres et officiels comprennent les rétributions des élèves et les subventions de la trésorerie. On sait que le premier de ces deux éléments ne doit pas dépasser neuf pence dans les écoles publiques. Le second a imposé en 1892 à l'Echiquier une charge de 4,817,915 livres (2).

Pendant les vingt ans qui suivent la mise à exécution de la loi Forster l'attribution des subsides du gouvernement dépendait exclusivement d'un examen annuel. La loi du 8 août 1891 (3) a décidé qu'une subvention de 10 schillings serait attribuée à toute école publique indistinctement, par enfant de 3 à 15 ans qui fréquenterait assidument ses cours, à la condition que le chiffre des rétributions que cette école exigeait de ses élèves serait réduit d'une valeur correspondante. Une telle réduction équivaut souvent à la gratuité complète.

Pour assurer l'observation de ces règles et des principes qui précèdent, le ministère entretient avec les auto-

1. Loi de 1870, art. 54; loi de 1876, 30, 33.

2. Cette même année les écoles ont reçu pour 827,879 livres de contributions volontaires, 1,294,332 livres de rétributions scolaires, 1,966,576 provenant des taxes scolaires et 402,322 provenant d'autres sources, soit au total 9,309,234 (Const. Year Book, p. 399).

3. 54 et 55 Vict. Ch. 56.

rités scolaires une correspondance active, il en exige chaque année des rapports détaillés et des renseignements statistiques (1), il s'adresse en outre directement aux comités administratifs des écoles et leur envoie des questionnaires et des formulaires. Ses inspecteurs lui signalent enfin toutes les irrégularités et les illégalités qu'ils ont constatées.

Ce contrôle, nous le savons déjà, est loin d'être théorique, il peut être au contraire sanctionné par des mesures très énergiques.

Si une école libre n'observe pas les prescriptions de la loi et les règles du code publié annuellement par le Comité d'éducation, celui-ci lui supprime la subvention dont elle était gratifiée.

Un school attendance committee néglige-t-il son rôle de surveillance, le ministère désigne des commissions chargées de le remplacer. Est-ce le school board qui ne remplit pas ses attributions ou qui viole la loi, le département d'éducation constate ce fait au moyen d'une enquête, dissout le board coupable et désigne une commission de cinq à quinze personnes pour agir à sa place. Les commisaires restent en fonctions tant qu'il plait au ministère, jusqu'à ce que la situation compromise ait été rétablie, le manquement auquel il fallait remédier, réparé, le nécessaire fait.

Toutefois les dépenses et les emprunts sont fixés par le Comité d'éducation qui, après avoir pris une aussi

1. Loi de 1870, art. 95.

grave décision doit en référer au Parlement par un rapport motivé (1).

Ce chapitre ne serait pas complet s'il ne consacrait quelques lignes à l'important sujet de l'enseignement technique et professionnel.

Depuis longtemps d'excellents esprits étaient frappés du caractère purement livresque de l'enseignement populaire et du peu d'influence exercée sur la direction de la vie par les quelques années passées à l'école primaire. Ils estimaient qu'à côté des notions théoriques reçues par les futurs artisans, commerçants ou agriculteurs, il convenait de faire une place à des notions pratiques, — dessin, langues étrangères, comptabilité, arts industriels — destinées à leur communiquer ce qui a longtemps manqué en Angleterre aux hommes et aux femmes du peuple; pour les unes les qualités d'une parfaite ménagère: pour les autres, la connaissance raisonnée de leur métier, le goût et le sentiment artistique.

Ces idées ont triomphé en 1889 (2). Aux termes d'une loi votée à cette époque et amendée en 1891 (3), les conseils de comté de bourg et de district sont autorisés à consacrer une partie des impôts dont ils disposent à organiser ou à subventionner l'enseignement des sciences dont la connaissance est utile au commerce ou à l'industrie et de leurs applications à des industries ou à des commerces spéciaux, sans cependant que cet enseignement puisse impliquer l'apprentissage d'une profession

1. Loi de 1890, art. 63-66.

2. Technical instruction act. 52 et 53 Vict chap. 76.

3. 54 et 55, ch. 4 et ch. 61.

ou d'un métier déterminé. Néanmoins les élèves peuvent recevoir une instruction manuelle, c'est-à-dire apprendre le maniement des outils, les principes de l'agriculture, la façon de travailler l'argile, le bois et les autres matières. Les établissements subventionnés doivent d'ailleurs observer toutes les règles de neutralité confessionnelle imposées aux écoles ordinaires (1).

Les dispositions qui précèdent étaient de nature à imposer aux autorités locales un surcroît de dépenses considérable. Le système des subventions distribuées par le budget central avait donc une nouvelle occasion de s'appliquer. Tel fut le but du Local Taxation (*Customs and Excise*) Act de 1890 (2).

Après avoir frappé la bière et les alcools de droits plus élevés, cette loi prélève sur le produit de ces impôts 300.000 livres destinées à constituer des retraites aux agents de police.

Le surplus doit être distribué entre les conseils de comté et de comté-bourg. Ces autorités peuvent consacrer tout ou partie de ces sommes au développement de l'instruction technique. En 1892, 734.000 livres furent distribuées dans cette intention par l'Échiquier. En 1893-94 le Lancashire a reçu 41.301 livres à lui seul. Si l'on joint à cette somme le produit des rétributions scolaires, on aura une idée des ressources vraiment énormes dont disposent les comtés.

Ces fonds sont d'ailleurs utilisés très judicieusement. Ils payent des cours et des leçons dont les objets sont

1. Loi de 1889, art. 1, 4 et 8.
2. 53 et 54 Vict ch. 60.

la géométrie, la chimie, la biologie, l'hygiène, le dessin linéaire, la musique et, dans un ordre d'idées plus pratiques, l'agriculture, l'horticulture, l'apiculture, la sculpture, les soins à donner aux animaux domestiques, la couture et la coupe des vêtements, l'art culinaire, etc.

Des prix et des bourses d'étude récompensent les élèves les plus studieux.

Dans chaque conseil un comité est spécialement chargé d'organiser, de diriger l'enseignement technique. J'ai sous les yeux plusieurs rapports émanés de ces comités. Ce sont des brochures volumineuses dont la lecture est on ne peut plus suggestive et montre quels progrès l'Angleterre a déjà réalisés dans la voie où elle s'est engagée depuis si peu de temps et quelle ardeur elle met à la parcourir.

Dans les grandes villes les écoles professionnelles sont souvent de véritables universités populaires de sciences appliquées. Qu'il me suffise de citer comme exemple l'admirable Mason College de Birmingham.

CHAPITRE XII

FINANCES LOCALES.

I

On trouve de très bonne heure en Angleterre, un système d'impôts correspondant à la triple division du pays en décuries, centuries et comtés (1). L'impôt des décanies ou des villes s'appelait tithing ou town ley. Il servait principalement à l'entretien de la viabilité, ainsi qu'au payement des nombreuses amendes dont le droit normand menaçait les localités, en vertu de la loi de solidarité qui unissait leurs habitants.

Le prévôt (provost, tithingman) était chargé de sa perception. Venait ensuite le hundred rate dont le but était le payement des amendes imposées à la centurie, l'entretien de sa cour judiciaire et celui de sa milice, la construction et la réparation des ponts. Enfin le county rate pourvoyait aux dépenses du comté : amendes, cour, prisons, milices, indemnités dues aux députés.

1. Glasson. *Hist. du droit et des institutions de l'Angleterre.* Vol. III, p. 111-111; Gneist, vol. I, p. 252.

La répartition de ces diverses charges s'opérait, dans l'unité inférieure, entre les hommes tenus aux services militaires et judiciaires, c'est-à-dire les francs tenanciers.

Entre les divers villages et décuries, cette fonction incombait au bailli. Sous Edouard Ier, le premier statut de Westminster décida que la répartition des amendes prononcées par les juges ambulants contre le comté tout entier serait désormais faite par les juges eux-mêmes et non plus par le sheriff.

« Bientôt, dit M. Glasson, on prit l'habitude de constituer des comités permanents de répartitions de l'impôt dans chaque commune. Un statut d'Édouard Ier édicté en 1297, généralise cette règle qui est complétée en 1306 par la création d'un jury de douze hommes pris dans chaque hundred et chargés de soumettre leurs évaluations au contrôle des répartiteurs du comté. » Dans les villes, les bourgeois étaient soumis à la double obligation traduite par cette expression « to pay scot to bear lot », le *lot* représentant les services personnels de diverses sortes exigés des habitants. Nous avons vu plus haut (1), comment aux XIIe et XIIIe siècles ils échappèrent aux exactions du sheriff, en obtenant de remplacer des prestations variables et arbitraires par une redevance ferme qu'ils répartissaient ensuite entre eux-mêmes.

En 1189, on constate pour la première fois l'existence de la taxe d'église qui était fixée et levée dans chaque paroisse par les marguilliers, conformément à la coutume locale. Jusqu'à la réforme de l'assistance publique, ce fut

1. Chapitre V.

la seule taxe paroissiale, elle fut, on le sait, rendue facultative en 1868, après de mémorables débats. Aujourd'hui les emprunts, auxquels elle servait de gage, ayant été presque tous amortis, cette mesure est devenue définitive et cet impôt n'est plus qu'un souvenir.

Lorsqu'à la suite de la Réforme, ce qui était en réalité le bien des pauvres, eut été attribué aux courtisans du roi, il devint nécessaire de pourvoir à l'entretien des indigents accoutumés à vivre aux dépens des monastères, des tenanciers ou des ouvriers que les nouveaux propriétaires des anciens domaines ecclésiastiques avaient cessé de traiter patriarcalement. Telle fut l'origine de la taxe des pauvres.

L'acte 43, chapitre II, d'Elisabeth (1601), chargea dans chaque paroisse les marguilliers auxquels furent adjoints des inspecteurs nommés par les justices of the peace, de fournir du travail aux personnes valides sans moyens d'existence et de lever sur les habitants une contribution payable chaque semaine, en vue de faire l'acquisition des matières premières destinées à être élaborées par les indigents, à subvenir aux besoins des infirmes, à payer les frais d'apprentissage des enfants nécessiteux (1). L'article 2 de cette loi concède aux magistrats le droit, quand une paroisse ne peut entretenir ses pauvres, de lever une taxe auxiliaire sur les autres paroisses comprises soit dans le même hundred, soit dans le même comté.

Les appels dirigés contre cet impôt doivent être portés devant les sessions trimestrielles. On verra plus loin

1. Art. 3.

quelle influence cette réforme a exercé sur l'assiette et la perception des taxes locales.

Cependant, déjà antérieurement à l'acte d'Elisabeth, à mesure que les relations sociales se développaient et faisaient naître de nouveaux besoins, le système financier se compliquait des taxes imaginées pour y subvenir. A partir de 1427, on trouve une taxe d'égoût dont l'imposition est soumise à certaines conditions précisées par un statut de 1532. Cette contribution a pris un caractère général en 1841.

Dans plusieurs villes importantes on édicte des taxes de pavage dans les environs de 1471. Quelques années plus tard, un acte pourvoit à l'entretien des chemins, à l'aide de prestations en nature fournies obligatoirement par les paroissiens. En 1530 et 1531 les justices reçoivent le pouvoir de lever des taxes destinées à l'entretien des ponts et à la construction des prisons (1). C'est là une consécration de l'autorité grandissante des magistrates. A partir de cette époque, la taxe du comté ne cesse de gagner en étendue, elle absorbe graduellement la taxe de hundred et diverses impositions moins importantes. En 1739, un acte de Georges III régularise cette œuvre d'unification et donne la taxe des pauvres pour base à la taxe de comté sur laquelle viennent se greffer, en 1802, la taxe de milice, en 1808 la taxe sur l'ensevelissement des morts (burial of the dead rate), en 1815 une taxe de prisons (gaol fees rate), en 1829 la taxe des salles du comté

1. *Political Qualerly Review.* Mars 1891. G H. Blunden. J'emprunte à cette intéressante étude la plupart des détails contenus dans la dernière partie de cet exposé historique.

(shire halls rate) et la taxe des asile d'aliénés (lunatic asylums rate), toutes contributions en apparence distinctes et en réalité confondues avec la taxe générale du comté. La taxe pour la construction des workhouses (workhouses building rate) en 1835, celle d'évaluation (survey and valuation rate) en 1836, furent également incorporées dans celle des pauvres.

Un acte de 1691 autorisa pour la première fois des taxes de routes qui devaient s'ajouter à la taxe des pauvres. Néanmoins l'ancienne organisation resta longtemps ce qu'elle était jusque-là, c'est-à-dire très rudimentaire (1). En 1773 les justices of the peace reçurent la mission de contraindre les paroisses à un respect plus exact de leur devoir, ainsi que le droit de lever une taxe spéciale à cet effet. M. Goschen, dans un rapport sur la taxation locale publié en 1870 (2), évalue le total donné en 1813 et en 1815 par cette imposition à 1,415,000 livres.

Pendant que le corps des justices of the peace s'enrichissait ainsi d'attributions nouvelles, les corporations des bourgs, que le Parlement tenait à bon droit en suspicion, restaient toujours enfermées dans la même étroite sphère d'action. Pendant les cent années qui précédèrent la grande réforme municipale, lorsqu'un besoin nouveau se faisait sentir, l'exécution et la direction des travaux publics destinés à y pourvoir étaient confiées, soit à un particulier, soit à une société payée, soit enfin à une autorité spécialement constituée qui dans ce dernier cas

1. Voir page 157-158.
2. Réimprimé en 1893, p. 8.

percevait parfois une contribution. Quand la loi de 1835 eut fait cesser une trop longue usurpation en rendant aux citoyens leurs droits, il devint nécessaire d'attribuer aux libres démocraties qui venaient de naître les ressources nécessaires à l'accomplissement de leur tâche.

Tel fut l'objet de la taxe de bourg. Le système se compléta enfin, lors de la création des circonscriptions sanitaires dans les districts ruraux, par un accroissement de la taxe des pauvres et, dans les districts urbains, au moyen d'une taxe de district perçue séparément mais sur la même base que la taxe des pauvres.

II

Avant d'aborder l'étude de l'organisation financière actuelle de l'Angleterre, et pour rendre plus intelligible l'exposé qui suit, je crois utile de dresser le tableau des sources de recettes dont disposent les divers corps locaux.

Recettes des diverses autorités locales pendant les années **1887-88, 1889-90, 1891-92 (1).**

	1887-1888	1889-1890	1891-1892
	L.	L.	L.
Impôts directs.	27.194.836	27.713.109	28.507.119
Subventions de la Trésorerie.	4.208.222	2.194.838	1.782.[illegible]33
Subventions du Local Govern Board faites à l'aide du compte des finances locales.	—	4.327.441	6.330.484
Peages, droits, redevances.	3.545.142	3.632.423	3.430.602
Revenus des propriétés foncières.	1.281.433	1.379.823	1.460.879
Produit des ventes de propriétés.	390.301	513.001	343.317
Honoraires, amendes, produit des licences.	1.105.439	1.173.318	1.232.646
Bénéfices réalisés par le service des eaux.	2.267.932	2.515.217	2.683.408
Du gaz.	3.495.437	3.867.416	4.207.000
Bénéfices donnés par les marchés, cimetières, bains, lavoirs, bibliothèques, musées, service d'incendies, asiles d'aliénés, hôpitaux, abattoirs, docks, ambarcadères, ports.	851.846	950.560	1.009.585
Paiements de travaux faits pour le compte des particuliers.	792.101	773.438	890.566
	46.368.165	50.237.862	53.337.213

De l'examen du tableau précédent, se dégagent deux faits, dont l'un est la conséquence de l'autre : le premier est la part considérable que supporte la propriété foncière dans les dépenses locales, le second est le chiffre élevé des subventions accordées, à titre obligatoire ou facultatif, par le budget de l'État à celui des localités.

Aux 28, 507, 119 livres prélevées en 1891, sur le revenu des propriétés par les taxes locales, il faut joindre, en effet, le bénéfice net réalisé par les municipalités

1. Annual Local Taxation Returns (1891), Part. VII. — Summary, page IV.

sur les services des eaux et du gaz, ainsi que sur les travaux d'amélioration exécutés pour le compte des particuliers. Ce bénéfice s'obtient en retranchant le total des dépenses de celui des recettes.

Soit pour le service des eaux.	1.700.903
Pour le service du gaz	842.511
Pour les travaux d'amélioration . . .	722.670
qu'il convient de joindre aux. . . .	28.507.119
énoncés plus haut. On obtient ainsi	———
pour les années 1891-1892.	31.783.243

La propriété foncière entre donc pour 61.08 0/0 dans le total des recettes (1), et, par la force des choses, cette proportion devient chaque année plus inégale.

C'est ainsi que, si l'on compare le total des taxes locales en 1891-1892, à celui obtenu en 1880-1881, soit 23.904.860, on constate une augmentation, au détriment de la propriété foncière, de 19.25 0/0. D'autre part, du rapprochement entre les évaluations faites en vertu de la loi des pauvres en 1880-1881 et 1891-1892, ressort une augmentation d'environ 9 0/0. Pendant que les impôts et taxes locales s'accroissaient en onze ans de 19.25 0/0, la valeur imposable de la propriété sur laquelle ils portent, s'élevait donc de 9 0/0 à peine. Remarquons d'ailleurs que ces chiffres ne donnent pas toute la vérité et que l'aggravation de charges subies par cette catégorie de contribuables est plus lourde encore qu'elle ne paraît.

1. En Ecosse et en Irlande, cette proportion s'élève de plus de 10 0/0.

Depuis quelques années, l'estimation des propriétés s'opère, en effet, beaucoup plus exactement. On procède à des réévaluations sévères et fréquentes auxquelles il faut attribuer tout le fruit de cette prétendue plus value.

Cette progression ne résulte pas seulement du relèvement incessant des charges ordinaires, il faut l'attribuer plus encore aux appels périodiquement faits au crédit public, surtout par les représentants des agglomérations urbaines. La somme des dettes locales, qui était en 1870-1871, de 92.810.000 figure, en 1891-1892 sous le chiffre de 207.524.093 s'élevant dans cette période de 123 0/0.

Tandis que le flot des impositions montait par brusques ressauts, gagnant sans cesse sur la valeur des biens fonciers jusqu'à menacer de les submerger entièrement, les produits des professions libérales et des entreprises commerciales ou industrielles doublaient presque, tout en continuant à ne fournir aux paroisses ou aux comtés qu'un contingent invariable très faible et très indirect. C'est ce qu'établit la comparaison des sections A et D de l'income tax en 1870-1871 et en 1890-1891.

SECTION A (*terres et maisons*).

Produit de 1871.............	Produit de 1891.
L. 142, 736, 057............	L. 177, 725, 059.

SECTION D (*bénéfices réalisés dans le commerce et les fonctions*).

Produit de 1871....... Produit de 1891-1892.
L. 189, 305, 247..... L. 306, 358, 198.

L'inégalité est donc évidente : la propriété immobilière alimente à peu près exclusivement les taxes locales qui ne demandent rien aux autres sources de production. L'impôt foncier ne forme, par contre, qu'une très faible partie des ressources de l'État (1). Créé en 1692, déclaré permanent en 1798, dans la treizième année du règne de Georges III (2), il a été rendu rachetable par l'acte 42, Georges III, chap. 116.

Là où cette faculté n'a pas été exercée, les cotes se sont perpétuées à l'ancien taux, de sorte que cette contribution est très inégalement répartie. Déduction faite de ce minime appoint, le budget général demande presque toutes ses ressources à l'income tax, aux douanes, contributions indirectes, timbres, revenu des domaines, bénéfices des postes et télégraphes, etc.

Il ne faut pas chercher à expliquer une organisation dont l'origine est historique. Soutiendra-t-on que les établissements de commerce et les manufactures ne profitent pas autant, sinon plus, que les immeubles urbains et ruraux, des progrès de l'hygiène et de l'instruction? Ne

1. 1.038.337 pour le Land Tax et 1.411.511 pour le house duty dans le budget de 1892-1893 (Constitutional Yearbook, 1891).

2. Chap. 5 et surtout 60.

sont-ils pas intéressés eux aussi au maintien de la police et des voies de communications? Grâce à ce système, un ouvrier qui gagne un salaire quotidien de quelques shillings, paye autant et peut-être plus d'impôts, s'il est père de famille et s'il habite un cottage, que son voisin le riche marchand qui, à l'abri de son étroit comptoir, réalise un bénéfice annuel de plusieurs milliers de livres. L'injustice d'une telle situation n'est-elle pas évidente? Il y a près de trois cents ans, alors que la fortune mobilière n'existait pas encore, cet état de chose était le seul possible. Plus tard, lorsque la gentry régnait en souveraine maîtresse sur le territoire rural, auquel appartenait alors la grande majorité de la population, elle ne croyait pas acheter trop cher le gouvernement absolu qu'elle exerçait, en en payant tous les frais. Depuis que cette primauté longtemps incontestée lui a été enlevée, elle a demandé à être déchargée, au moins en partie, de cette lourde charge que ne compense plus aucun privilège.

Dès 1846, le parlement a répondu à ses doléances en votant une subvention qui fut suivie de beaucoup d'autres. Je reviendrai dans un instant sur ce procédé, ses inconvénients et les modifications qu'il a récemment subies.

III

« Tout le monde sait, disait il y a une dizaine d'années M. Goschen dans un discours public, que la première des réformes nécessaires en matière de finances consisterait à unifier toutes les impositions, avec un seul avertissement pour toutes les contributions et une seule autorité pour les percevoir. » Et afin de montrer combien cet idéal était encore éloigné, M. Goschen se citait lui-même en exemple. « J'ai reçu quatre-vingt-sept avertissements pour un total d'environ 1100 livres. Une seule paroisse m'a envoyé douze papiers pour un total de douze shillings quatre pence... Le labyrinthe des finances impériales est donc la simplicité même comparée au chaos des finances locales » (1).

Depuis, la complication n'a guère diminué. Des nuées d'autorités grandes ou petites se révèlent au contribuable par l'émission d'une grêle d'imprimés destinés à lui rappeler ses devoirs à l'égard de l'administration des pauvres, du comté, du district, du bourg municipal, des comités scolaires, etc. Essayons pourtant de classer les éléments de ces chaos. La tâche est heureusement moins malaisée qu'elle ne paraît. Toutes les contributions sont en effet perçues sur une base unique et presque toutes sont payées à une seule autorité.

La taxe des pauvres a été la souche vivace sur laquelle sont venues se greffer, les unes après les autres, toutes les autres taxes, de la même façon, à peu près que chez nous les centimes additionnels font corps avec le principal de l'impôt.

Cet impôt fondamental frappe, aux termes de la loi d'Elisabeth, tout possesseur ou bénéficiaire de terres, habita-

1. Cité par Roland Phillips.

tions, dîmes, mines de charbon, bois en exploitation, proportionnellement au revenu de ses biens ».

L'acte d'Elisabeth atteignait donc tous les possesseurs, quelle que fût la nature des biens dont ils jouissaient. Toutefois, lorsqu'elles eurent à faire application de ce texte, les cours de justice en restreignirent l'effet à la propriété immobilière, eu égard aux difficultés que présentait l'évaluation des valeurs mobilières.

Les occupants (occupiers) supportent donc seuls le poids de la taxe des pauvres et des contributions auxquelles elle sert de base ou de cadre. Occuper un immeuble au sens fiscal, c'est en tirer parti directement. Une dérogation a été apportée à cette règle en 1869 (1), pour la commodité de la perception et aussi dans une arrière pensée démocratique.

Lorsque la valeur imposable d'un bien ne dépasse pas 20 livres dans la Métropole, 13 livres à Liverpool, 10 à Manchester ou à Birmingham et 8 dans les autres localités, le propriétaire a la faculté de conclure par écrit un arrangement avec les overseers. Il s'engage à payer régulièrement l'impôt pendant toute une année, à la place de ses locataires, même si sa maison n'est pas occupée. En échange la paroisse lui accorde une réduction du 25 0/0 au plus.

La vestry peut même ordonner d'office ce mode de perception, mais, en pareil cas, une réduction de 15 0/0 est accordée de plein droit, réduction qui est portée à

1. Collection act. 32 et 33. Vict., ch. 41.

30 0/0 si le propriétaire consent à payer l'impôt, que ses logements soient occupés ou non.

L'*occupier* a d'ailleurs la faculté d'acquitter personnellement la taxe des pauvres, il impute alors cette avance sur son loyer. Ses meubles répondent toujours du paiement de l'impôt.

Cette combinaison est connue en Angleterre sous le nom de compounding of the rates. Elle est assez généralement usitée. A Birmingham, plus de la moitié des contributions sont ainsi perçues et dans d'autres régions la proportion est encore plus forte. Le résultat le plus important de ce mode d'abonnement est de soustraire l'occupier à la déchéance de ses droits d'électeurs que pourraient lui faire encourir sa négligence à s'acquitter au moment du terme (1).

1. Le fameux problème de l'incidence des taxes locales a fait couler des flots d'encre de l'autre côté du détroit. Les propriétaires fonciers et les défenseurs de leur privilège affirment qu'ils sont obligés de déduire intégralement les contributions, des loyers ou des fermages. Leurs adversaires soutiennent, au contraire, que les propriétaires urbains ou ruraux disposent d'un véritable monopole qui leur permet de faire la loi au marché.

Comme c'est souvent le cas, les deux parties ont dans une certaine mesure raison l'une de l'autre. Il est évident que si l'on supprimait la taxe des pauvres, les taxes de comté, de bourg, etc., les immeubles augmenteraient partout subitement de valeur, ce qui prouve bien que ces charges fiscales pèsent, au moins en partie, sur les propriétaires.

D'un autre côté, ces derniers exercent en Angleterre leur droit dans des conditions toutes particulières. Les terrains de construction des grandes villes font l'objet de baux à très longs termes qui varient entre 30 et 99 ans. Londres notamment a été bâtie

En 1891-1892, la taxe des pauvres atteignait le chiffre à L. 7.798.109. Elle est perçue, dans chaque paroisse, par les inspecteurs des pauvres sous la direction du comité d'imposition (assessment) de l'union, désigné par le comité des gardiens qui pourvoit directement par ce moyen à certaines menues dépenses qui ont semblé trop peu importantes pour faire l'objet d'une contribution spéciale. C'est ainsi que se soldent les frais de vaccination et d'enregistrement des actes de l'état civil, ceux auxquels donne lieu l'évaluation des biens imposables, l'élection des gardiens et les poursuites exercées contre les contribuables récalcitrants, enfin les dépenses des comités d'assiduité scolaire.

Les autres taxes locales peuvent se classer en deux catégories. La première comprend toutes celles qui sont

dans ces conditions. Un de ses plus beaux quartiers qui couvre un espace immense appartient tout entier au duc de Westminster dont il porte le nom patronymique (Grosvenor Square) et auquel il fera retour avant un demi-siècle avec toutes les constructions qui le recouvrent.

Toutes les fois que les taxes locales s'accroîtront au cours de cette longue période, le loyer dû par le locataire principal ne subira aucune réduction puisqu'il a été établi ainsi une fois pour toutes, et le propriétaire sera, en fait, complètement indemne.

Dans les campagnes, les cottages de chaque village appartiennent d'ordinaire à un seul ou tout au moins à très peu de propriétaires. Les labourers qui végètent au jour le jour d'un misérable salaire, vivent, en outre, dans un tel état de sujétion qu'ils sont en fait à la merci du landlord qui les loge et dont les fermiers les emploient, ou plutôt de ces derniers et de l'homme d'affaires du landlord.

perçues par les inspecteurs des pauvres sur le mandat (precept) des autorités chargées de les voter.

Ces fonctionnaires doivent obéir aux réquisitions des autorités chargées d'administrer les comtés, les bourgs, les districts sanitaires ruraux, les districts scolaires, etc.

Il faut placer en tête de la seconde la taxe générale de district.

Le produit de cette taxe s'est élevé en 1891-1892 à 3,365,813 livres dans les bourgs dont le conseil agit à titre d'autorité sanitaire, et à 2.245.527 l. dans les districts urbains. Rentrent également dans cette classe, la taxe des routes (excepté dans les highway districts), les taxes d'égoût, de drainage, de quai, là où elles existent.

Ce qui distingue ces dernières taxes des précédentes, c'est qu'elles sont perçues par l'intermédiaire de collecteurs spéciaux. Les unes et les autres reposent d'ailleurs sur une seule et même base primitive : la liste d'évaluation dressée dans chaque paroisse conformément aux règles qui vont suivre.

Les taxes locales sont imposées aux contribuables proportionnellement à un tant par livre de la valeur imposable. Par exemple la valeur imposable d'une paroisse étant de vingt mille livres, si la somme nécessaire pour faire face aux dépenses de la communauté s'élève à mille livres, la quotité égalera un shilling par livre.

La valeur imposable d'une propriété se détermine à l'aide de son revenu net, c'est-à-dire du loyer qu'on en retirerait si on la supposait affranchie de tout impôt, taxe, réparations, assurances (1).

1. 6 et 7 Guill. IV, chapitre 96, art. 1.

Depuis que la loi de 1846 a réparti la charge des indigents sur toutes les paroisses dont l'agglomération constitue chaque union, les frais d'assistance à domicile, le budget des workhouses et les autres dépenses alimentées par la taxe des pauvres sont soldées à l'aide d'un fonds commun auquel les diverses paroisses de l'union doivent contribuer proportionnellement à leur valeur imposable.

Deux circonscriptions, l'union et la paroisse, concourent donc à la perception de la taxe des pauvres, fondement des autres impositions locales.

Avant d'entrer dans l'examen de ce mécanisme compliqué, il est nécessaire de mettre en garde contre une confusion qu'on serait tenté de faire entre les gardiens (guardians) et les inspecteurs (overseers) des pauvres. Les premiers sont les membres des comités de l'union, les seconds sont des fonctionnaires élus chaque année par le conseil paroissial.

Dans chaque paroisse une liste d'évaluation est dressée et tenue au courant tous les ans par les inspecteurs des pauvres, elle indique la nature et la situation de chacun des biens soumis aux impôts, sa valeur brute et sa valeur imposable, les noms du propriétaire et de l'occupant. Après avoir été mise pendant quinze jours à la disposition du public, cette liste est transmise à un comité dit « d'assessment » composé de six à douze membres choisis par les gardiens des pauvres. Ce comité entend toutes les réclamations qui lui sont adressées pendant les trente-huit jours qui suivent celui de la publication, corrige en conséquence les listes s'il y a lieu et en envoie un exemplaire aux inspecteurs. Ceux-ci ont, dans le mois, concurremment à toute paroisse intéressée, ainsi qu'à toute personne lésée, un recours devant la session trimestrielle du comté ou du bourg qui comprend le plus grand nombre de paroisses de l'union (1).

Les inspecteurs établissent alors les rôles qui sont rendus exécutoires par ordonnance de deux magistrates. Le dimanche qui suit l'accomplissement de cette formalité la mise en recouvrement est annoncée par des affiches opposées à la porte des églises et chapelles de la paroisse. Les rôles ne peuvent alors être modifiés que par la commission d'assessment ou conformément à une décision judiciaire (2).

Des employés salariés (*collectors*) procèdent enfin à la perception sous la direction des inspecteurs (3). Cette dernière opération est d'ailleurs grandement facilitée par l'usage des chèques si répandus en Angleterre et surtout des mandats, délivrés gratuitement dans les bureaux de poste sur le vu de la sommation. En cas de non-payement le contribuable insolvable est cité devant deux juges de paix qui ordonnent la saisie de ses biens. Si la somme ainsi obtenue ne suffit pas, la contrainte par corps peut être ordonnée pour trois mois au plus (4).

Je vais maintenant entrer dans l'examen des ressources propres à chaque autorité.

1. 25 et 26. Vict. (1862), ch. 103, art. 32 et 34 ; 27 et 28. Vict. (1864), ch. 39, art. 1er.

2. Union assessment committee act. 1862, art. 18.

3. 7 et 8. Vict. chap. 101 (1844).

4. 43 Eliz. chap. 2, art. 3 ; 12 Vict. chap. 14, art. 3.

Ces ressources sont au nombre de quatre :

1° Les revenus des propriétés et établissement communs : marchés docks, bains et lavoirs, bibliothèques et musées, usines à gaz, salle de réunions, communaux, etc., etc. Dans les grandes villes ce chapitre a pris une importance qui croît de jour en jour.

2° Droit de péage et redevances (1).

3° Taxes.

4° Subventions provenant du budget général. Seuls les deux derniers points présentent de la difficulté.

Les conseils paroissiaux ont le droit de taxer les contribuables librement, jusqu'à concurrence de trois pence et, avec l'assentiment de l'assemblée paroissiale, dans les limites d'un maximum de 6 pence par livre de valeur imposable. Une fois les dépenses votées dans ces limites, le conseil adresse aux inspecteurs un mandat (precept) leur enjoignant d'avoir à lever en même temps que la taxe des pauvres et de la même façon, une contribution additionnelle.

La taxe de bourgs et celle de comté sont également levées par les inspecteurs.

Toutefois si, pour la confection des listes d'évaluation qui servent à répartir la taxe des pauvres entre les con-

1. Sauf quelques exceptions insignifiantes, il n'existe pas de droits d'octroi en Angleterre et dans le pays de Galles. Les redevances importantes dont la Cité de Londres frappait le charbon et le vin ont été supprimées en 1889. Toutefois les autorités de la Cité perçoivent encore sur les cargaisons de grains entrées dans le port de Londres un droit de 3/6 p. par quintal qui a donné en 1890 un produit de 18.634 livres.

tribuables de l'union, la loi pouvait s'en remettre aux représentants de cette collectivité, elle devait témoigner plus de méfiance quand il s'agit de déterminer les bases du contingent que les circonscriptions supérieures réclament aux unions et aux paroisses. Dans ce but, une nouvelle liste est dressée par le comité de finances, du conseil municipal ou de comté (1).

Ce comité contrôle les évaluations qui lui ont été transmises par le secrétaire de l'assessment committee (1) en s'aidant de tous les documents nécessaires, au besoin en s'éclairant du témoignage des inspecteurs des pauvres, percepteurs, collecteurs et de tout particulier susceptible de lui donner un renseignement utile. Toute personne citée qui refuse d'obéir aux réquisitions du comité, encourt une amende de 20 livres au maximum, laquelle peut être infligée par deux juges de paix. Au besoin cette enquête est complétée par une visite des propriétés soumises à l'impôt. En pratique, on emploie à peu près sans modification les estimations de la cédule A de l'income tax (revenu des terres et des maisons). Les évaluations ainsi obtenues sont adressées au conseil de paroisse. Les objections sont portées devant le comité de finance et définitivement tranchées par le conseil municipal ou de comté. Le conseil de paroisse dispose, concurremment à tout contribuable, d'un droit d'appel à la première session trimestrielle, spécialement dans le cas où la paroisse dont il s'agit aurait été lésée par une estimation faite au profit d'une autre paroisse.

1. 15 et 16, Vict. Chap. 18, art. 2 à 20.

2. Union assessment committee amendement, act. 1864, art. 9.

Les dépenses des districts sanitaires sont générales ou spéciales. On donne ce dernier qualificatif à celles qui sont contractées au profit d'une localité ou même d'un individu, par exemple à l'effet d'établir des égoûts ou des conduites d'eau ou encore de faciliter l'application à une paroisse des lois sur les allotments ou les logements ouvriers. On y pourvoit au moyen d'une taxe dite aussi spéciale et levée exclusivement sur les intéressés.

Les dépenses générales sont acquittées au moyen d'un fonds commun qui s'alimente, dans les districts ruraux, grâce aux versements effectués par les inspecteurs des pauvres sur la réquisition du conseil de district (1), et dans les districts urbains, grâce à la taxe générale de district levée par des collecteurs spéciaux (2) dépendant directement du conseil. Quand la somme réclamée à une autorité sous le titre de taxe spéciale est inférieure à 10 livres, elle est perçue de la même façon que la taxe générale.

Les subventions figurent, on le sait, pour une part très importante dans les ressources des localités. En 1891.

1. Loi de 1894, art. 29.

2. Loi sur la santé publique de 1875, art. 207-227.

Je rappelle que cette taxe générale existe également dans les bourgs municipaux où, on le sait, le conseil joue le rôle d'autorité sanitaire. Certaines propriétés qui ne retirent de cette taxe aucun bénéfice direct n'y contribuent que pour un quart de leur valeur imposable. Ce sont notamment les prairies, les terrains soumis à des servitudes de passage public, canaux, lignes ferrées, etc. Cette exemption est un des motifs de ce mode exceptionnel de perception.

1892 elles atteignaient un total de 8,112, 817 livres. Imaginées, il y a une cinquantaine d'années, dans le but avoué de soulager la propriété immobilière, dénoncées à diverses reprises par les chefs du parti libéral (1) comme une atteinte au self government, elles n'ont jamais cessé d'être défendues par l'ensemble des conservateurs auxquels s'adjoignaient pour la circonstance la plupart des propriétaires terriens de l'autre opinion. Les critiques dirigées contre elles paraissent néanmoins assez fondées.

Il est évident que toute dépense devrait être payée par celui qui en profite, et que faire retomber sur l'ensemble des contribuables une charge dont certains d'entre eux profitent seuls, c'est donner une prime à la prodigalité de ces derniers. Ce système a néanmoins été développé et consolidé par la loi de 1888 dont les auteurs ont voulu donner une certaine régularité à cette dérivation du budget général, en substituant à une ressource toujours quelque peu arbitraire, des revenus à base fixe et invariable s'élevant ou s'abaissant en même temps que le niveau de la fortune publique.

Les subventions qui, en 1888-89, atteignaient le chiffre de 4.790.860 sont descendues en 1891-1892 à l. 1.783.333. Elles ont été remplacées par des allocations sur certains chapitres de recettes qui sont, en premier lieu, le produit de diverses licences : débitants de liqueurs alcooliques et rafraichissantes, marchands de tabac, d'argenterie, commissaires priseurs, prêteurs sur gage, propriétaires de

1. Voir en particulier dans Hansard le compte-rendu de la séance du 23 mai 1881 et les importants discours de M. Gladstone et de M. Dodson le président du Local Government Board.

voitures, de chevaux, de chiens, d'armoiries, domestiques mâles (1), etc.

Si les ressources précédentes ne suffisent pas, on y joint les deux cinquièmes des droits perçus à l'occasion des testaments. La perception de ces divers droits appartient aux agents du trésor dits les *Commissioners of Inland Revenue* (2). Ces fonctionnaires en versent le produit à la Banque d'Angleterre au crédit d'un compte dit « de finances locales » dont les fonds sont distribués par les soins du Local Government Board de la façon suivante (3). Le produit des licences va aux autorités de chaque comté, selon la proportion perçue dans cette circonscription, pour être réparti entre les conseils de comté et les conseils municipaux, soit à l'amiable, soit, en cas de désaccord sur la décision du Local Government Board. Le produit des *probate duties* est partagé entre les comtés selon la proportion des subsides reçus par chacun d'eux, pendant l'année financière qui s'est terminée le 31 mars 1888.

En assignant ces revenus aux bourgs municipaux et aux comtés, le Parlement s'est bien gardé de leur en abandonner la libre disposition, il s'est au contraire préoc-

1. Loi de 1888, art. 20; première cédule.

2. Cette administration se compose d'un président, un vice-président et deux commissaires tous permanents et nommés par le premier lord de la Trésorerie, sous la direction et le contrôle desquels sont perçus les impôts qui ne rentrent pas dans les droits de douanes: impôt sur les propriétés bâties ou non, sur le revenu et, en outre, produit des droits de timbre et des licences.

3. Loi de 1888, art. 20 à 27.

cupé d'en déterminer strictement l'application dans l'ordre suivant :

I. — Le conseil de comté est tenu d'en verser le montant jusqu'à concurrence des sommes payées aux autorités dont voici l'énumération, pour l'année financière qui a précédé le vote de la loi de 1888 (1).

1° Les comités des gardiens, pour les appointements des instituteurs dans les écoles relevant de l'assistance publique, l'entretien des aliénés pauvres dans les asiles, etc. ;

2° Les conseils municipaux reçoivent autant de fois quatre shillings par semaine qu'ils comptent d'aliénés pauvres à leur charge, et en outre la moitié des dépenses contractées par eux, pour subvenir au paiement et à l'habillement de la police ;

3° Les autorités sanitaires, en contribution aux appointements des officiers médicaux et des inspecteurs sanitaires;

4° Vaccinateurs publics ;

5° Le conseil de comté, pour la police;

6° Receveur de la police métropolitaine pour l'entretien de cette police.

II. — La même autorité doit ensuite verser annuellement aux gardiens des unions des pauvres comprises dans les limites de son ressort, la somme que le Local Government Board a certifiée avoir été déboursée l'année financière antérieure à la loi de 1888, pour être consacrée aux appointements des fonctionnaires de cette union et des écoles de district auxquelles elle contribue.

1. Loi de 1888, art. 24.

III. — Les conseils de comté appliquent le surplus à leurs dépenses générales dont la principale concerne l'entretien des grandes routes. Le surplus, s'il y en a, est réparti entre les bourgs où siège une cour de sessions trimestrielles dans la proportion qui existe entre la valeur imposable de chacun d'eux et celle de l'ensemble du comté. Le cas échéant, une seconde répartition a lieu entre les bourgs qui, sans avoir de cour de sessions trimestrielles, jouissent d'une police séparée.

Sans insister sur la complexité peut-être nécessaire de ce système, il est permis de se demander pour quelle raison les réformateurs de l'administration du comté l'ont compliqué comme à plaisir en faisant percevoir par les fonctionnaires de l'Inland Revenue des impôts destinés aux autorités locales? N'aurait-il pas été plus pratique de confier cette perception à ces autorités elles-mêmes? Le motif donné dans la discussion n'est guère concluant; ce n'est pas en effet une attribution aussi simple qui aurait beaucoup surchargé l'inexpérience des nouveaux conseils.

III

On a pu remarquer les conditions de publicité dans lesquelles s'exerce la gestion des finances locales en Angleterre. Le public y dispose de moyens de surveillance et de contrôle extrêmement étendus qu'il ne considère pas du tout comme un droit inerte et théorique. Les appels intentés chaque année par les particuliers contre les décisions des autorités fiscales sont au contraire innombrables.

Chaque localité compte en effet plusieurs petits Hampdens décidés à plaider devant toutes les juridictions plutôt que de se laisser taxer au-dessus de leurs facultés. Un tel mode de révision ne saurait évidemment être suffisant, tous les contribuables n'étant pas des comptables et des jurisconsultes de profession, et personne n'ayant parfois un intérêt direct ou immédiat à agir. Aussi a-t-il été complété depuis longtemps grâce à l'intervention de fonctionnaires spéciaux.

Sous cet aspect de service public le contrôle financier fonctionne de deux manières bien différentes s'inspirant chacune de principes opposés, suivant qu'il s'exerce dans les bourgs municipaux ou dans les autres circonscriptions.

Dans les bourgs municipaux, règne encore à ce point de vue, l'autonomie la plus complète. Les comptes sont revisés par trois auditeurs électifs (elective auditors) dont deux choisis pour un an par les bourgeois, entre les personnes ayant qualité pour être conseillers et le troisième par le maire, entre les membres du conseil. Deux fois par an, dans le mois qui suit la clôture de ses comptes, le trésorier est tenu de les soumettre à ces fonctionnaires avec les pièces justificatives nécessaires (1).

Ce système qu'on pourrait appeler de *self control* présente un très sérieux inconvénient, il n'est ni assez sérieux, ni assez sévère. Sans doute, il est facile dans une ville de quelqu'importance, de trouver des contrôleurs au courant des règles de la comptabilité publique, néanmoins des agents spécialement préparés à une telle beso-

1. Loi municipale de 1882, art. 25 à 28.

gne et l'exerçant depuis des années comme un métier, offrent beaucoup plus de garanties de savoir technique. Mais ce n'est là que le petit côté de la question. L'expérience a prouvé que des personnages pris dans le milieu auquel appartiennent les autorités dont ils sont exposés à réviser les actes, imbus des mêmes idées, peut-être des mêmes préjugés, ne jouissent, ni de l'indépendance, ni de l'impartialité nécessaires à l'exercice de leur rôle. Je préfère de beaucoup le système de contrôle étroitement rattaché au pouvoir central, représenté par le Local Government Board, qui règne dans les autres localités.

Cette organisation remonte en 1834, date de la réorganisation de l'Assistance publique.

Auparavant, les magistrats du comté disposaient souverainement des ressources qui leur étaient confiées et exerçaient sur les autorités secondaires une surveillance forcément superficielle et illusoire. Après la réforme de 1834, les commissaires de la loi des pauvres chargés d'organiser le nouvel état de choses, nommèrent des auditeurs dans la plupart des unions.

Une loi de 1844 (1) régularisa et compléta cette première tentative en donnant au Board central le pouvoir de grouper plusieurs unions afin d'élire un auditeur chargé d'inspecter les comptes du district ainsi formés. Les juges de paix, qui avaient jusque-là gardé un droit de juridiction concurrente, se virent enlever ce privilège. A partir de 1868 (2), l'administration centrale nomma ces fonctionnaires qui, depuis 1870, furent payés par l'Etat.

1. 7 et 8 Vict., ch. 106, art. 46.

2. 31 et 32 Vict. ch. 122, art. 24.

Les auditeurs sont maintenant au nombre de trente-sept à chacun desquels est assigné un district spécial. Nous verrons plus loin que leur traitement fixe varie entre 500 et 1000 l. et peut être évalué en moyenne à 625 l.; il s'augmente, sous forme de vacation, des allocations faites par les localités au profit desquelles s'opère la revision (1). Ils vérifient deux fois par an les comptes des comités des gardiens et des comités scolaires les plus importants et une seule fois ceux des autorités sanitaires, des comités scolaires ordinaires, des conseils de comté et de paroisse, sans préjudice il est vrai, des vérifications extraordinaires. Avant chacune de ces visites, l'autorité, prévenue par l'auditeur, doit indiquer au public, au moins quatorze jours d'avance, par des annonces insérées dans les journaux, la date et le lieu de l'examen. Pendant ce laps de temps, les comptes et pièces justificatives, tels que livres, récépissés, chèques, talons, etc.. restent à la disposition des contribuables qui peuvent en prendre copie. L'auditeur vérifie les comptes, il requiert au besoin la production de tous les documents utiles et oblige toute personne à déposer.

Tout propriétaire ou contribuable à le droit de contester les comptes devant l'auditeur. Celui-ci doit refuser de ratifier tout payement illégal et le mettre à la charge de celui qui l'a fait, ordonné ou autorisé.

1. La loi sur la santé publique de 1875 art. 247, fixe le minimum de ces honoraires à deux guinées par jour; chaque autorité locale doit en outre fixer sur les comptes, des timbres d'une valeur proportionnée à ses dépenses. C'est ainsi que la Trésorerie récupère les frais des vérifications.

L'intéressé dispose concurremment d'un appel fort onéreux à la Cour du Banc de la Reine, et d'un recours gracieux et gratuit au Local Government Board qui a toujours la faculté de déclarer une dépense équitable bien qu'illégale et d'en décharger le contrevenant. Aussi cette voie de révision est-elle presque exclusivement pratiquée.

En 1887, le zèle excessif manifesté par la plupart des auditeurs dans l'accomplissement de leur tâche, a provoqué une loi qui a permis au Local Government Board de retirer à ses fonctionnaires le contrôle de certaines dépenses qui se reproduisaient toujours, bien qu'elles fussent illégales. Le Local Government Board a depuis largement usé de ce droit. Quatorze jours après l'apurement des comptes, l'auditeur en fait publier un extrait dans les journaux, par les soins du secrétaire de l'autorité locale intéressée (1).

IV.

Tout ce qui précède se rapporte aux ressources naturelles et normales dont disposent les corps locaux. Ce chapitre sur les finances communales anglaises ne serait pas complet si je n'en consacrais une partie à l'étude des charges extraordinaires qui se superposent trop souvent au fardeau des contributions annuelles et grèvent indéfiniment les générations futures, parfois au profit exclusif de la génération présente, je veux parler des emprunts.

1. Loi de 1875, art. 247.

J'ai déjà insisté sur l'énorme accroissement des dettes locales dont le total était en 1877 de 92.810.000 livres et s'est élevé en 1891-92 à 207.524.000 livres, pendant que la valeur de la propriété imposable restait en réalité stationnaire (1). L'application des lois sur l'enseignement obligatoire, la santé publique, les logements ouvriers, ont déterminé, en grande partie, cette progression qu'il faut imputer encore davantage à ce que l'on est convenu d'appeler le socialisme municipal.

Depuis une vingtaine d'années, les municipalités, non contentes d'entreprendre des travaux considérables d'amélioration et d'assainissement, se sont substituées presque partout à l'initiative privée pour assurer le bien-être des populations urbaines. Elles sont maintenant, en grande majorité, propriétaires, non-seulement des parcs, marchés, lavoirs publics, bibliothèques, mais encore des réservoirs et conduites d'eau, usines à gaz, lignes d'omnibus ou de bateaux, etc., jadis possédés par des particuliers. Birmingham offre une belle illustration de ce nouveau socialisme. En 1874 la corporation a racheté le monopole de la distribution des eaux en échange d'une rente annuelle de 54.491 livres. Les deux années suivantes, les usines à gaz furent l'objet de la même opération, moyennant 450.000 et 103.845 livres payées successivement aux deux compagnies intéressées. En 1875, plusieurs larges voies furent percées dans le quartier central, à cette époque la partie la plus irrégulière et la plus malsaine de la ville, en vertu des pouvoirs confiés aux municipalités par la loi des

1. Voir pages 219 et 249.

logements ouvriers et grâce à un emprunt de 1.600.000 livres au taux de 3 0/0. Les terrains expropriés ont été loués pour une période de 75 ans et feront, à l'expiration de ce délai, retour à la ville avec toutes les constructions qui y auront été élevées. En faisant adopter ce dernier projet, M. Chamberlain, à l'initiative duquel ces grands changements doivent être attribués, salua le jour où Birmingham serait la municipalité la plus riche du royaume. En attendant le moment de récolter le fruit de leurs efforts, les contribuables des centres purement urbains ont à faire face aux intérêts de 183.915.189 livres alors que le total des sommes empruntées par les autorités purement rurales ou mixtes, s'élèvent respectivement à 3.906.859 pour les premières et 13.393.410 pour les secondes.

Même en tenant compte de l'inégalité des ressources de ces deux classes d'autorité, la disproportion que révèle ces chiffres n'en est pas moins frappante. Il convient pourtant d'observer qu'une grande partie des sommes empruntées ne tombent pas, directement du moins, à la charge de la propriété imposable. La majorité des capitaux consacrés à la construction de quais, ports et docks, sont en effet rémunérés et amortis aux dépens des passagers. Les revenus des marchés publics, des eaux et du gaz, vont également aux souscripteurs des emprunts qui ont servi à installer ou à racheter ces services municipaux. C'est seulement en cas d'insuffisance que la corporation fait appel aux contribuables (1).

1. *Annual Taxation Returns. Summary* (1891-1892), p. IX.

Il nous reste maintenant à rechercher dans quelle mesure et sous quelles conditions les diverses autorités peuvent faire appel au crédit public.

1° Le consentement du conseil de comté et du Local Government Board est nécessaire au conseil de paroisse, en vue d'emprunter aux fins suivantes : achats de terres et de bâtiments, exécution d'une loi facultative, travaux d'utilité permanente. La limite extrême du remboursement est fixée à 60 ans et le total des sommes empruntées ne doit jamais dépasser la moitié d'une année de valeur imposable. Le conseil de comté peut librement, sous les réserves qui précèdent, prêter aux paroisses comprises sur son territoire les capitaux qui leur sont utiles. Il dispose même de la faculté d'emprunter à cet effet sans avoir besoin d'aucune autorisation (1).

2° Les districts sanitaires doivent recourir au Local Government Board qui détermine les conditions de chaque emprunt, les délais d'amortissement et le procédé au moyen duquel il devra s'accomplir, qu'il ait lieu sous la forme d'un remboursement par annuités ou par la création d'un fonds spécial.

En principe, il faut que le montant de chaque emprunt, joint à celui des emprunts précédents, ne dépasse pas deux années de valeur imposable et soit remboursé au plus tard après soixante ans (2). Au-dessus d'un an de valeur imposable, une enquête et un rapport des inspecteurs du Local Government Board doivent précéder la décision de celui-ci.

1. Loi de 1894, art 12.

2. Loi sur la santé publique de 1875, art. 233-237.

3° Les conseils de comté ont le droit d'emprunter dans le but d'acheter des terres et des bâtiments, de constituer des allotments et d'exécuter des travaux d'utilité publique jugés tels par le Local Government Board. L'approbation de ce ministère est toujours nécessaire. Si la somme que le Conseil se propose d'emprunter, ajoutée au total des autres emprunts, est supérieure au dixième de la valeur imposable du comté, l'emprunt ne peut être autorisé que par une ordonnance provisoire, valable seulement après confirmation du Parlement.

La limite maxima de l'amortissement est 30 ans (1).

4° L'article 72 de la loi 1888 a dépouillé la Trésorerie du contrôle des emprunts des bourgs municipaux, au profit du Local Government Board qui désormais, devient, encore à ce point de vue, la juridiction de tutelle de droit commun. Ce ministère fixe donc les conditions de l'émission et celles de l'amortissement, soit par termes, soit au moyen d'un fonds spécial, soit même des deux manières à la fois (2).

Les garanties que je viens d'énumérer semblent très sérieuses et l'on pourrait s'étonner des abus que les corps locaux, et surtout les municipalités, ont fait du crédit public, au point de provoquer, dans ces dernières années, un véritable soulèvement d'opinion (3). La faute en est au Parlement qui, après avoir édicté une règle sévère dans une loi générale, s'empresse d'y introduire, à la moindre

1. Loi de 1888, art. 69 et 70.

2. Loi municipale de 1882, art. 112.

3. Voir notamment dans l'*Edinburgh Review* d'Avril 1891, un article très documenté qui a fait un certain bruit à cette époque.

occasion et sans examen, des dérogations par un acte local au profit de tous les bourgs qui les sollicitent.

De telles faveurs ont été ainsi accordées pour les projets les plus hasardeux et les moins étudiés, souvent avec un délai d'amortissement d'une durée invraisemblable (1). Les municipalités préféraient supporter les frais considérables qu'entraîne la procédure des bills privés que de se soumettre au contrôle plus sévère d'agents techniques. Cette condescendance exagérée a, il est vrai déterminé une réaction sensible. Depuis plusieurs années le Local Government Board examine minutieusement les projets d'emprunt soumis au Parlement, il donne ensuite son avis qui pèse d'un grand poids sur la décision des deux chambres.

A partir de 1792, pendant la redoutable crise financière subie par l'Angleterre au cours des guerres de la République et de l'Empire, diverses lois autorisèrent le gouvernement à avancer des fonds aux localités pour leur permettre d'utiliser à des travaux publics les victimes du chômage. En 1817, un organe spécial le Public Works Loans Commission fut créé pour diriger ce service (2). Trois commissaires le composent, ils sont chargés d'examiner les demandes adressées par les autorités, l'opportunité et l'avantage des travaux projetés, la valeur du gage fourni, et, si cette enquête donne des résultats favorables, de consentir à un prêt dans les limites du maximum fixé chaque année par le Parlement.

1. Cent ans ont été accordés à Rochdale et 110 à Halifax pour se libérer.

2. 57, Geo III, ch. 34.

Les lois sur l'éducation primaire, la santé publique, les allotments, les logements ouvriers, ont donné une nouvelle extension à ce système. En général, l'intérêt est de 3 1/2 0/0 (1).

L'acte sur les logements ouvriers de 1890 (2) et celui sur les Small Holdings de 1892 (3) ont même fait bénéficier les emprunteurs de la baisse du taux de capitalisation en réduisant l'intérêt à 3 1/8 0/0. La différence entre le prix d'émission des emprunts faits par l'Etat, et celui des prêts consentis par lui aux localités, sert à compenser les pertes éventuelles qui pourraient résulter de l'insolvabilité de ces dernières. L'événement a prouvé à diverses reprises que cette précaution n'était pas superflue.

1. 57 Geo, III, ch. 34.
2. Ch. 70, art. 83.
3. Ch. 32, art. 19.

Dépenses des diverses autorités pendant les années 1887-1888 et 1891-1892 autres que celles faites au moyen de fonds empruntés (1).

	1837-1888	1891-1892
	L.	L.
Assistance publique, non compris l'entretien des aliénés indigents.	6.687.396	6.871.236
Entretien des aliénés pauvres et des asiles d'aliénés.	1.456.251	1.719.612
Police.	3.847.581	4.482.578
Frais de poursuite, de transport, d'entretien des prisonniers.	212.371	213.013
Education, y compris les dépenses des School Boards, Commission d'assiduité scolaire, écoles réformatrices et techniques, enseignement secondaire et technique.	3.768.048	4.838.021
Chemins, rues, routes à tourniquets	5.585.443	6.684.834
Service du Gaz.	2.500.722	3.454.469
Eclairage public.	903.656	1.024.997
Service des Eaux.	879.167	934.593
Egoûts, utilisation des vidanges.	957.329	1.139.962
Foires et marchés.	234.973	297.011
Cimetières	248.743	294.021
Service des Incendies.	203.300	247.794
Edifices publics.	187.963	247.823
Parcs, lieux de plaisance et de récréation.	188.130	334.306
Bibliothèques publiques et musées.	167.740	261.860
Bains lavoirs.	120.815	167.033
Ponts et Bacs.	199.795	178.539
Amélioration des logements ouvriers.	24.315	15.217
Application des lois sur les maladies contagieuses d'animaux	81.193	41.010
Hôpitaux	147.898	182.011
Ponts, embarcadères, quais, docks	1.009.765	1.335.302
Abattoirs	11.507	15.511
Drainage, endiguement, conservation des cours d'eau.	241.967	249.672
Tramways.	90.515	43.237
Allotments		6.783
Autres travaux publics.	2.173.338	2.749.819
Travaux faits au profit de particuliers	548.160	697.596
Amortissements et intérêts des emprunts.	10.093.424	11.446.355
Salaires et gratifications	1.477.752	1.087.493
Charges de divers établissements.	434.944	517.114
Frais de procédure civile et parlementaires.	119.153	184.747
Totaux.	45.834.026	53.451.909

1. Annual local taxation returns (1891). Part. VII. — Summary, p. V et VI.

Passif des diverses autorités en 1891-92 (1)

	1891-92
	L.
Assistance publique	7.012.550
Asiles d'aliénés	3.511.423
Postes de police, prisons	1.121.971
Ecoles, y compris les écoles industrielles et réformatrices	19.270.092
Chemins, rues, routes à tourniquets	28.654.091
Service des eaux	39.888.783
Service du gaz	15 266.521
Lumière électrique	155.521
Eclairage public	35.270
Egoûts et utilisation des vidanges	20.487 354
Marchés	5.501.067
Cimetières	2.553.929
Service des incendies	532.629
Edifices publics	4.310.858
Parcs, jardins publics, communaux	3,923.701
Bibliothèques publiques et musées	513,098
Bains et lavoirs	1.055.163
Ponts et bacs	4.009.230
Logements ouvriers	3.854.287
Application de la loi de 1866 sur les maladies contagieuses d'animaux	64.489
Hôpitaux	759.429
Ports, embarcadères, docks, quais	31.090.423
Drainage, endiguement, conservation des rivières	3.055.098
Tramways	1.310.863
Travaux entrepris pour le compte des particuliers	911.181
Emprunts supportés par les taxes d'église	4.600
Allotments	15.630
Abattoirs	122.735
Avances à la société du canal de Manchester	2.225.729
Divers	5,570.935
Total	207.524.093

1. The annual local taxation returns (1894). Part. VII. — Summary p. IX.

CHAPITRE XIII

CENTRALISATION ET TUTELLE. RELATIONS MUTUELLES DES CORPS LOCAUX (1).

I

La victoire de l'aristocratie et de la gentry rurales alliées aux bourgeois des villes, qui mit fin en 1688 à la lutte engagée contre elles par la prégorative royale, assura pour longtemps le triomphe du self-government tel qu'il a été conçu et pratiqué par ses inventeurs. Ce système administratif se ramène à deux notions essentielles: autonomie à peu près complète, exclusion encore plus radicale de tout élément populaire. On l'a très exacte-

1. Je dois exprimer toute ma reconnaissance à Sir Charles Dilke, auquel je suis redevable des plus précieux renseignements et des vues les plus originales, particulièrement sur le sujet traité dans ce chapitre. J'adresse aussi tous mes remerciements à M. Albert Ball, fonctionnaire du Local Government Board qui après m'avoir adressé diverses indications fort utiles, a bien voulu se charger de relire ce chapitre ainsi que le précédent e me signaler de nombreuses additions ou corrections.

ment défini par la formule suivante : organisation grâce à laquelle un groupe déterminé trouve en lui-même les éléments nécessaires pour administrer ses intérêts particuliers et n'abandonne à l'autorité centrale que la gestion des affaires communes aux autres groupements réunis sous la direction de cette autorité.

Le self-governement est né des circonstances, il a été ensuite étendu et perfectionné par l'aristocratie victorieuse qui, dans sa méfiance du gouvernement qu'elle avait si longtemps combattu, se préoccupa toujours de ne lui laisser se rattacher par aucun lien direct les autorités locales.

Actuellement son domaine, sans cesse restreint depuis le commencement du siècle, a été réduit tout récemment encore. Seuls les bourgs municipaux ont gardé à peu de choses près leur autonomie.

Toutes les autres circonscriptions, y compris même, quoique dans une mesure beaucoup plus faible, les paroisses et les comtés, ont été organisées suivant une règle nouvelle. L'importance de ce dernier refuge est considérable, il est vrai, par le chiffre de la population et la grandeur des intérêts (1). Aussi est-il nécessaire de dégager les principes qui furent longtemps seuls en vigueur, et de les exprimer sous la forme intégrale et absolue qu'ils revêtaient hier encore dans les limites de l'ancien réseau administratif, pour les comparer à la conception à laquelle ils ont plus ou moins cédé la place presque sur tous les

1. Les 303 bourgs municipaux de l'Angleterre et du pays de Galles comptaient en 1893 une population de plus de 11 millions et une valeur imposable de plus de 46 millions et demi de livres.

points. On peut les résumer en disant que le pouvoir central ne concourt en aucune manière à l'administration des localités. Il n'est représenté auprès d'elles par aucun fonctionnaire, par aucun rouage bureaucratique. Sans doute le lord lieutenant, le sheriff et les magistrates reçoivent leur commission de la Couronne, ce qui semble contredire cette proposition, mais les deux premiers de ces personnages ne jouissent que d'attributions d'apparat et, d'autre part, la désignation des propriétaires fonciers destinés à être *justices of the peace* jusqu'à la fin de leur vie sans idée de récompense ou d'avancement, s'exerce dans des conditions telles que ce prétendu choix n'est que la reconnaissance obligée d'une situation de fait. Cours de sessions trimestrielles et conseils municipaux nomment et révoquent eux-mêmes librement leurs employés : secrétaires, trésoriers, directeurs de la voirie, etc. (1).

En règle générale, sauf deux ou trois exceptions importantes d'ailleurs et sur lesquelles je reviendrai dans le courant de ce chapitre, le gouvernement n'a pas à vérifier, approuver ni annuler les actes des autorités locales. Ce n'est pas lui qui statue sur l'illégalité d'une délibération ou d'une dépense. Il ne dispose pas non plus de la faculté de pourvoir par ses propres fonctionnaires à un service laissé en souffrance.

La minorité des électeurs va-t-elle donc se trouver dans les bourgs à la merci de la majorité, et la petite oligarchie qui règne sur le comté disposera-t-elle à son gré

1. A l'exception du chef de la police du comté dont la nomination est soumise à la ratification du secrétaire d'Etat à l'intérieur.

de la fortune et du bien-être de la presque totalité des contribuables ?

Non certainement, car en confiant aux notables la gestion des services locaux, à l'exclusion d'un pouvoir exécutif suspect, le parlement s'est préoccupé de fixer rigoureusement leurs devoirs et de mesurer étroitement leurs droits. Il les a enfermés dans un cercle d'attributions précises dont ils ne peuvent sortir qu'avec son autorisation spécialement accordée. La législation anglaise ignore ces monuments juridiques divisés en quelques courts paragraphes, rédigés en style lapidaire et destinés à énoncer des principes dont un ministre sera chargé de déduire les conséquences et les applications.

Elle s'efforce toujours, au contraire parfois, il est vrai, au prix d'une prolixité et de répétitions fatigantes, de prévoir toutes les difficultés, de trancher d'avance toutes les contestations et d'enlever ainsi tout prétexte à l'arbitraire des agents chargés de l'exécution. On ne saurait cependant tout prévoir, surtout en matière administrative. L'accroissement de la population, le développement de la civilisation et de la vie publique, se manifestent souvent en imposant aux localités des besoins que leur acte constitutif n'a pas prévus. En pareil cas la seule ressource a été longtemps un recours au Parlement.

Une corporation (1) désire-t-elle percer des rues, acheter une usine à gaz, créer une bibliothèque, distribuer

1. Ainsi qu'une grande partie du système dont l'esposé précède cette tutelle parlementaire ne s'applique plus maintenant qu'aux bourgs. Les conseils de comté n'ont pas le droit de présenter

l'eau à ses habitants, elle rédige un projet de loi (1) (private bill) qu'elle présente successivement à chacune des deux chambres, après l'avoir porté à la connaissance des intéressés par de larges mesures de publicité (insertions dans la *Gazette de Londres*, affiches, avis individuels, dépôts de pièces etc.). Des fonctionnaires spéciaux (examiners) vérifient l'accomplissement de ces formalités préliminaires. Un comité dit *de règlement* statue sur tous les cas d'irrégularité et d'omission ; son président compose, avec sept autres membres nommés par la chambre, un second comité dit *de choix* chargé de désigner les membres des diverses commissions, en dehors desquelles il faut placer le comité général des bills de chemin de fer.

Chacun de ces petits tribunaux parlementaires entend les oppositions des intéressés que soutiennent, précisent et développent des avocats dont la spécialité est de plaider ces sortes de causes, cite les témoins propres à éclairer sa religion et accueille ou rejette la pétition. Dans le premier cas seulement, cette décision est soumise à la ratification de la chambre à laquelle appartient la commission.

des bills au Parlement, ils jouissent seulement de celui de s'opposer à de semblables projets. 51 et 52 Vict. chap. 4 (loi de 1888), art. 15.

1. Lire dans le comte de Franqueville. *Gouvernement et Parlement Britannique*, vol. III, 118-230 des détails très abondants et très précis avec exemples à l'appui sur les origines de cette procédure, les incidents qu'elle comporte, les frais et délais qu'elle impose. Voir aussi Erskine May : *Parliamentary Practice*.

Les mêmes formalités recommencent devant l'autre chambre. Si le Parlement refuse d'accorder les pouvoirs ainsi sollicités par l'autorité locale, celle-ci doit se renfermer strictement dans les termes du mandat qu'elle a reçu du législateur.

Qui maintiendra cette autorité dans les limites tracées par la loi, tout en la contraignant au besoin à remplir fidèlement ses attributions, puisque le gouvernement n'a pas d'action sur elle? Ce sera le pouvoir dont le rôle est d'interpréter la volonté du législateur et de la faire respecter en obligeant le puissant comme le faible à faire son devoir et à reconnaître le droit d'autrui.

En France nous vivons depuis plus de cent ans sous l'empire de ce principe à peine discuté que l'autorité qui représente l'ensemble des citoyens ne doit pas être gênée dans son action, qu'elle est seule juge des actes de ses agents et que le résultat de ses efforts serait stérile ou corrompu si un pouvoir supposé rival, hostile ou tout au moins inexpérimenté, disposait du droit de le paralyser; on admet en outre que l'État est une personne morale d'ordre supérieur soumise à d'autres règles que les personnes morales ordinaires.

De ces prémisses, découlent des conséquences logiques. L'autorité judiciaire ne peut annuler ni réformer les actes de l'autorité administrative, quand même ils seraient entachés d'illégalité ou d'excès de pouvoir; elle ne peut davantage connaître des actes administratifs proprement dits, soit pour apprécier leur légalité ou leur opportunité soit même pour les interpréter quand leur sens est douteux.

Nos voisins sont loin de donner cette interprétation à la fameuse théorie de la séparation des pouvoirs. Ce qu'ils craignent ce n'est pas de ralentir la marche de l'exécutif ce sont au contraire les abus que ce pouvoir peut faire de sa force qui les effraient. Ils ont surtout redouté la protection dont cet être collectif couvre ses membres, l'impunité qu'il n'est que trop tenté d'accorder à leur arbitraire, l'irresponsabilité qui se dégage à la longue d'une tradition prolongée. Ils n'avaient pas d'ailleurs les mêmes raisons historiques que nous de suspecter le corps des magistrats. Sans doute, c'est seulement depuis un siècle à peine que la justice anglaise est vraiment populaire, mais à aucune époque elle n'a provoqué les luttes, excité les méfiances qui se sont élevées si souvent contre la couronne. C'est à cet arbitre, présentement du moins, indépendant et neutre, intelligent et désintéressé, qu'a été confiée la mission de trancher les différends susceptibles de surgir entre toutes les parties litigeantes quelles qu'elles soient. Les Anglais n'ont jamais cru qu'en aucun cas il pût y avoir avantage à constituer l'une des parties juge en sa propre cause.

Déterminons la portée exacte de cette intervention qui n'est pas aussi absolue qu'on le suppose généralement. Les tribunaux peuvent, en effet, ordonner à un fonctionnaire relevant directement de la Couronne, par exemple, à un secrétaire d'état, de sa Majesté, de cesser un acte illégal, ils peuvent encore lui imposer l'accomplissement d'un acte que la loi a mis à sa charge, mais ils n'ont pas le droit d'ordonner l'accomplissement d'un acte prescrit par la loi en termes généraux qui ne s'adressent pas spécialement à un fonctionnaire déterminé. On estime, en pareil cas, que l'indépendance de la Couronne représentée par ses serviteurs immédiats, agissant en cette qualité, serait compromise si ces derniers n'exerçaient pas librement leurs fonctions (1).

Abstraction faite de cette solution assez difficile à justifier et qui ne se réalise presque jamais, tant sont rares les contacts entre l'administration centrale et les citoyens, les tribunaux peuvent sans restriction condamner les fonctionnaires ou agents administratifs quelconque, à l'occasion de leurs actes et leur enjoindre de cesser un acte préjudiciable, ou de remplir telle fonction qu'ils négligent d'exercer. Tout contribuable, en l'absence d'un organe analogue à notre ministère public, dispose de la faculté d'intenter une action à l'autorité responsable de l'excès de pouvoir, de la négligence ou de l'omission par lesquels il se prétend lésé (2). Les affaires de ce genre sont portées devant la section du Banc de la Reine de la

1. Cte de Franqueville. *Organisation judiciaire de la Grande Bretagne*, II, p. 70-73. Goodnow. *Comparative administrative law.*, II, p. 151-156.

2. — Le chef constable du comté de Northampton ayant emprisonné illégalement un individu en exécution d'un mandat décerné par les justices of the peace du comté, avait été condamné à 25.000 francs de dommages-intérêts. Les magistrats réunis en sessions trimestrielles décidèrent de lui rembourser cette somme sur les fonds de comté, mais un contribuable ayant attaqué cette décision, la section du Banc de la Reine a jugé, le 17 novembre 1887, que ce vote était illégal et que les justices devaient restituer de leur poche la somme indûment votée. Cté. de Franqueville. *Organisation judiciaire de la Grande Bretagne*, II.

Haute-Cour (1). Ce tribunal juge encore dans certains cas, les appels contre les décisions des justices of the peace en sessions trimestrielles, notamment les réclamations provoquées par la perception de taxes locales et les évaluations qui la précèdent.

En résumé, dit M. Boutmy, le Parlement pour formuler la règle, les notables pour l'appliquer, les tribunaux pour empêcher par les pénalités dont ils disposent les autorités locales d'y contrevenir comme le gouvernement d'en abuser, ce simple diagramme triangulaire représente suffisamment, dans ses traits essentiels, toute l'organisation administrative de l'Angleterre (2).

Ce système est resté jusqu'en 1888, en vigueur dans le comté, il subsiste encore intact dans les bourgs municipaux, nous allons voir quel régime différent lui a peu à peu et plus ou moins complètement succédé dans les autres unités locales.

II

Au commencement de ce siècle, les inventions mécaniques et les découvertes scientifiques ou industrielles qui bouleversèrent l'ordre économique, jointes au mouvement d'idées issu de la Révolution Française, produisirent en quelques années un état d'esprit et une situa-

1. Composée de 14 juges et du Lord Grand Justicier (Lord chief Justice).

2. *Annales de l'Ecole des sciences politiques*, 1888, p. 157.

tion matérielle en présence desquels la vieille organisation politique du Royaume-Uni en général, celle de son gouvernement local en particulier, parurent singulièrement menacées. L'acte de réforme de 1832 fut la première manifestation de cette nouvelle tendance.

Trois ans après, était votée la loi qui réformait les municipalités. D'une part, la suppression des bourgs pourris, en ôtant à l'aristocratie foncière le monopole du pouvoir, menaçait de produire un antagonisme entre la majorité du Parlement et la gentry rurale, si celle-ci gardait à elle seule l'administration du pays, d'autre part, les progrès réalisés par la production industrielle, l'accroissement de la richesse mobilière, le développement de la vie urbaine qui en furent les conséquences immédiates, avaient fait naître des besoins nouveaux et impérieux. Pour les satisfaire, ne disposait-on pas d'un instrument rapide et puissant, le pouvoir exécutif? Pourquoi ne pas en user?

L'administration aveuglément prodigue de l'assistance publique, l'effroyable charge qu'elle imposait à la nation, appelaient depuis longtemps cette intervention. La direction de ce service fut confiée en 1834 (1) aux trois commissaires institués pour le réformer, elle passa en 1847 (2) au Poor Law Board, comité dont les principaux ministres faisaient partie en théorie et qui dépendaient en pratique d'un président et d'un secrétaire choisis dans le personnel parlementaire.

1. 4 et 5 Guill. IV, chap. 76, art. 1.

2. 10 et 11, Vict., chap. 109.

Un an après, l'acte sur la santé publique créait, comme pour la symétrie, un second comité constitué à l'instar du précédent, sous la présidence du premier commissaire des travaux publics et jouissant des pouvoirs les plus étendus pour créer des local boards. En 1858, ce comité disparait; ses attributions sont réparties entre le Conseil Privé (vaccine, mesures destinées à réprimer les maladies) et le ministère de l'intérieur (hygiène, administration et taxes locales).

Enfin, après plusieurs années pendant lesquelles, tandis que persiste le caractère facultatif des nouvelles mesures législatives, l'opinion publique qui apprécie de plus en plus leurs heureux résultats, supporte avec impatience l'éparpillement de la direction et du contrôle et les lenteurs qui en sont la conséquence, les attributions ainsi divisées entre ces administrations concurrentes, se concentrent au profit du Comité de la loi des pauvres qui change de nom en même temps que sa compétence s'étend, et prend le titre plus compréhensif de Local Government Board.

Etudions le mécanisme et le jeu de ce moteur central qui donne, depuis cette époque, l'impulsion à la plupart des corps locaux. Le Local Government Board se compose d'un président nommé par la reine, du Lord président du conseil, du Chancelier de l'Echiquier, du Lord gardien du Sceau Privé et des principaux secrétaires d'Etat. En réalité, ce prétendu comité ne s'est jamais réuni une fois. Son président et ses deux secrétaires, l'un parlementaire, l'autre permanent, en ont seuls la direction (1).

1. Le personnel de ce département ministériel compte en outre, un conseiller légal, quatre secrétaires adjoints dont les appointe-

Ce ministère dispose d'attributions extrêmement variées et étendues que les dernières lois de 1888 et de 1894 ont encore augmentées et qui en font la juridiction de contrôle et de droit commun. On peut les faire toutes entrer, semble-t-il, dans les catégories suivantes : règle-

ments varient entre 950 et 1.100 livres, dix-sept inspecteurs généraux, quatre inspecteurs généraux adjoints, quatre inspecteurs des écoles de workhouses, deux inspecteurs des finances, l'un pour l'apurement des comptes, l'autre pour les emprunts locaux. Ces fonctionnaires reçoivent de 500 à 1 000 livres. Les trente sept auditeurs de district touchent environ 650 livres de traitement fixe. Quant au président, ses appointements s'élèvent à 2.000 livres, ceux du secrétaire à 1.500 ou 1.800 livres. Notons encore des fonctionnaires exerçant des attributions très spéciales. L'un d'eux est chargé d'analyser les eaux (Water analyst) et l'autre de fournir la lymphe destinée à la vaccine (Keeper of vaccine lymph.). Deux services techniques très importants, complètent enfin les moyens d'action et d'investigation dont dispose le Local Government Board. Le premier se compose de huit ingénieurs d'hygiène (sanitary engineers), le second de douze officiers d'hygiène (medical officers) dont le chef est payé à raison de 1.100 livres. Une autorité locale veut-elle contracter un emprunt pour des travaux de drainage par exemple, le Local Government Board, avant d'accorder sa sanction, envoie un ingénieur d'hygiène étudier sur place la valeur du plan projeté. Si le rapport de ce fonctionnaire est favorable et si les finances de l'autorité en question sont en état de supporter la dépense, le Local Government Board donne l'approbation demandée. Les officiers d'hygiène du Board, centralisent toutes les statistiques des officiers d'hygiène des diverses autorités sanitaires. S'ils y découvrent une menace d'épidémie, ils procèdent à une enquête locale. Ils surveillent également l'état sanitaire du continent à l'aide des moyens d'information que leur fournit le ministère des affaires étrangères.

mentation, approbation, inspection et contrôle, compulsion, subventions, délimitation des circonscriptions, arbitrage. Ces pouvoirs sont généraux ou spéciaux selon qu'ils s'appliquent à l'ensemble de l'administration locale ou à chaque autorité en particulier.

Le Local Government Board a reçu le mandat général de procéder aux enquêtes sur les conditions d'hygiène, les causes d'épidémie et de mortalité (1), de centraliser tous les renseignements et travaux statistiques, relatifs aux localités, d'en faire des extraits et des résumés, d'adresser enfin des rapports annuels au Parlement.

Dans un discours prononcé devant ses électeurs peu après son élévation à la direction de cet important département, Sir Charles Dilke évaluait à dix millions le total des documents que ses subordonnés avaient à mettre en œuvre chaque année (2). Depuis lors, ce chiffre s'est accru dans d'énormes proportions.

En énumérant les moyens de tutelle dont dispose ce ministère, j'ai cité tout d'abord le pouvoir réglementaire. Chaque fois qu'une maladie épidémique, endémique ou infectueuse, menace l'Angleterre d'un danger très sérieux, il rédige, modifie et révoque des règlements sur le rapide ensevelissement des personnes décédées, l'inspection des maisons et les dispositions à prendre en vue de les ventiler et de les désinfecter, en un mot sur toutes les mesures destinées à prévenir ou à réprimer la contagion,

1. Loi sur la santé publique de 1875 (38 et 39, Vict. ch. 55 293-294.

2. Discours à Chelsea, Times, 2 janv. 1883.

spécialement en matière de choléra et de petite vérole. La validité de ces règlements est subordonnée à leur publication dans la *Gazelle de Londres* (1).

On a vu que les bye-laws édictés par les bourgs et les comtés sont soumis à l'approbation de la Couronne, représentée en pratique par le secrétaire d'etat à l'intérieur. Quand ce sont les autres pouvoirs locaux qui légifèrent, ce droit de veto et d'amendement appartient au Local Government Board (2). Ici l'avis assez illusoire du Conseil Privé étant remplacé par la décision d'un département actif et bien outillé, le contrôle est beaucoup plus efficace, et très souvent le Board central a dû intervenir pour protéger, tantôt les bataillons de l'Armée du Salut, leurs concerts et leurs marches militaires, tantôt d'inoffensifs flâneurs auxquels une commission locale, composée de farouches puritains, ordonnait de cesser toute promenade à l'heure des offices.

C'est surtout lorsqu'il s'applique à l'assistance publique que ce genre d'intervention devient étroit et minutieux, au point de rendre presque impossible toute spontanéité et toute initiative. En ces matières, le Parlement anglais a délégué au Local Government Board la plus grande partie de l'autorité dont il est d'ordinaire si jaloux; il a compris l'impossibilité de soumettre à une règle administrative immuable et rigide une fonction sociale qui ne donne de bons résultats qu'à la condition de s'adapter aux milieux dans lesquels elle s'exerce et de se transformer avec eux.

1. Loi sur la santé publique de 1875, art. 130, 134 à 141.
2. Loi de 1875, art. 184 à 188.

Telles mesures bonnes sous un climat chaud où pour une population clairsemée, ne saurait convenir à une région froide, à un centre manufacturier.

L'administration de l'Assistance publique devait donc naturellement s'exercer par la voie bureaucratique et réglementaire sous la direction d'un département central efficacement armé pour protéger les indigents contre un double écueil, la prodigalité aveugle, la dureté impitoyable.

Ces considérations expliquent l'omnipotence dont jouit sur ce point le pouvoir central. Le Local Government Board publie des ordres généraux ou spéciaux, c'est-à-dire applicables à une seule ou à plusieurs unions (1), qui règlent les plus petites difficultés et vont jusqu'à préciser les heures du lever et du coucher, la composition des repas (2), la façon d'accommoder le pudding ou de faire prendre les bains. Ces règlements sont exécutoires après avoir été publiés dans la *Gazette de Londres*, et communiqués aux deux chambres, à moins que, dans les quarante jours, la reine ne les annule sur l'avis de son Conseil Privé (3). Tout intéressé pour plus de cinquante livres peut d'ailleurs en contester la légalité devant la section du Banc de la Reine, restriction assez illusoire, la Haute-Cour n'ayant pas à en déterminer l'opportunité.

Pour assurer le respect de ces prescriptions, le Local

1. 10 et 11 Vict. chap. 109, art. 15, 31 et 32 Vict. ch. 122, art. 1.

2. Par ex. quels jours les pensionnaires mangent de la viande ou du poisson.

3. 31 et 32 Vict. ch. 122, art. 1 ; 35 et 36 Vict. ch. 79, art. 28 ; 38 et 39 Vict. chap. 55.

Government Board, pas plus que les autres départements ministériels, ne dispose d'agents d'exécution : ce sont des inspecteurs et des auditeurs qui servent d'intermédiaires entre les districts et le Board central pour maintenir l'autorité du second sur les premiers.

Les inspecteurs ont la faculté d'assister à toutes les séances de Boards of Guardians pour intervenir dans la discussion et donner leur avis. Le même droit existe à l'égard des autorités sanitaires (1). Toutes les communications faites au Local Government Board doivent leur être préalablement soumises avec tous les documents qui s'y rapportent, ils ont mission de donner au département central leur opinion sur la nomination ou la révocation des officiers subalternes, la valeur des projets de réparation, amélioration et construction, l'opportunité des emprunts et dépenses extraordinaires; ils adressent des rapports au Local Government Board (2) et dirigent les enquêtes qu'il prescrit.

Les auditeurs contrôlent les finances de tous les corps locaux, les bourgs seuls exceptés (3). Deux fois par an, sans préjudice des inspections extraordinaires, ils examinent les plus menues dépenses, refusent de les approuver si elles ne leur paraissent pas justifiées par les lois où les

1. Loi sur la santé publique de 1875, art. 205.

2. Loi de 1875 *passim.*

3. Loi de 1875, art. 245-257. Depuis 1888, ils revisent les comptes des conseils de comté et. depuis 1894, ceux des 13000 paroisses auxquelles la loi qui leur attribue des conseils et des assemblées a insufflé une vie nouvelle. Loi de 1888, art. 71. Loi de 1894, art. 58.

règlements et les mettent à la charge des autorités qui les ont ordonnées.

Tout contribuable doit être entendu par eux dans ses observations (1). M. Chalmers (2) cite des exemples où de telles décisions sont aussi justes que sévères. Des guardians ont par exemple arrosé leurs séances d'un champagne payé par le budget de l'union, d'autres se sont cru autorisés à organiser un club d'arbalétriers au moyen de la taxe de grandes routes.

Toutefois, dans un grand nombre de cas, il s'agit d'une somme payée utilement sinon réglementairement, ou d'un secours distribué mal à propos mais de la meilleure foi du monde. En pratique, ceux qui sont responsables de ces illégalités n'en supportent pas les conséquences; ils font appel au Local Government Board de la sentence qui les a frappés, le Board confirme le jugement de l'auditeur mais dispense de la condamnation en vertu de sa juridiction d'équité (confirms and remits).

Les gardiens ont-ils décidé d'abonner les pensionnaires de leur workhouse à un périodique illustré : en prenant cette délibération, ils ont outrepassé leurs pouvoirs; ils sont tranquilles néanmoins et renouvelleront l'abonnement l'année suivante, car la juridiction d'équité du Board central les protège (3).

1. Loi de 1875, art. 247.

2. Local Government, p. 158.

3. En 1888, sur 243 appels interjetés par les gardiens des pauvres, 213 décisions ont été confirmées et remises, cinq confirmées purement et simplement, 24 appels ont été admis et un déclaré nul (18ᵉ rapport annuel du Local Govt Board, 1889, p. 532).

Voilà un premier moyen dont le Local Government Board dispose d'intervenir indirectement mais très efficacement dans l'administration locale, en voici un second.

Il y a quelque exagération à dire d'une façon absolue, comme je viens de le faire, que ce département ministériel n'a sous ses ordres aucun agent d'exécution pour assurer le respect de ses prescriptions.

Il a en fait, et dans une très large mesure sous sa dépendance, les fonctionnaires subordonnés en droit au comité des gardiens.

La nomination des employés et agents techniques de l'assistance publique, ainsi que leur révocation, n'est valable qu'après l'assentiment du Local Government Board qui a le droit de les casser lui-même directement. Cette règle n'a pas, il est vrai, une portée aussi absolue qu'on pourrait le croire. Un directeur de workhouse, par exemple, commet-il un acte d'indiscipline, il est aussitôt suspendu de ses fonctions et le ministre approuve presque toujours cette décision. Il en serait autrement si l'inspecteur s'avisait de couvrir le fonctionnaire incriminé qui dépend en principe, lui et ses collègues, de l'autorité centrale. Inutile d'ajouter que l'influence de ces praticiens, inspecteurs, ingénieurs, architectes, médecins, tous forts de leur expérience, de leur savoir technique, de leurs traditions, et de la faveur protectrice dont le département central les entoure, est prépondérante, et réduit à peu de chose l'autorité de leurs chefs électifs.

Enfin, droit d'intervention bien autrement important et

1. Loi de 1875, art. 189, 190, 191 ; cédule V, art. 3.

caractéristique que nous retrouverons en matière d'éducation. « Lorsqu'il aura été dénoncé au Local Government Board qu'une autorité locale n'a pas pourvu son district d'égoûts ou de conduites d'eau suffisantes, ou qu'il a omis d'entretenir les égoûts et conduites d'eau existant et qu'il en résulte un préjudice pour la santé des habitants, le Board prendra, après enquête, un arrêté fixant à cette autorité un délai, après quoi il pourra, soit provoquer un writ de *mandamus*, soit désigner des personnes chargées de procéder aux actes qui incombaient à l'autorité locale et investies de tous les pouvoirs de cette autorité, sauf de celui de lever les taxes. L'arrêt relatif au payement de ces dépenses et frais recevra sa sanction en Cour du Banc de la Reine. Si l'autorité refuse de payer, dans un délai de quinze jours après la demande, les sommes spécifiées dans l'arrêté relatif au payement, le Local Government Board peut donner pouvoir à une personne de prélever sur la taxe locale, les sommes suffisantes pour payer la dette et les frais qui ont été la conséquence du non-paiement. Cette personne aura pouvoir de lever la taxe locale et d'ordonner à tout agent de l'autorité dont il s'agit de payer comme si la dépense était légalement faite par cette autorité » (1).

III

On a dû remarquer, que dans l'exercice de cette tutelle active et étendue, le puissant instrument de contrôle, dont

1. Loi de 1875, art. 299 300.

je viens d'étudier les principales applications, n'a pas franchi jusqu'ici les limites du réseau administratif dessiné depuis environ soixante ans. A côté des rouages imaginés pour satisfaire aux nouvelles exigences de la vie locale, le bourg et le comté gardaient toute leur indépendance, toujours rattachés par un lien assez faible aux anciens départements ministériels dont ils dépendaient avant la création du Local Government Board.

Nous allons voir ce dernier venu s'enrichir des attributions enlevées à ses devanciers et les dépouiller presque entièrement, pour étendre enfin son activité, grâce aux dernières lois, à tout le champ de l'administration locale, empiétant presque sur le domaine législatif en vertu d'une délégation du parlement lui-même.

C'est par cette idée d'un mandat portant sur une catégorie d'affaires et soumis à la ratification complaisante du mandant, que se justifient les ordonnances provisoires (provisional orders) rendues par le Board central) (1) et adoptées en bloc par les chambres sauf à détacher du bill unique ainsi présenté chaque année quelques ordonnances auxquelles il est fait opposition.

Les chambres se dessaisissent ainsi de la plupart des affaires locales sur lesquelles elles doivent prendre une décision. Aux termes de leur règlement, les emprunts sont soumis depuis quelques années à l'examen sérieux et compétent du Local Government Board. Aucun des bills locaux dont j'ai décrit plus haut le mécanisme et la pro-

1. Et, dans quelques cas assez rares, par d'autres départements ministériels.

cédure n'est voté sans que le Local Government Board ne l'ait examiné et apprécié dans un rapport spécial qui doit être renouvelé ou complété si le projet a été amendé en comité. Bien plus, une autorité sanitaire ne peut introduire un de ces bills ou le contester sans y avoir été autorisée par le Board.

Dans l'impossibilité où il se trouvait d'étudier sérieusement une multitude de projets régionaux peu susceptibles d'intéresser des représentants des autres parties du pays, mais dont l'adoption implique souvent la solution de graves questions de principes, le parlement a délégué ses pouvoirs au Local Government Board qui lui communique son opinion motivée, après une étude approfondie émanant de spécialistes. Ce ministère jouit ainsi d'un pouvoir de décision qui en fait un véritable organe législatif.

La loi de 1888 et celle de 1894 ont été présentées l'une et l'autre comme des mesures destinées à restaurer le self-government en créant des assemblées populaires actives et indépendantes. Le résultat immédiat de ces deux mesures a été néanmoins d'accroître, autant en force qu'en étendue, les fonctions du principal instrument de la centralisation; en force, car son rôle d'arbitre et d'organisateur s'est précisé et développé; en étendue car il a été investi des attributions jadis exercées par la Trésorerie et s'est vu attribuer la surveillance et le contrôle des nouvelles assemblées.

Jusqu'en 1888, une corporation municipale ne pouvait vendre, hypothéquer ou aliéner des terres, les donner à bail, en acquérir au delà d'une certaine limite assez étroite, emprunter à cette dernière fin, sans le consentement de la Trésorerie. Cette approbation est maintenant donnée par le Local Government Board (1) qui dispose du même pouvoir sur les conseils de comté. Ceux-ci doivent être autorisés par lui pour emprunter valablement, en deçà d'un terme de trente ans, dans le but d'exécuter des travaux permanents, d'acheter des terrains et des bâtiments et de faciliter l'émigration. Toutes les fois que la dette totale du comté dépasse un dixième de la valeur imposable annuelle de la propriété sur laquelle porte la taxe du comté, le parlement se réserve la décision définitive et le Local Government Board ne donne son consentement que sous la forme d'une ordonnance provisoire, sauf quand l'emprunt est contracté pour appliquer la loi des Small Holdings ou pour consentir un prêt à des conseils paroissiaux (2). Ce sont les auditeurs de district nommés par ce département ministriel qui revisent les comptes des conseils de comté et de paroisse (3). Longtemps le comté avait joui d'une indépendance financière presqu'absolue dont seuls les bourgs municipaux gardent encore le privilège.

Les dernieres réformes ne se sont pas contentées de protéger les contribuables ruraux contre une taxation excessive (4), elles ont de plus prescrit aux conseils de comté de tenir une comptabilité régulière et de dresser

1. Loi de 1888, art. 72.
2. Loi de 1888, art. 69-70.
3. Loi de 1888, art. 71.
4. Loi de 1894, art. 11.

un budget annuel (1), toutes dispositions au respect desquelles veillent les auditeurs. Ces fonctionnaires jouent le même rôle vis-à-vis des nouvelles autorités paroissiales.

La loi de 1894 n'a pas davantage ménagé sa protection aux petites démocraties villageoises qu'elle créait, et l'on ne saurait l'en blâmer tout en confessant que peut-être la juste mesure a été dépassée quelque peu.

C'est ainsi que non-seulement la vente et l'échange, mais encore la location pour plus d'un an, de toute propriété paroissiale, ne sauraient s'accomplir valablement sans l'intervention du Local Government Board. De même, les difficultés soulevées à propos de la location d'une salle d'école par un de ces conseils, sont tranchées par le ministère de l'instruction publique (Education Département) (1).

Un des traits les plus saillants de l'administration anglaise est l'absence complète de tout représentant actif de l'autorité centrale auprès des corps locaux. Nous avons vu comment en matière sanitaire la loi avait remédié à l'inertie ou au mauvais vouloir d'un conseil négligent, rebelle même aux injonctions d'une cour de justice, en donnant au Board central le droit de charger une personne désignée de faire le nécessaire et, au besoin, de lever des taxes locales. Le même pouvoir existe quand il s'agit d'un district qui néglige d'entretenir les routes dont il s'est chargé. La loi a pourvu aux conflits susceptibles de naitre entre des corps que n'anime aucune volonté

1. Loi de 1888, art. 73 et 74.
2. Loi de 1894, art. 4.

comparable à celle de notre préfet, en subordonnant les conseils de district et de paroisse au conseil de comté, d'après des règles que j'étudierai dans un instant, et en chargeant le Local Government Board de trancher certaines contestations, de résoudre certaines difficultés. Si une rivière traverse plusieurs comtés administratifs, ce département ministériel peut, à la requête de l'un d'eux, constituer un comité mixte par un ordre provisoire qui en détermine la composition et les attributions, ainsi que la part contributoire de chaque comté et la façon dont les comptes seront révisés (1).

Le Local Government Board fixe en cas de désaccord entre les autorités, le montant de la contribution due par un conseil de comté à un conseil de district urbain qui a demandé à entretenir une grande route traversant son territoire, et il statue d'une façon générale sur toute contestation de ce genre en matière de voirie (2).

Un des meilleurs moyens d'éviter les conflits est de bien délimiter le domaine propre à chaque autorité, en d'autres termes d'éviter autant que possible l'enchevêtrement des circonscriptions administratives. Depuis quelques années nos voisins se sont évertués sans trop de succès à introduire un peu d'ordre dans le triple chaos qui, suivant l'expression de M. Goschen, résume leur gouvernement local.

C'est encore le Local Government Board auxquels se sont joints, dans leur sphère restreinte, les conseils de

1. Loi de 1888, art. 14.
2. Loi de 1888, art. 11 (voir page 167).

comté qui a été l'instrument de cette tâche. Le territoire d'une paroisse peut être altéré ou divisé par une décision du conseil de comté compétent, ratifiée par le Local Government Board (1). Ce ministère exerce le même pouvoir, par ordonnance provisoire, sur la demande des personnes représentant un dixième de la valeur imposable de la paroisse (2).

Il remanie à son gré les unions, en combine deux ou plusieurs si cela est nécessaire, les dissout, leur ajoute ou leur enlève des paroisses (3), il peut même s'il s'agit d'une union située dans plus d'un comté en former deux nouvelles dont la plus récente profitera du workhouse de la plus ancienne (4). Le conseil de comté dispose de pouvoirs analogues sous le contrôle du Local Government Board à l'égard des districts urbains et ruraux (5). Il peut attribuer tout ou partie des pouvoirs des premiers aux seconds. Les limites des comtés et des bourgs sont également modifiées par une ordonnance provisoire du Board central qui augmente ou diminue en même temps le nombre des conseillers et celui de leurs circonscriptions respectives (6). La même procédure est suivie lorsqu'il s'agit, soit d'unir ou de diviser des comtés adminis-

1. Loi de 1888, art. 57.
2. 45 et 46, Vict. ch. 58 (1882).
3. 4 et 5 Guill. IV, ch. 76, art. 26, 32 (1834); 39 et 40 Vict. ch. 61, art. 11 (1876).
4. Loi de 1888, art. 58.
5. Loi de 1888, art. 57.
6. Loi de 1888, art. 57.

tratifs soit de grouper des comtés ou des bourgs comtés (1).

IV

Nous avons vu naître, grandir et se fortifier, ce que les Anglais pourraient justement appeler leur ministère de centralisation. Bien qu'elle n'en signale que les plus importants, l'énumération que je viens de faire de ses pouvoirs suffit, je crois, à prouver que sa puissante organisation couvre presque tout le champ de la vie locale et ne laisse, à ce point de vue, que des attributions très spéciales aux autres ministères. Je note pour mémoire que le Conseil Privé donne son avis sur l'approbation par la reine des réglements des bourgs et des comtés qui lui sont adressés par le secrétaire d'etat à l'Intérieur. Par contre, le ministre en question et son collègue le Vice-Président du Conseil Privé chargé du département de l'éducation, ont dans les mains, sinon le commandement ou l'administration directe de la police ou de l'instruction publique, du moins un droit de contrôle extrêmement minutieux, fortifié de moyens coercitifs très puissants, sur ces deux services. Le consentement du secrétaire d'état est nécessaire à la validité de la nomination du constable en chef et à toute modification dans le nombre des agents, ainsi que dans l'échelle de leurs appointements et gratifications.

1. Loi de 1888, art. 57.

Les règlements, œuvre du comité mixte, doivent être approuvés par lui et il peut en édicter lui-même (1).

Le chef du département de l'éducation est encore mieux armé : nous avons vu quelle part prépondérante il prend à la création des bureaux scolaires; il les dissout en cas d'insuffisance pour les remplacer par une commission sous sa dépendance (2). L'un et l'autre exercent, à l'aide de leurs inspecteurs, une active surveillance sur le personnel de leur département. Ces inspecteurs ne se bornent pas à rédiger des rapports, ils doivent en outre délivrer aux autorités placées sous leur juridiction des certificats d'efficacité (certificates of efficiency) en l'absence desquels l'Echiquier bénéficie du produits des taxes que les commissaires de l'Inland Revenue devaient percevoir au profit du comté ou que le trésorier du comté devait verser dans les caisses des bourgs compris dans son territoire et dépourvus d'une police indépendante (3). Ces certificats portent sur l'organisation et la discipline des hommes. Toute la police du royaume est ainsi maintenue sous une règle uniforme.

Les subventions, imaginées sans autre but que celui de favoriser les propriétaires ruraux, ont dès le début, fourni au pouvoir central un moyen infaillible de soumettre les localités à sa volonté. Le fonctionnement de la police va nous en donner encore une preuve. Un acte de 1851 décida que nulle subvention ne serait accordée à un bourg de moins de cinq mille habitants qui ne se serait pas

1. Loi de 1888, art. 25 à 28.

2. Acte sur l'Instruction publique de 1870, art. 63 à 66.

3. Loi de 1888, art. 25, pp. 232-235.

entendu avec le comté au milieu duquel il était situé pour unir sa police à la sienne sous les ordres du constable comital. La loi de 1888 a porté le minimum de population au chiffre de 10.000.

Sans aucun doute cette contrainte indirecte a produit le même effet qu'une disposition impérative, et je ne crois pas qu'il existe un bourg de moins de 10.000 habitants qui jouisse d'une police séparée. C'est là une dernière forme du tutelle et non la moins efficace.

Comme on le voit, par l'exposé qui précède, la centralisation n'a pas cessé de croître pendant les soixante années qui se sont écoulées depuis la réforme de la loi des pauvres, elle a dernièrement envahi les comtés et c'est à peine si les bourgs ont encore gardé leur autonomie.

Pour quelles raisons un peuple aussi passionné pour la chose publique que pour ses affaires propres et dont l'activité est toujours prête à se dépenser en efforts désintéressés, a-t-il laissé s'accomplir un pareil changement, non-seulement sans protester mais en s'applaudissant des résultats obtenus? C'est ce que je voudrais rechercher avant de terminer ce chapitre, en suivant la centralisation dans sa marche envahissante. L'administration de l'assistance publique a cédé la première. L'indulgence excessive des magistrates, succédant à leur rigueur exagérée, avait détruit chez la classe laborieuse, tout esprit de travail et de prévoyance, elle avait de plus compromis la fortune publique en élevant la taxe des pauvres à un chiffre invraisemblable. Il importait de protéger efficacement la grande masse de la population, contre l'égoïsme, la dureté ou même la sensiblerie et l'aveugle prodigalité de la classe dirigeante. Le gouvernement était tout indiqué pour accomplir cette œuvre de justice, protéger le pauvre contre le riche, imposer une règle unique à tous les centres d'assistance.

De là une réglementation devant la minutie de laquelle l'étranger est parfois tenté de sourire, mais que justifient de sérieuses considérations d'humanité et d'utilité générale. Si les règlements du ministère de Whitehall, déterminent jusqu'à la façon de préparer les bains dans les workhouses, jusqu'à la proportion de graisse et de riz qui doit entrer dans le pudding, jusqu'aux heures des repas, du lever et du coucher, c'est que trop souvent les gardiens et leurs employés auraient été tentés d'abuser des pauvres créatures qu'une organisation sociale vicieuse a fait tomber sous leur dépendance, et d'abaisser les taxes locales, au détriment de la santé et du bien-être des pensionnaires des hospices. De sévères inspections, l'intervention d'agents techniques salariés rattachés étroitement au Local Government Board, ont prévenu de tels abus. Du même coup un autre danger a été évité, celui d'un manque d'uniformité dans la distribution des secours. Il importait que la charité publique fût exercée partout de la même façon. De même que tout le territoire est intéressé à ce que la justice préventive ou répressive soit une et identique afin qu'elle ne combatte pas le mal avec faiblesse dans telle localité, avec trop de sévérité dans telle autre, au risque de laisser sur certains points des criminels en liberté et sur d'autres d'inquiéter des innocents, de même une union ne doit pas avoir le droit de traiter ses indigents avec dureté au risque de décourager la misère alors que sa voisine aurait semblé l'encourager par sa complaisance. L'une et l'autre de ces exagérations compromettraient en effet l'ordre public au préjudice de tout le pays.

Des motifs analogues ont justifié la centralisation en matière sanitaire.

L'état est intéressé à ce qu'une localité ne devienne pas, grâce à son dédain de l'hygiène et de la propreté, un foyer d'épidémie susceptible d'infester toute la région avoisinante. Seule, une autorité centrale composée de spécialistes et d'hommes de science, était à même de se tenir sans cesse au courant des récentes découvertes et des nouvelles méthodes pour en imposer au besoin l'adoption à des conseils ignorants ou routiniers, et les faire mettre en pratique par des agents techniques : architectes, ingénieurs, médecins. Il y avait à compter aussi avec la force d'inertie qu'auraient très probablement opposée des administrateurs, recrutés parmi les gros contribuables, à des mesures d'amélioration et d'assainissement entreprises au profit des classes ouvrières.

Le maintien de l'ordre social, étroitement lié à la publicité régulièrement organisée et facile à constater de l'État civil des personnes, imposait de même, le groupement dans la capitale du royaume de tous les actes de naissance, de mariage et de décès. On ne saurait qu'applaudir à ce dernier perfectionnement et souhaiter sa prochaine introduction dans notre pays.

Les pouvoirs du Département de l'Education se justifient enfin par le désir de faciliter le développement intellectuel et moral du peuple dans un pays aristocratique et d'assurer le respect de la liberté de conscience en imposant aux maîtres une neutralité scolaire qui, si elle est discutable dans un pays comme la France où la grande majorité des habitants appartiennent à la même religion, est plus facile à défendre chez une nation divisée en une multitude innombrable de sectes et de confessions (1).

Voilà bien des excuses ou tout au moins des circonstances atténuantes à l'introduction de la tutelle centrale dans la nouvelle administration locale, et, à vrai dire, la situation sociale des membres élus des boards urbains et ruraux ou des bureaux scolaires était bien faite pour encourager l'ingérence des représentants des départements ministériels. Dédaignées par les classes riches et cultivées, ces fonctions à pouvoirs spéciaux et restreints, que ne relève pas le prestige qui entoure les institutions anciennes, sont toujours restées dans le domaine des boutiquiers et des fermiers, classe estimable mais peu instruite et assez routinière, à laquelle il aurait été imprudent de laisser une complète autonomie.

Si l'on ne peut invoquer aucun de ces arguments quand il s'agit de la récente ingérence du Local Government Board dans le gouvernement des comtés et des paroisses, il convient toutefois d'observer que le Parlement britannique aurait agi imprudemment en 1888 et en 1894 s'il avait accordé sans préparation, une indépendance com-

1. La neutralité scolaire des anglais ne ressemble d'ailleurs guère à la nôtre. Elle ne prohibe en effet ni les subventions aux écoles confessionnelles, ni la lecture de la Bible et n'impose pas du tout l'enseignement athée. Voir le chap. XI.

plète à des corps créés de toute pièce par un *fiat* de sa volonté. Il a estimé qu'il importait de laisser les nouvelles assemblées donner leur mesure, acquérir de l'expérience et se faire une tradition avant de leur confier des pouvoirs plus étendus.

L'antique self-government semble donc bien compromis. L'accroissement incessant des pouvoirs de réglementation, d'approbation, de contrôle, de compulsion et d'arbitrage que le Local Government Board exerce, soit par ses représentants, soit par les employés permanents qui dépendent de lui, a fini par placer l'Angleterre au nombre des nations les plus centralisées.

A ne regarder que les apparences on dirait même que nos voisins n'ont plus rien à nous envier sur ce point. Je crois fermement qu'il n'en est rien. Si l'on pénètre au fond des choses, on constate au contraire que le self-government, cette institution nationale, dont les Anglo-Saxons sont si justement fiers, subsiste encore dans ses traits principaux, on peut en outre espérer qu'après l'éclipse incontestable qu'il a subie dans la seconde moitié de ce siècle, l'avenir lui réserve encore de brillantes destinées.

L'administration locale française présente en effet trois caractères essentiels qui ne permettent pas de la confondre avec celle de l'Angleterre : 1° Nous admettons comme un axiôme que, si délibérer est le fait de plusieurs, agir ne peut être que le fait d'un seul, d'où résulte cette conséquence que le fardeau de l'administration active repose exclusivement, dans le département, sur le préfet, dans la commune sur le maire. En fait, les décisions sont prises, la fortune publique est administrée, les finances sont gérées, le budget annuel est préparé par un fonctionnaire relevant étroitement de l'Etat et étranger par principe au centre dont il est chargé. Chacun sait notamment que, dans la plupart des petites et même des moyennes communes, toute la besogne administrative est faite, à titre de secrétaire de la mairie, par l'instituteur, fonctionnaire nommé, révoqué ou déplacé par le préfet.

De l'autre côté de la Manche, où l'on juge dangereux de faire tout reposer sur une volonté unique, l'administration est au contraire collégiale; les divers conseils prennent toutes les décisions, soit directement, soit par l'intermédiaire de commissions déléguées. Le mayor des municipalités, le chairman des conseils de comtés, de districts ou de paroisses jouent le rôle d'un simple président sans pouvoir exécutif (1). Là où il y a des agents d'exécution, ce sont des employés subalternes qui, dans le bourg, le comté et la paroisse, dépendent complètement de l'autorité élective.

Les résultats de cette organisation sont, chez nous, la faiblesse de la vie régionale et de l'esprit public local, l'ignorance des membres des corps élus sur tout ce qui touche une administration à laquelle ils restent en grande partie étrangers.

2° Peut-être faut-il chercher dans cette inexpérience et dans cette absence d'esprit public l'étroite dépendance

1. La loi de 1894 a établi une exception à ce principe en faveur du chairman de l'assemblée paroissiale là où il n'y a pas de conseil paroissial. Ce personnage rappelle, jusqu'à un certain point, notre maire.

dans laquelle le gouvernement se croit obligé chez nous, et avec raison peut-être, de maintenir les corps locaux et qui n'existe ni de la même façon, ni au même degré chez les Anglais. Le comté, le bourg, la paroisse, agissent en effet avec une indépendance presque complète. D'une façon générale, on ne voit pas dans ce pays, l'autorité centrale intervenir pour approuver, suspendre ou annuler les décisions des autorités locales; celles-ci statuent en principe souverainement dans les limites de leur mandat légal dont l'autorité judiciaire détermine l'étendue en cas de contestation. Si elles abusent de leur pouvoir, c'est un point à régler entre elles et leurs électeurs, mais la Couronne n'est pas autorisée à les dissoudre. Ce droit n'existe qu'à l'égard des school boards et ne paraît pas destiné à être étendu. Les *mayors* et les *chairmen* ne relèvent, eux aussi, que du corps qui les a élus.

3° Enfin la politique reste là-bas à peu près étrangère à l'administration qui s'inspire toujours de l'utilité publique, plus ou moins bien comprise, et jamais de visées électorales. On n'y voit pas le gouvernement pourvoir à certains services départementaux, cantonaux ou communaux, par des préposés, — instituteurs, percepteurs, buralistes, juges de paix — dont le véritable rôle est, au fond, de soutenir les partisans et de combattre les adversaires du ministère.

J'ai dit que l'avenir du self-government se montrait sous un aspect rassurant. La loi de 188[illegible] contient en effet une promesse qui ne restera pas lettre morte, espérons-le. « Le Local Government Board pourra faire de temps en temps, après le passage de cette loi, un ordre provisoire à l'effet de transférer aux conseils de comtés.

a) Quelques-uns des pouvoirs, attributions, obligations du Conseil Privé, de l'un des secrétaires de l'État, du Board of Trade, du Local Government Board, du département d'Education ou de tout autre département gouvernemental quand elles paraissent se rapporter à des matières intéressant le comté et d'un caractère administratif.

b) Quelques-uns des pouvoirs, attributions et obligations intéressant le comté, ceux d'une commission d'égoût ou de tout autre corps public incorporé ou non (à l'exception d'une corporation municipale, d'une autorité urbaine ou rurale, d'un comité scolaire, d'un comité de gardiens des pauvres). Cet ordre contiendra toutes les modifications et exceptions qui sembleront utiles, avec les dispositions nécessaires à sa mise à exécution. Toutefois, avant qu'une telle ordonnance soit faite, ce projet sera approuvé par le secrétaire d'État ou le chef de département aux pouvoirs, attributions, responsabilités duquel il se rapporte, et approuvé par lui.

Même disposition quand il s'agit d'une commission ou d'un corps incorporé ou non. Ledit ordre provisoire n'aura effet qu'après sa confirmation par le parlement. »

Ainsi s'exprime l'article 10 de la loi de 1888. On ne saurait trop louer une telle disposition : elle permet au Local Government Board de fortifier graduellement les conseils de comté en leur confiant, en temps opportun, les pouvoirs que l'expérience aura indiqués être utiles à leur service. Si les nouvelles assemblées répondent aux espérances qu'on a fondées sur elles, l'article que je viens de citer leur réserve des perspectives indéfinies et présage ainsi une vie locale aussi intense que jamais.

Je trouve encore une confirmation de ce pronostic dans les pouvoirs que cette même loi, et surtout celle de 1894, confèrent aux conseils de comté sur les conseils de districts et de paroisse compris dans leur territoire.

Les Anglais avaient deux moyens de réaliser l'unité de vues et d'exécution dans les comtés administratifs, ils pouvaient, soit y installer un personnage élu ou nommé par le gouvernement, investi des pouvoirs généraux de contrôle et de direction nécessaires, soit confier ces pouvoirs au conseil de comté. Le second parti était le plus conforme à leurs traditions, ils l'ont adopté, et il faut, je crois, les en féliciter.

1° Le conseil de comté a, tout d'abord, dans une large mesure, sous sa dépendance, l'organisation des paroisses et la composition de leurs conseils. Il peut, avec le consentement de l'assemblée paroissiale, instituer un conseil paroissial dans les paroisses de moins de 100 habitants. Cette création devient obligatoire lorsque la population dépasse ce chiffre (1). Il fixe le nombre des conseillers, entre un minimum de cinq et un maximum de quinze (2), et dispose de la faculté de diviser la paroisse en circonscriptions pour l'élection de son conseil, si le dit conseil ou un dixième des électeurs qui le composent en fait la demande (3). Il peut grouper par ordonnance deux ou

1. Loi de 1894, art. 1er.
2. Loi de 1894, art. 3.
3. Loi de 1894, art. 18.

plusieurs paroisses dépourvues de conseils et dont les assemblées adhèrent à ce changement, il détermine ensuite quel nom portera cette agglomération et de combien de membres se composera son conseil, il pourvoit à l'élection des administrateurs des propriétés et institutions charitables de chacune des paroisses ainsi groupées (1). Il modifie, le cas échéant, les limites d'une paroisse, les divise en deux ou plusieurs paroisses nouvelles, distrait une paroisse groupée de l'agglomération dont elle fait partie (2). Il fixe et modifie de temps en temps, par ordre provisoire, le nombre des conseillers de districts ruraux (fonctions qui se confondent, on s'en souvient, avec celles de gardiens des pauvres), qui doivent être élus dans chaque paroisse ; il peut à cet effet, réunir plusieurs paroisses, ou au contraire, les diviser en circonscriptions (3).

2° Tout ce qui précède rentre dans ce qu'on pourrait appeler le pouvoir constituant, ce qui va suivre se rapporte à la tutelle proprement dite. A ce point de vue, la plus importante des attributions du conseil de comté concerne les emprunts sollicités par les conseils de paroisse. Leur validité est subordonnée à son consentement (4). Si un conseil de district urbain néglige d'entretenir les routes qui lui sont confiées, le conseil de comté doit requérir cette autorité, de s'acquitter de sa fonction, et au besoin faire lui-même directement le nécessaire.

1. Loi de 1894, art. 38.
2. Loi de 1894, art. 36.
3. Loi de 1894, art. 60.
4. Loi de 1894, art. 12.

S'il s'agit d'une portion de grande route dont le district s'est chargé, le conseil a le droit de lui refuser en pareil cas, le versement de sa contribution (1). Le conseil veille au maintien de l'hygiène et de la salubrité dans toute l'étendue de son ressort. Tout officier médical ou inspecteur sanitaire de district est tenu de lui adresser ses rapports sous peine de se voir supprimer son traitement, jusqu'à concurrence de la moitié que supporte le conseil de comté. Au cas où ces documents établiraient une violation des divers actes sur la santé publique, le conseil en réfère aussitôt au Local Government Board.

3° Par cette subordination des paroisses et des districts au conseil de comté, sont évités les conflits susceptibles de surgir entre les premiers et le second.

Quand il s'agit des autorités inférieures, la dernière loi a imaginé une solution qui produit un résultat assez bizarre.

Un conseil de district refuse-t-il de réparer un des chemins dont il a la garde, de remédier à un empiètement ou à une obstruction, d'établir un système d'égoût convenable ou d'entretenir le système existant, de fournir à des habitations l'eau potable nécessaire, d'acheter ou de louer des terres afin de constituer des allotments, le conseil paroissial expose la situation au conseil de comté qui agit lui-même au lieu et place de l'autorité défaillante, s'il ne préfère désigner une personne investie des pouvoirs nécessaires à l'accomplissement de cette mission (2).

1. Loi de 1888, art. 11.
2. Loi de 1894, art. 10, 16 et 26.

Comme on le voit, les conseils de district sont, en fait, placés sous le contrôle des conseils de paroisse, et c'est la petite autorité qui est chargée de réprimer les écarts de la grande. C'est là une de ces anomalies qu'on rencontre souvent chez nos voisins, toujours moins soucieux de la logique et de la symétrie que préoccupés des résultats à obtenir.

Sauf cette petite *inelegantia juris*, les relations mutuelles des différents organes locaux ont été établies d'une manière très satisfaisante. Tout au plus pourrait-on regretter l'absence de comités mixtes destinés à prévenir les conflits et les frictions auxquels la loi de 1894 s'est seulement préoccupée de remédier. Mais ceci est plus discutable. Tel qu'il fonctionne, ce système complexe semble éminemment favorable à l'épanouissement d'une vigoureuse vie locale.

Cette conclusion optimiste sera-t-elle justifiée par les évènements ? L'adoption d'un régime démocratique et représentatif, à tous les degrés de la hiérarchie administrative aura-t-elle pour conséquence cette renaissance du self-government, que les promoteurs de cette réforme se sont flattés de réaliser? Ne nécessitera-t-elle pas au contraire un contrôle central plus actif et plus fortement armé? Les décisions des élus des majorités rustiques récemment investies du pouvoir représentatif, ne feront-elles pas regretter la gestion prudente et économe des magistrates et des gardiens? L'avenir et un avenir peut être prochain nous l'apprendra.

CHAPITRE XVI

LA MÉTROPOLE.

I

L'acte municipal de 1835 ne s'appliquait, nous le savons déjà, qu'à 178 localités. Il excluait ainsi de ses dispositions, 107 bourgs que leur insignifiance rendait négligeables.

Une considération inverse fit respecter l'antique organisation de Londres. Cette ville gigantesque qui comptait, déjà à cette époque, plus d'un million et demi d'habitants (1), et sur la partie centrale de laquelle régnait une corporation riche d'un glorieux passé et d'un opulent héritage, parut mériter un traitement spécial. En réalité, les commissaires chargés d'élaborer cette loi fameuse craignirent de compromettre le succès de leur œuvre et transmirent à de plus courageux la partie la plus ardue de leur tâche. L'insuccès des tentatives postérieures prouva qu'une telle circonspection n'avait rien d'exagéré.

1. 1.227.590 en 1821, et 1.872 365 en 1841.

En 1835, le Parlement réformé avait résolu le problème du gouvernement municipal en accordant aux démocraties urbaines la plus grande somme possible d'autonomie. Malgré les abus de pouvoir dont les corporations s'étaient rendu si longtemps coupables et que la commission d'enquête venait de faire passer sous leurs yeux, les membres des deux chambres ne se laissèrent pas entraîner à des mesures de réaction, ils comprirent, au contraire, que les villes de quelque importance disposent en général d'un esprit public assez éclairé et d'une volonté assez ferme pour que la loi puisse leur reconnaître la qualité de personnes, sinon absolument majeures et capables, du moins émancipées et libres de s'obliger dans une très large mesure. En restituant à tous les contribuables un pouvoir injustement accaparé par quelques-uns d'entre eux, ils se gardèrent bien de le restreindre en quoi que ce soit, ils le fortifièrent et l'étendirent au contraire, autant que possible, en concentrant au profit des conseils municipaux, des attributions jusque-là exercées par des autorités d'origine et de nature diverses.

Une mesure aussi libérale ne pouvait s'appliquer sans restriction à la colossale juxtaposition de maisons mal individualisée par l'expression géographique de Londres. Quand une agglomération urbaine en arrive à enfermer dans ses limites le territoire d'une province et la population d'un royaume (1), elle cesse d'être animée par cette

1. Le comté administratif de Londres mesure 75.490 acres, c'est-à-dire les trois quarts de la superficie du comté de Rutland ou de l'île de Wight, il n'est séparé par aucune solution de continuité des bourgs indépendants de West-Ham, de Croydon et de Rich-

communion d'intérêts, d'idées, d'aspirations, qui attache les uns aux autres par un lien de solidarité, parfois très étroit, les habitants d'une ville ordinaire et les fait coopérer avec zèle et désintéressement à la chose publique.

La difficulté se complique encore lorsque les assemblées législatives et le gouvernement qui en dépend délibèrent et agissent au milieu de cette population entassée et serrée en une masse énorme et compacte. Le pouvoir exécutif est alors tout naturellement porté à veiller lui-même directement au maintien de sa sécurité qu'un soulèvement populaire pourrait compromettre et ne se sent nullement disposé à fortifier les attributions des corps électifs qui administrent la capitale où il siége. Ces raisons expliquent le régime exceptionnel auquel sont soumises toutes les grandes métropoles. Le régime de Londres est plus qu'exceptionnel. La multiplicité des autorités, le caractère étrangement archaïque et gothique des plus anciennes, l'inégale importance de leurs attributions, l'enchevêtrement des circonscriptions auxquelles elles président, tout contribue à rendre son organisation compliquée, bizarre et chaotique. Depuis 1837, les Anglais travaillent à unifier le gouvernement de leur capitale. Jusqu'en 1888, les nombreuses tentatives faites pour donner à Londres un gouvernement rationnel et régulier ont produit des résultats très médiocres quand elles n'ont pas complètement échoué. A cette dernière date, un grand progrès

mond, sans parler d'un grand nombre d'autres districts urbains qui lui succèdent sans que rien signale ce changement. Avec les faubourgs, la Métropole excède en population l'Irlande et l'Ecosse (S. Webb, London Programme, p. 2 et 3).

a été réalisé, néanmoins cette réforme, résultat d'un compromis, ne constitue qu'une demi-mesure et ne remédie qu'à une partie des abus. Un changement radical est encore nécessaire. Une commission de cinq membres est en train de le préparer et vient de publier son rapport.

L'obstacle sur lequel sont venus jusqu'ici se briser les projets de réforme est l'existence, au centre de la Métropole, sur la rive droite de la Tamise, d'une circonscription indépendante d'un mille carré, strictement renfermée dans les limites que la jalouse prudence de la Couronne lui a jadis à plusieurs reprises tracées et qui se considère comme la partie essentielle de la ville dont elle possède, à vrai dire, près d'un huitième de la valeur imposable. Toucher à l'antique et glorieuse Cité, lui ravir ses privilèges, la dépouiller de ses biens immenses, n'est-ce pas décapiter Londres et ravaler la capitale de l'empire britannique au rang d'un bourg ordinaire ? Par contre, étendre jusqu'aux limites extrêmes de la périphérie, la juridiction du Lord Maire, des aldermen et du Common Council, est une solution à laquelle on ne saurait s'arrêter sérieusement un seul instant. Cette dualité existe depuis longtemps déjà, elle est même en grande partie l'œuvre du pouvoir royal, ainsi que le prouve l'histoire de la Métropole.

Un des premiers actes de Guillaume-le-Conquérant fut d'accorder une charte à Londres qui se bornait alors à la Cité. Henri Ier en fit une unité administrative distincte et lui concéda le privilège d'élire son sheriff et son justicier. Néanmoins, pendant toute la période normande, Londres semble n'avoir guère été qu'une juxtaposition de petites communautés : manoirs, paroisses, etc., sans personnalité morale proprement dite (1). En 1191, sous Richard Cœur-de-Lion, une charte lui confirme la qualité de commune. A cette époque, Henri Fitz-Alwyn remplissait les fonctions de maire à vie. En 1215, sous le règne du roi Jean, les principaux bourgeois acquièrent le droit de désigner le maire, privilége qui leur est fréquemment enlevé par le roi ou disputé par le peuple. A partir du XIIIe siècle, les guildes de commerçants prennent une importance toujours plus grande. En 1375, elles se voient attribuer l'élection du conseil délibérant (deliberative council), qui, depuis 1346, appartenait aux citoyens des différents wards ou quartiers. Dès cette époque, les trading companies excercent seules le pouvoir municipal (2). Enfin, en 1725, la Cité reçoit une nouvelle constitution dont une grande partie subsiste encore aujourd'hui (3).

Longtemps la Métropole fut officiellement confinée dans cette étroite sphère (4) au-delà de laquelle les Tudors et les Stuarts lui avaient à plusieurs reprises fait défense de s'étendre, redoutant, disaient-ils, la turbulence d'une multitude trop nombreuse « pour servir Dieu et obéir au

1. Stubbs, I, p. 404-407. Les principaux passages de la charte de Guillaume-le-Conquérant sont cités page 404.

2. Stubbs I, 629-630 ; II, 585-596.

3. 11 Geo. I, ch. 18.

4. La juridiction de la corporation s'étendait en outre à la portion du territoire limitrophe dont la possession était nécessaire à la défense de la Cité et qui portait le nom de Londres hors les murs (*London Without the walls*). Cette banlieue n'existait pas au-delà de la Tamise, fortification naturelle.

roi. » Londres s'agrandissait néanmoins. L'aire située au-delà de l'enceinte de la Cité était divisée en paroisses parmi lesquelles émergeaient la « Liberté de la Tour de Londres » et la « Cité de Westminster » et qui s'administraient en vertu de vieilles coutumes et de plus de 750 actes ou statuts spéciaux, sous la direction de 300 corps différents et de 10.000 fonctionnaires ou employés (1).

Pendant ce temps, la petite république oligarchique de quelques centaines d'acres qui formait le noyau de ce parenchyme informe, restait livrée sans contrôle à une étroite coterie, héritière des vieilles guildes et qu'avait rendue plus étroite et plus exclusive encore la séparation des liverymen et des workmen opérée au profit des premiers, ainsi que l'institution des aldermen, œuvre de Georges Ier.

C'est au parenchyme que les réformateurs s'en prirent tout d'abord. Diverses lois sur lesquelles il y aura lieu de revenir au cours de ce chapitre, y instituèrent des juges de paix rétribués (stipendiary magistrates), une police commune, un système d'assistance public rationnel et beaucoup plus tard, en 1870, un school board.

Dans l'intervalle, une loi du 14 août 1855 (2), avait unifié divers services sous la direction d'un Comité Métropolitain de Travaux (Metropolitan Board of Works). Cette sorte d'assemblée générale de Londres englobait même la Cité, elle se composait de quarante-six membres. Le Common Council de la Cité en désignait trois, le surplus était choisi par quinze districts boards et vingt-trois

1. Firth *London Government, Cobden Club Essays*, p. 180.
2. 18 et 19 Vict., chap. 120. Metropolis Local Management Alt.

paroisses assez importantes pour former un district par elles-mêmes (1). En principe, chaque circonscription élisait un délégué, toutefois deux districts n'en formaient qu'un seul en vue de cette élection et chacune des six vestries les plus importantes avait été gratifiée de deux représentants.

Le Metropolitan Board of Works se renouvelait chaque année par tiers et nommait son président, son secrétaire et son trésorier. La plus importante de ses attributions était l'administration des égouts principaux (main sewers). Rentraient encore dans ses pouvoirs, l'entretien des quais et des ponts, le redressement des rues, le percement de nouvelles voies, l'aménagement et le contrôle de certains parcs et jardins, le service des incendies, le numérotage des maisons, la police des nouvelles constructions (hauteur, alignement, etc.), le droit d'autoriser et de surveiller les industries dangereuses, l'inspection des logements insalubres, l'exécution de diverses lois sur les tramways, les abattoirs, les épizooties, etc. En vue de satisfaire à ces obligations, cette assemblée édictait des règlements, percevait des taxes et contractait des emprunts. Concurremment au Metropolitan Board, deux autres corps étaient chargés de tout ce qui concerne l'entretien de la police de la Tamise et de la Lea. Le premier partageait ses fonctions avec les autorités de la Cité sur une certaine partie du cours du fleuve.

Il est à remarquer que la juridiction de cet important

1. On verra plus loin que ces chiffres avaient été modifiés par deux lois récentes, l'une de 1885 (ch. 33), l'autre de 1887 (ch. 17).

conseil s'étendait même à la Cité. Le premier pas vers l'unification était donc franchi. L'année qui suivit cette importante réforme, un membre du Parlement ne craignit pas de s'attaquer directement à la corporation de Guildhall. Un bill, introduit en 1856, par Sir G. Grey conformément aux conclusions d'une commission désignée trois ans auparavant, ne proposait rien moins que l'abolition du droit de juridiction de la cité et la suppression de la Cour des Aldermen. Son auteur fut forcé de battre en retraite devant les protestations furieuses des autorités menacées.

Les bills ministériels présentés en 1858-1859 et 1860, n'eurent pas plus de succès, il en fut de même pour celui de Stuart Mill, en 1867-68 et d'Edw. Buxton en 1869-70. Lord Elcho en 1875, et, trois ans après, sir U. Kay-Shuttleworth durent également retirer des propositions de réforme qui étaient, à vrai dire, fort radicales. En 1880, M. Firth, plus tard premier deputy-chairman du county council de Londres, eut le mérite d'appeler de nouveau l'attention publique sur cette grave question. Le projet, adopté en 1884, au nom du gouvernement par sir W. Harcourt, instituait un conseil municipal unique de 240 membres élu au vote cumulatif et destiné à absorber le board of guardians et les school boards. Il fut retiré après d'intéressants débats. Ce fut enfin le gouvernement conservateur au pouvoir en 1888 qui fit aboutir cette réforme si longtemps différée.

La loi de 1888, dont les autres dispositions ont déjà été analysées antérieurement, consacre six articles à la Métropole. Ces dispositions modifient profondément l'économie du gouvernement de Londres. Le Métropolitain Board of Works est supprimé, ses attributions passent au conseil chargé d'administrer un nouveau comté emprunté par parties au Middlesex au Surrey et au Kent et qui porte désormais le nom de comté de Londres. La Cité subsiste néanmoins et son aspect extérieur n'est pas modifié. A certains points de vue, néanmoins son territoire est réuni à celui du comté de Londres sous l'autorité du conseil de ce comté. Cette circonscription commune porte le nom de comté administratif de Londres. Les autorités secondaires subsistent.

Il faut donc se représenter la capitale de l'Empire Britannique, sous la forme d'un grand cercle d'une superficie de 75.442 acres qui englobe deux autres cercles de superficie très inégales. Ces trois sphères concentriques sont en commençant par le centre :

1° La Cité de Londres qui est gouvernée par son antique corporation et qui forme un comté séparé pour tous les objets non administratifs : session trimestrielle, milice, coroner, sheriffs;

2° Le comté de Londres qui est la circonscription administrée par le conseil de comté, déduction faite de la Cité;

3° Le comté administratif de Londres qui, pour certains objets, englobe également la Cité.

La superficie, la valeur imposable et la population de ces circonscriptions, sont les suivantes, d'après les calculs de la commission instituée pour l'unification de Londres.

	Cité de Londres.	Comté de Londres hors de la Cité.	Comté adm. de Londres y compris la Cité.
Superficie...	Acres 671	74,771	75,442
Valeur imposable, 1891.....	L. 4,101,798	28,998,515	L. 33,099,313
Popul. (recens. de 1891)....	37,705	4,194,413	4,232,118
	Proportion pour cent.		
Superficie..................	89	99, 11	100
Valeur imposable..........	12, 39	87, 61	100
Population.................	90	99, 10	100

II

La constitution actuelle de la Cité est le résultat de plus de cinq cents chartes et de cent vingt actes locaux. Elle peut d'ailleurs être modifiée de temps en temps par la corporation (1). Pour le moment, elle fonctionne avec le concours de quatre éléments principaux : les citoyens (citizens), le Conseil Commun (Common Council), les Aldermen et le Lord Maire.

La plupart des citoyens appartiennent aux guildes ou trading companies. Ces dernières sont au nombre de 76, quelques-unes d'entre elles sont censé représenter des métiers complètement disparus (2). Pour faire partie de l'une de ces associations, il n'est pas nécessaire d'exercer une profession : les plus grands personnages du royaume s'honorent de leur affiliation à l'une des douze compa-

1. 15, Ed. III (1341).

2. Par exemple les brodeurs, les cordiers pour arbalètes, les marchands de souliers à patins.

gnies qui sont qualifiées de grandes (great companies) (1).

L'obtention de la franchise (freedom) par rachat (redemption) est en effet assez usitée. La personne admise acquitte un droit d'une livre et, depuis 1835, le Chamberlain peut se dispenser d'inscrire le nouveau citoyen dans une guilde. La franchise s'acquiert en outre par la naissance et l'apprentissage : les femmes n'en sont pas exclues et la conservent après le décès de leur mari.

En 1838, le Common Council adopta une résolution aux termes de laquelle toute personne exerçant un métier ou occupant un établissement, serait tenue de devenir citoyen, mais cette obligation n'a jamais été sanctionnée.

Les citoyens se divisent en deux classes, les freemen, les liverymen. Ce dernier titre appartient seulement aux personnages de quelque importance et confère certaines prérogatives. Freemen et liverymen participent, le 21 décembre, à l'élection annuelle des membres du Common Council, ils sont répartis à cet effet en 26 wards ou quartiers représentés chacun par un nombre de conseillers qui varie entre quatre et seize, jusqu'à concurrence de 206. Pour jouir de ce privilège, les freemen doivent soit figurer sur la liste des électeurs parlementaires de la Cité, soit occuper dans les limites de celle-ci, une maison, magasin, comptoir ou établissement quelconque productif d'un revenu imposable de 10 livres au moins (2).

1. L'héritier présomptif de la couronne appartient à la corporation des tailleurs, un de ses frères à celles des poissonniers. Il est telle de ces compagnies dont le diplôme est aussi recherché que l'entrée dans un grand club (Daryl, *Vie publique en Angleterre*, page 207).

2. 12 et 13, Vict., ch. 91, art. 5 (1849).

Outre les conseillers (councilmen) ordinaires, le Common Council compte 25 aldermen nommés à vie par les différents wards. Tous les freemen sont éligibles à cette dignité. Chaque alderman gouverne encore théoriquement son ward, attribution qui se borne actuellement à la convocation et à la présidence de l'assemblée du ward (wardmote), ainsi qu'à la poursuite des auteurs de nuisances. Les aldermen statuent en outre sur l'admission des freemen, ils nomment les brokers (courtiers) et exercent un certain contrôle sur la police. Leur principale attribution est celle qui résulte de leur qualité de juge de paix, bien que l'article 11 de la loi de 1888 ait transféré au conseil de comté de Londres la majeure part des pouvoirs administratifs liés d'ordinaire à cette fonction. Ils statuent en effet sur l'octroi des licences aux public-houses.

En tant que membres du Common Council, les aldermen et les concilmen ordinaires jouent le même rôle. Cette assemblée à la gestion des biens et des revenus de la corporation (1), elle possède en vertu d'une charte d'Edouard III (1327), le monopole des marchés, non seulement dans la cité, mais encore dans un rayon de

1. Une partie considérable de ce patrimoine se compose de terres situées dans la province irlandaise d'Ulster et concédées en 1609, par Jacques I. Ces biens, qui sont administrés par un comité du Common Council composé de 25 membres, présidés par un alderman élu chaque année en février est connu sous le nom de Société Irlandaise (Irish Society). M. Sidney Webb évalue le total des capitaux possédés par les guildes à vingt millions de livres (London Progr. p. 103).

7 *leucas* à partir de ses limites (1) droit qui comporte la police, la perception de redevances, la concession d'emplacement ; elle nomme la plupart des employés et agents d'exécution. Town Clerk, Clerk of the Peace, Coroner, Remembrancer, etc... etc..., elle exerce enfin les attributions d'autorité sanitaire du port de Londres (2).

Le nombre considérable des membres qui le composent permet au Common Council de désigner plusieurs comités, à chacun desquels est confiée une fonction très restreinte. Un de ces comités joue néanmoins un rôle très important, c'est celui des commissaires d'égoûts (commissioners of sewers). Ce comité de 92 membres dispose de pouvoirs propres très étendus qui lui ont été concédés par un acte de Parlement et qu'il exerce au moyen d'agents placés sous sa dépendance directe : entretien des égoûts secondaires, éclairage, pavage, balayage des rues, destruction des nuisances, police des bâtiments, etc. C'est enfin le burial board de la cité.

Le Common Council est présidé par le Lord Maire. Ce personnage est élu chaque année, le 29 septembre, par les liverymen qui choisissent deux candidats parmi les aldermen. Ces derniers désignent à l'approbation du souverain un des noms ainsi présentés. En réalité, le plus ancien alderman est toujours nommé (3). Le 9 novembre

1. Le *leuca* représentait environ 2000 pas.

2. 2 et 3 Vict. ch. 44 art. 3.

3. Les deux dernières élections ont été pourtant vivement contestées, d'ailleurs sans succès. Dans la première, le plus ancien alderman était un catholique pratiquant, dans la plus récente, on lui reprochait d'avoir été mêlé à un désastre financier.

suivant, l'heureux élu se rend processionnellement à Westminster où, après avoir été présenté au lord chancelier, il prête serment devant les juges.

Le Lord-Maire est conservateur de la Tamise, amiral du port de Londres, lieutenant de la reine, administrateur des hôpitaux, directeur des marchés, contrôleur des poids et mesures, vérificateur des vins, huiles, etc., chef de la milice, coroner perpétuel, président de la Cour des Aldermen, de la Cour du Common Hall, de la Commission des Égouts, etc.

Dans la pratique, le titulaire de toutes ces dignités n'en exerce aucune. Il représente la Cité dans les cérémonies publiques, donne des réceptions en son nom, préside les fêtes de bienfaisance et cela suffit amplement à son activité. Il habite le palais municipal de Mansion House et reçoit un traitement de 10000 livres qui couvre à peine la moitié de ses dépenses ; un chapelain et un hérault d'armes sont attachés à sa personne ; enfin, honneurs plus durables et plus appréciés, ses fonctions lui donnent droit à un siège au Conseil Privé, et par conséquent, au qualificatif de « right-honourable » ; lorsqu'elles se terminent, l'ex Lord Maire reste baronnet.

Au-dessous des autorités dont le rôle respectif vient d'être étudié, prennent places divers officiers et fonctionnaires qui méritent d'être mentionnés brièvement.

Ce sont, dans la sphère administrative, tout d'abord deux sheriffs élus chaque année par les liverymen (1). Ces personnages dont l'origine remonte à Henri Ier et qui

1. 11 Geo. I, ch. 18.

présidaient autrefois, du moins en théorie, les deux cours des sheriffs, n'exercent plus maintenant que des fonctions d'apparat ; ils accompagnent le Lord-Maire dans les cérémonies, présentent à la chambre des communes les pétitions du Common Council ou de la Cour des aldermen, et assistent aux exécutions capitales qui ont lieu dans l'enceinte de la Cité, attribution remplie d'ordinaire par le sous-sheriff de Middlesex. *Le Town Clerk* (secrétaire municipal) auquel sont confiés les archives et le sceau, reçoit un traitement de 3.500 livres. Le *Chamberlain* ou trésorier est payé à raison de 2000 livres. Le *Remembrancer*, maître des cérémonies, est chargé de veiller au respect des prérogatives et à l'ordre des préséances, d'accompagner le Lord-Maire dans certaines circonstances et d'assister aux séances des Communes pour y surveiller la marche des affaires susceptibles d'intéresser la corporation, son traitement s'élève à 2000 livres.

Dans l'ordre judiciaire, le *Recorder* est juge de la Cour Criminelle Centrale (Central Criminal Court), il préside la Cour du Lord Maire (1), il est enfin l'avocat consultant de la Cité. La Cour des Aldermen le nomme à vie. Ses appointements sont de 3,000 livres. Le *Common Sergeant* ou *Deputy Recorder* exerce les mêmes attributions que le Recorder, qu'il supplée quand cela est nécessaire. Les traitements considérables touchés par la plupart de ces fonctionnaires expliquent en partie le total vraiment formidable des dépenses nécessaires au gouvernement de la Cité. Ce quartier de Londres qui compte

1. 20 et 21 Vict., ch. 47, 1857.

seulement 671 acres de superficie et une population permanente c'est-à-dire nocturne de 37.705 personnes (1), a dépensé 1.169.788 livres en 1889-1890 (2). La révision des éléments de cet énorme budget est une simple formalité à laquelle procèdent quatre auditeurs nommés chaque année par les liverymen.

III

Le passant qui vient de franchir l'enceinte idéale de la Cité sort d'une ville à organisation municipale pour pénétrer dans un comté. Inutile pour lui de chercher le town council qui administre cet immense territoire couvert de constructions, il trouverait à la place de ces corps, des assemblées et des fonctionnaires qui correspondent

1. Il est vrai que la population diurne s'élève à plus de 300 000 habitants.

2. *London Statistics*, 1891-1892, vol. II, p. 7. M. Firth dans une *Étude sur le gouvernement de Londres*, publiée en 1880, cite les faits suivants : « Voilà le coût de la réception d'un prince royal : 27.576 livres pour une seule journée. Dans la liste des frais figuraient les *items* que voici : rafraîchissements, 5.098 livres, vins 1.731 livres, tapisseries, tentures, 4.531 livres, menus, cartes, carnets de bal, 903 livres, etc. (*Cobden Club Essays*, p. 172). Cette même année, les distractions que les membres des divers comités se sont offertes aux dépens des contribuables ont coûté près de 6.000 livres, c'est-à-dire de 20 à 25 livres par tête. » Si l'on passe au budget des Guildes, on constate un gaspillage encore plus effrayant. Des 800.000 livres auxquelles on estime leurs revenus, près des six huitièmes servent à régaler les dignitaires, à solder leurs jetons de présence, à doter de sinécures leurs protégés.

aux diverses autorités auxquelles est confié le gouvernement des parties rurales de l'Angleterre, à savoir des vestries et des districts, un conseil de comté, des juges de paix, un premier commissaire de police, des boards of guardians, un school board, un Registrar Général et une Cour Criminelle Centrale.

Aux termes du Metropolis Monagement Act de 1855 (1), modifié par deux lois subséquentes (2), Londres est divisé en quarante et une circonscriptions auxquelles il conviendrait d'ajouter pour être complet, huit territoires tels que les Inns of Court qui sont soumis à des règles particulières (3). Déduction faite de ces enclaves, ces diverses circonscriptions se répartissent en deux groupes. Le premier contient 27 paroisses, le second quatorze districts, les unes sont administrées par des vestries, les autres par des boards.

Depuis la loi de 1894, tous les électeurs paroissiaux participent, au moyen d'un seul suffrage, au choix des membres de vestries. Est éligible à ces fonctions, toute personne qui est électeur paroissial, ou a résidé dans la paroisse pendant les douze mois antérieurs à l'élection (4). Certaines vestries comptent jusqu'à 120 membres.

Les vestrymen sont élus pour trois ans et se renouvèlent chaque année par tiers. Ils désignent leur prési-

1. 18 et 19 Vict. ch. 120 annexes A et B.

2. Métropolis Management. Amendement Act 1885 (18 et 49 Vict. ch. 33) : Métropolis Management (Battersea and Wandsworth Act) 1887 (50 et 51 Vict. ch. 17).

3. L'annexe C. de la loi précitée en donne l'énumération.

4 Loi de 1894, art. 23 et 31.

dent dans leur première séance annuelle. Ce dernier est juge de paix *ex officio* pour le comté de Londres (1).

Les membres des districts boards sont nommés par les vestries de chaque district dans une proportion qui varie suivant l'importance de la paroisse représentée. L'assimilation entre ces dernières circonscriptions et les paroisses du groupe précédent est d'ailleurs complète à tous les autres points de vue.

Les unes et les autres de ces assemblées remplissent les fonctions d'autorité sanitaires, elles ont donc à prévenir et à supprimer les nuisances, à balayer et éclairer les rues, entretenir les embranchements secondaires d'égoûts, elles édictent des règlements et nomment des médecins et des inspecteurs chargés de veiller à leur exécution et de signaler les violations qu'ils subissent. Vestries et district boards sont enfin chargés de la perception des taxes.

Le conseil de comté de Londres se compose de 137 membres, 118 conseillers élus pour trois ans dans les divisions parlementaires, à raison de deux conseillers pour un membre du parlement et 19 aldermen choisis pour six ans par le conseil. La Cité désigne aussi quatre représentants. Les élections s'opèrent de la même manière que dans les autres comtés, soit quant au fond soit quant à la forme. Pour posséder la franchise électorale, il suffit toutefois de résider dans un rayon de quinze milles au delà des limites du comté (2).

1. Loi de 1894, art. 31.

2. Loi de 1888 art. 40. Aux élections de 1892 le nombre des électeurs inscrits a été de 511.141.

Le conseil nomme son président qu'il peut choisir en dehors de son sein, il a également la faculté de désigner un vice-président et en outre un deputy-chairman salarié, il tient au moins une séance par semaine; en dehors de ses réunions, il se répartit en vingt-cinq comités (1), et agit par l'entremise de 1478 fonctionnaires payés à raison de 96,355 livres (2).

Si l'acte de 1888 avait enfermé cette autorité dans le cercle d'attributions qu'elle a tracé aux autres conseils de comté, l'immensité de la population qu'elle administre et l'importance des affaires qu'elle gère suffiraient à justifier les chiffres qui viennent d'être cités. Mais les pouvoirs du conseil de Londres sont encore beaucoup plus vastes, ils dérivent en effet de différentes sources et ont en outre été étendus depuis sa création, notamment au point de vue des logements ouvriers et de la santé publique.

Cette assemblée n'exerce pas seulement en effet les fonctions des conseils ordinaires, elle a en outre hérité de celles du Metropolitan Board of Works. Ses attributions

1. Les comités correspondent aux services suivants : Asiles d'aliénés, Ponts, Bâtiments, Taxes du comté, Propriétés, Institutions charitables et fondations, Finances, Incendie, Questions générales (general purposes), Voirie, Améliorations (improvements). Ecoles industrielles et de correction, Egoûts, Parcs, Santé publique, Théâtres, Instruction, Comité mixte, etc.

2. Les principaux chefs de service sont le secrétaire du conseil (clerk of the council. 1000 l., le contrôleur (comptroller) 1500 l., l'ingénieur en chef 1500 l., l'architecte en chef 1500 l., l'évaluateur (valuer) 1500 l., le solicitor 1000 l., l'officier médical 1000 l., etc.

Le deputy-chairman exerce la plus grande partie des fonctions confiées au county clerk dans les comtés ordinaires.

nous sont donc déjà connues, et il suffira de les rappeler sommairement.

Le remarquable rapport publié par la commission chargée d'étudier la réforme de Londres (1) divise ces attributions en quatre groupes : 1° attributions administratives; 2° attributions de surveillance, d'inspection et de réglementation; 3° attributions dérivant d'un droit de représentation de l'intérêt général; 4° attributions financières (2).

1° Le conseil a la gestion du patrimoine commun, il entretient dix ponts sur la Tamise et vingt-quatre autres ponts ainsi que les quais et les embarcadères, il maintient en bon état les parcs et les promenades et en acquiert de nouveaux, il administre les asiles d'aliénés pauvres et ordonne la démolition des logements insalubres et l'achat des terrains nécessaires à la construction de logements d'ouvriers. L'exécution des lois sur les maladies contagieuses des animaux lui a été aussi confiée;

2° Le conseil est chargé de surveiller les autorités sanitaires des districts et d'agir à leur place si elles négligent leurs devoirs, il solde la moitié des appointements des médecins désignés par ces autorités et a le droit d'exiger d'eux des rapports; un égoût secondaire ne peut être construit sans son approbation. Cette approbation est

1. Ce rapport, dans lequel j'ai largement puisé, se divise en plusieurs fascicules assez volumineux qui étudient respectivement l'organisation de la Cité, celle du comté de Londres, les attributions du conseil de comté. Le dernier, paru récemment, renferme le projet présenté par la commission.

2. Loi de 1888, art. 40 à 46.

aussi nécessaire à la validité des emprunts contractés par les vestries des districts boards. Les courses de chevaux ne peuvent avoir lieu dans un rayon de dix milles, à partir de Charing Cross, sans son consentement. Il concède aux théâtres et aux music-halls les licences nécessaires à leur ouverture et dont le renouvellement doit être sollicité chaque année. Il autorise les industries dangereuses et insalubres.

Des escouades d'inspecteurs ont mission de faire respecter les ordres du conseil. D'autres inspecteurs visitent les établissements où l'on vend du lait, vérifient les poids et mesures, s'assurent du bon fonctionnement des compteurs à gaz et à électricité, constatent la loyauté des chargements de charbon, veillent à l'application des règlements sur l'aménagement intérieur des fabriques et le nombre maximum d'heures pendant lesquelles les jeunes gens peuvent y travailler.

3° Le conseil a le droit de s'apposer aux bills susceptibles de léser ses justiciables. En 1889, son intervention s'est exercée contre 184 projets locaux. En revanche il en présente tous les ans un certain nombre à l'approbation du Parlement.

4° En vue de satisfaire à toutes ces obligations, le conseil édicte des règlements. Les dépenses contractées par lui se sont élevées, en 1891-92, à 1,908,468.10 pour l'ensemble du comté administratif de Londres et à 2,222,278.11 pour le comté de Londres proprement dit, déduction faite de la Cité (1). Ces dépenses sont alimen-

1. *London statistics* (1892-93). Vol. III, p. XXVII. Le même ouvrage évalue approximativement le chiffre total des contribu-

tées par les contributions de l'Echiquier, les revenus des biens, le produit des droits et des amendes, enfin par les taxes. Le conseil doit d'ailleurs faire face à une dette de 31,421,323.9. Le fardeau des intérêts et de l'amortissement de cette somme est, il est vrai, supporté, jusqu'à concurrence de 10,297,675, par les autorités secondaires auxquelles le conseil a consenti des avances et des prêts.

Indépendamment de son conseil, Londres est gouvernée par les diverses autorités auxquelles lui donne droit son titre de comté; on y trouve donc un Lord-lieutenant (1), un sheriff, un clerk of the peace et des coroners.

Les personnes qui exerçaient les fonctions de juges de paix dans les comtés de Middlessex, Surrey et Kent deviennent juges de paix pour Londres. Pratiquement ces magistrates ne disposent pas des pouvoirs de juridiction sommaire qui sont exercés dans la Métropole par les magistrats des police courts. Leurs principales fonctions sont la révision des listes de jurés et l'octroi des licences aux débitants de liqueurs alcooliques. En vue d'exercer cette dernière attribution, ils tiennent une session spéciale (2). Une session spéciale est également réservée à la désignation des inspecteurs des pauvres et de leur assistants. La cour de sessions trimestrielles tient deux sessions par mois alternativement sur la rive droite et la rive gauche de la Tamise; elle est présidée par un avocat ayant au

tions payées par les habitants de Londres à 7,978,478 livres pour les taxes locales et à 9,736,906 livres pour les taxes générales, en tout 17,714,684 livres.

1. Ce titre est conféré au duc de Westminster.

2. Geo III, ch. 61 ; 23 et 24, Vict. ch. 90.

moins dix ans de pratique. Outre la juridiction pénale, cette cour reçoit les appels contre les jugements des police courts et les décisions des juges de paix, ainsi que les réclamations en matière fiscale.

Les polices courts furent établies par des lois successives à partir de la fin du XVIIIe siècle. En 1792, une loi organisa sept tribunaux dans lesquels siégeaient trois juges de paix nommés par le roi. Ces magistrats recevaient des épices (fees) et en outre un appointement fixe. Un acte de 1800 créa un nouveau tribunal. Ces mesures, prises à titre temporaire, furent sans cesse renouvelées et étendues. Le nombre des police courts est aujourd'hui de quatorze. Vingt-cinq police magistrates y siégent. Depuis 1839, ils doivent être choisis parmi les avocats comptant sept années d'exercice. Leur traitement est fixé à 1500 livres. L'un d'eux, celui qui siège à Bow Street porte le titre de chief magistrate et reçoit 1800 livres.

Les uns et les autres sont juges de paix *ex officio* pour les comtés de Middlessex, Kent, Essex, Hertford, la Cité de Westminster et la Tour de Londres. Ils sont juges correctionnels et de police et instruisent les affaires qui doivent être soumises au jury. Ils siègent chaque jour de 10 heures à 5 heures, et s'assemblent quatre fois par an pour délibérer sur les améliorations et les réformes à réaliser (1). Qu'on ne s'attende pas à trouver dans le ressort

1. *Memorandum on the corporation of the city and on the county of London by J. Kemp, secretary of the special committee*, p. 65 à 68. Voir aussi Comte de Franqueville, I, p. 211 et s. Maitland, *Justice and Police*, p. 99.

du comté administratif de Londres, un standing joint committee chargé, comme dans les autres comtés, de la direction de la police. Depuis 1829, époque où il fut réorganisé, cet important service est confié au ministre de l'intérieur qui en répond seul, à l'exception des brigades qui agissent sous les ordres du Common Council de Guildhall. Avant cette réforme, les habitants de Londres étaient condamnés à vivre sous un régime qui, suivant l'expression de la commission parlementaire de 1849, semblait avoir été imaginé par les malfaiteurs en vue de favoriser le vice et le crime. Le soin de maintenir l'ordre, de prévenir et de réprimer les attentats à la sécurité publique, était abandonné aux diverses paroisses, libertés, townships. Chaque autorité restait confinée dans son quartier. Mal payés et sans direction, les agents ne jouissaient d'aucun pouvoir au-delà des limites de leur district (1).

Sir Robert Peel eut l'honneur d'attacher son nom à la réforme de ce service et de poser les bases du système actuel (2). Dix ans après, la police de la Cité était organisée sur un plan analogue (3), tout en restant néanmoins indépendante du pouvoir central. Actuellement encore, chose bizarre, les pouvoirs des préposés du secrétaire à l'intérieur expirent à un certain point du Strand ou du Holborn. Hâtons-nous d'ajouter que les mandats des magistrates du comté sont exécutoires dans la Cité et récipro-

1. Comte de Franqueville, I, p. 565-569.
2. 10 Geo. IV, chap. 44 (1829.
3. 2 et 3 Vict., chap. 44 (1839).

quement. De même, en cas de nécessité la police métropolitaine peut agir dans la Cité sous le commandement du ministre, et la police de la Cité intervenir dans le comté de Londres à la requête de ce dernier, avec l'autorisation du Lord Maire.

Les mille policemen qui maintiennent l'ordre dans l'enceinte de la Cité (1) sont commandés par un Commissaire (Commissioner). La Cour du Common Council élit ce fonctionnaire que la Cour des Aldermen ou même, au besoin le gouvernement de la reine, a le droit de révoquer (2). Le Commissioner peut être investi, sur la pétition des aldermen et du Common Council des fonctions de juge de paix, il nomme les agents dont le nombre est fixé de temps en temps par le Common Council et édicte, sous la réserve de l'approbation de la Cour du Lord Maire et des aldermen, les règlements relatifs à la circulation (2). Les ressources nécessaires sont alimentées, à concurrence du quart, par les recettes de la corporation. Pour couvrir le surplus, cette autorité a le droit de percevoir une taxe spéciale sur toute personne qui occupe une maison dans un des quartiers ou dans une des enceintes de la Cité (1).

1. Exactement 904 qui se décomposent en un assistant commissioner, 2 superintendants, 4 chiefs inspectors, 8 inspecteurs de première classe, 22 inspecteurs des gares, 12 inspecteurs de sûreté (detective inspectors). 67 sergeants, 7 detective sergeants, 21 detective constables et 752 constables, plus les constables chargés d'un service de surveillance intéressant exclusivement des particuliers (Memorandum de M. J. Kemp).

2. 2 et 3 Vict., chap. 44, art. 22.

Les comptes de la police de la Cité doivent être chaque année soumis au Parlement (1).

Une fois sortis de la Cité, nous entrons dans le district métropolitain de police et tombons sous la juridiction du secrétaire à l'intérieur. Ce district qui renferme 5.596.101 habitants, englobe la totalité du Middlessex et certaines parties du Surrey, du Kent, de l'Essex, du Hertfordshire sans oublier les docks. Les constables qui en dépendent sont, en outre, autorisés à instrumenter sur tout le territoire des comtés susdits, ainsi que le long du cours inférieur de la Tamise. A la tête de cette circonscription, est placé un « premier commissaire » (first commissioner), assisté de trois commissaires adjoints. Ce préfet de police réglemente la circulation, exerce la surveillance des prisons et des garnis, nomme et révoque les simples constables, les titulaires des grades supérieurs étant nommés par le premier ministre sur sa présentation. Un fonctionnaire spécial, le receveur de la police est chargé de la partie financière (2). La taxe de police frappe les personnes astreintes à la taxe des pauvres. Les évaluations sont faites par un *assessor* désigné par une commission de la Cour des Sessions Trimestrielles (3).

Jusqu'en 1867, l'administration métropolitaine de l'as-

1. 2 et 3 Vict., chap. 44, art. 57 et 58.

3. 2 et 3. Vict. ch. 44, art. 92.

3. Je rappelle que l'effectif de la police atteignait en 1893 le chiffre de 14.931 hommes dont l'entretien coûtait 1.623.758 livres. Les dépenses consacrées à la police de la Cité s'élevaient à la même époque à 133.923 livres.

sistance publique présenta le spectacle de la plus déplorable confusion. Un tiers de Londres vivait sous le régime d'actes locaux dont les dispositions étaient presque toujours contraires à l'esprit des nouvelles lois générales. Partout les paroisses où les districts supportaient seuls la charge de leurs pauvres, il en résultait que, dans les quartiers riches, la poor rate représentait une charge insignifiante, tandis que, dans les quartiers pauvres, elle constituait un intolérable et pourtant insuffisant fardeau. Une loi de 1867 (1) se proposa de remédier à cette situation, d'une part créant des comités de gardiens composés pour un tiers de membres *ex officio* et de membres élus par le Central Poor Law Board et, pour le surplus, de délégués élus par les contribuables ; de l'autre en instituant un fond commun (metropolitan common poor fund) au moyen de contributions versées par les diverses unions et paroisses, proportionnellement à leurs valeurs imposables et respectives.

La Métropole est actuellement divisée en cinq districts et trente unions, les plus importantes de celles-ci étant formées d'une seule paroisse. Les 112 paroisses de la Cité forment une seule union. Depuis 1894 les gardiens sont désignés comme ailleurs par les électeurs paroissiaux et les membres *ex officio* sont supprimés.

Le Metropolitan Common Poor Fund sert à solder les dépenses suivantes : l'entretien des aliénés dans les asiles ; des varioleux et des malades atteints de fièvres contagieuses dans des hôpitaux spéciaux, des enfants pauvres

1. 30 et 31 Vict., ch. 6.

dans des écoles spéciales, des pauvres occasionnels (casual paupers), les frais d'assistance médicale, les appointements des employés des asiles et dispensaires, les honoraires dus pour la vaccination et l'enregistrement de l'état civil, enfin une forte part de l'entretien des pensionnaires des workhouses (1).

La contribution du Métropolitan Poor Fund ne doit pas néanmoins dépasser cinq shillings par jour et par tête d'indigent enfermé dans cet asile ou dans un workhouse.

Le 1er janvier 1892, 61.475 in door paupers et 47,047 out door paupers recevaient l'assistance soit 112.517 ou le 14-5 et le 11-3 pour mille de la population totale. En 1887-88 le total des assistés n'était pas inférieur à 117.130. Il n'a cessé depuis lors de décroître (2). En 1891-92 la taxe des pauvres a produit 4.355.012.

L'acte sur l'enseignement primaire de 1870 a fait à Londres un traitement spécial. La Métropole forme un seul district scolaire, composé de 55 membres élus dans 11 divisions électorales, par tous les contribuables à la taxe des pauvres. Le président de cette assemblée peut-être choisi en dehors de son sein. Les dépenses ordinaires de cette autorité se sont élevées, en 1890-91, à 1.840.878. Le Comité d'éducation lui a attribué cette même année, pour 344,763 livres de subventions. Son passif atteignait également en 1891 le total de 8.499.161 livres.

1. *Metropolitan Poor Amendement Act.*, 1870, 23 et 34, Vict. ch. 18.

1. *London statistics*, 1892-93, vol. III. p. XIV.

2. *London statistics*, 1892-93, vol. III, p. XLI.

L'organisation compliquée qui vient d'être décrite, est née en 1888 d'un de ces compromis affectionnés par les Anglais.

La bizarre trinité formée par les deux sphères concentriques de la Cité et du comté sans épithète de Londres, dont l'ensemble constitue un comté administratif, *duo juncta in uno,* sera-t-elle de longue durée? Tout porte à croire le contraire. Ses créateurs eux-mêmes n'osent affirmer et s'accordent, en général, pour considérer leur œuvre comme un arrangement provisoire. Il est vrai que, chez nos voisins, comme chez nous, le provisoire dure souvent très longtemps, surtout quand il s'appuie sur de puissants intérêts. La solution proposée par le rapport de la commission dont il a été parlé au début de ce chapitre, semble néanmoins très pratique. Ce projet n'a rien de radical : il s'efforce, autant que possible, de conserver les éléments existants et d'en tirer le meilleur parti dans une combinaison qui ne différera pas essentiellement de l'état de choses actuel. Unification de la Métropole sous le nom de Cité de Londres et sous le gouvernement d'un conseil présidé par un Lord-Maire et investi des pouvoirs d'un county council, création de districts placés eux aussi sous la direction de conseils présidés par des maires et chargés de la perception des taxes ainsi que d'attributions sanitaires et d'administration courante, assimilation à ces districts, sur presque tous les points, de la présente Cité de Londres sous le nom de Old City, telles sont les grandes lignes de ce projet dont la modération est remarquable. L'avant-garde du parti radical va, il est vrai, beaucoup plus loin et ne se propose rien moins que d'expérimenter dans la grande ville toutes les idées du socialisme municipal avec leurs nombreuses conséquences. Les applications de ce socialisme à la Métropole ont reçu d'un de ses plus brillants partisans le nom de « Programme de Londres » ; elles comportent notamment l'exploitation pour le compte des contribuables de tous les services publics : eau, gaz, omnibus, cabs, etc., un impôt municipal progressif sur les successions immobilières, des taxes supplémentaires destinées à absorber le *unearned increment* dont l'exécution des travaux publics et l'accroissement de la population enrichissent la propriété foncière, l'unification de l'assistance publique et la péréquation de la taxe des pauvres (1).

Ces idées ne sont pas près de se réaliser, mais il est incontestable qu'elles font de grands progrès en Angleterre où l'idée socialiste pénètre de plus en plus.

1. *The London Programme by Sidney Webb, passim.*

APPENDICE

L'union de Warwick

L'union de Warwick, qui constitue en même temps un district rural, compte 54.369 habitants, elle se compose de 35 paroisses représentées chacune par un nombre de délégués qui varie entre un et huit. Les gardiens se répartissent en six comités : Assessment, assiduité scolaire, enseignement professionnel, finances, surveillance de l'assistance donnée à l'intérieur du workhouse (in door revision) et comité de visite (visiting committee). L'union se divise en trois districts d'enregistrement et de vaccination. Le total des dépenses s'est élevé, en 1893, à 13,411 livres, (entretien des pauvres dans le workhouse : 2.280 l., des aliénés dans les asiles : 2.835 l. ; secours à domicile : 4955 l. : appointements des employés de l'union 1868 l. : dépenses de vaccination. 1096 l. ; dépenses d'enregistrement, de l'Etat Civil : 185 l. etc.) L'entretien des pauvres à l'intérieur du workhouse représente 5 sh. 9 1/4 par semaine et par tête (2 s. 5 3/3 pour la nourriture, 0 3 1/2 pour le vêtement). Le nombre des pensionnaires du workhouse a été, pendant cette même année, 581, celui des assistés à domicile 1477.

Il faut joindre à ces chiffres 155 aliénés pauvres (51 hommes et 104 femmes) ainsi que 8.193 vagabonds entretenus quelques heures ou quelques jours, 2.486 de plus que l'année précédente.

La cité de Birmingham.

La charte de Birmingham remonte au 30 octobre 1838, elle fut confirmée en 1842.

Les *Juges de paix* sont au nombre de 62. Le maire et le stipendiary magistrate figurent à leur tête. Le *Town Council*, se compose de 17 aldermen et de 51 conseillers, 24 manufacturiers, 25 commerçants, 7 sans profession, 4 sollicitors, 5 médecins ou chirurgiens, 2 agents d'affaires, un professeur, 3 ouvriers (L'absence de barristers s'explique par ce fait que les avocats anglais habitent presque tous Londres). Il tient chaque année de 12 à 14 séances générales. Les membres se répartissent en 17 comités comprenant de 6 à 8 membres et subdivisés en sous-comités. C'est ainsi que l'important comité des travaux publics où figurent 7 conseillers ou aldermen, plus le maire, se subdivise en deux sous-comités : partie technique, partie financière. Un de ces comités a une existence propre et mérite d'être signalé spécialement. C'est le drainage board (comité des égoûts). Des 22 membres qui le composent, 11 sont élus par le town council et l'autre moitié par les autorités locales des villes et paroisses voisines. Ce comité a le droit d'emprunter jusqu'à concurrence de 40.000 livres et de lever des taxes pour l'intérêt et l'amortissement de ses emprunts, l'entretien des égoûts, sur tout le territoire occupé par les localités représentées. Un *board of guardians* est chargé de l'application de la loi des pauvres. Le *school board* de Birmingham se compose de 15 membres.

Trois auditeurs des comptes, l'un désigné par le maire, les autres nommés par les électeurs, complètent la liste des fonctionnaires non payés.

FONCTIONNAIRES PAYÉS. — Le *recorder* et le *stipendiary magistrate* sont désignés par la Couronne.

Le town council nomme lui-même le *town clerk*, 2200 l. (gratifications comprises, le *city treasurer* : 1050 l., le city surveyor (Inspecteur de la voirie) : 1400 l.,) le *medical officer of health* 1000 l., le *constable en chef* : 920 l.,

Les greffiers des juges de paix se partagent 2400l. il agissent sous la direction du clerk of the peace. La nomination des fonctionnaires qui relèvent du town council est proposée à cette assemblée par les comités chargés des services correspondant à leurs attributions.

Le total des dépenses s'est élevé en 1893-1894 à 1. 523, 977 livres. Les recettes sont alimentées en grande partie par le produit du fonds municipal : bénéfices des industries et monopoles, revenus des propriétés et établissements municipaux, etc. et par les subventions du gouvernement En dernière analyse, le montant des taxes payées par les habitants de Birmingham ne dépasse pas 460192 livres. Dans un article publiée par la *Revue américaine Forum* en Novembre 1892, M. J. Chamberlain prouve, en établissant un parallèle minutieux entre le budget de Birmingham et celui de Boston, villes dont les populations respectives sont sensiblement égales, (418.000 contre 430.000) que les municipalités des Etats-Unis, en général, et Boston en particulier dépensent cinq fois plus que Birmingham. La dette totale de Birmingham est de plus de 10.000.000 l.

Le comté de Warwick

Quand on parle du comté de Warwick, il faut distinguer d'une part le *comté géographique*, celui que représentent les membres du Parlement et de l'autre, le *comté administratif*, celui par qui le conseil de comté est élu. Le comté géographique compte 805,072 h., il s'étend sur une surface de 902 milles carrés.

Il embrasse 4 hundreds, 4 divisions parlementaires, 14 divisions de petites sessions, 2 bourgs comtés : Birmingham Coventry, 4 bourgs parlementaires : Aston Manor, Birmingham, Coventry, Warwick, et Leamington, 4 bourgs municipaux : Warwick, Stratfort sur Avon, Leamington, Sutton Coldfield et une partie de Tamworth : cinq districts urbains : Aston Manor, Bulkington, Kenilworth, Nuneaton et Chilvers Coton, Rugby et une partie de deux autres districts, 262 paroisses pour la loi des pauvres, 3 districts de coroners, 5 districts de police.

Le comté administratif comprend tout le comté géographique, à l'exception du comté bourg de Coventry et des parties du comté bourg de Birmingham et de quelques autres districts et bourgs qui figurent seulement dans le comté géographique. Il compte 307.193 h. dont 156.210 de population urbaine, et 150.583 de population rurale.

En 1893, 58.141 électeurs ont pris part aux élections.

Pour l'accomplissement de la besogne administrative qu'ils sont chargés de remplir, les 262 juges de paix sont répartis en six comités principaux ; 1° comité des licences, 2° visiteurs des asiles privés d'aliénés, 3° magistrates chargés d'exécuter les prescriptions de l'acte sur les aliénés de 1800, 4° cinq magistrates chargés d'appliquer la loi de 1892 sur la discipline du clergé, 5° comités des prisons, 6° comité général.

Les 18 aldermen et les 54 conseillers du comté sont de leur côté répartis en onze comités permanents : 1° Comité de finances ; 2° des routes et des ponts ; 3° des bâtiments ; 4° des allotments ; 5° des poids et mesures ; 6° d'hygiène ; 7° comité pour fixer la base de la taxe du comté ; 8° comité exécutif aux termes des lois sur les maladies d'animaux ; 9° comité d'inspection des asiles d'aliénés pauvres ; 10° comité d'éducation technique ; 11° comité général.

Les comités permanents doivent comprendre au moins 3 membres ; ils sont élus chaque année au mois de mars, à l'exception de celui qui dresse la liste d'évaluation et de celui des allotments, ils doivent se réunir au moins une fois par trimestre, ils peuvent former des sous-comités pour faciliter l'expédition des affaires.

Principaux Fonctionnaires.

Secrétaire de paix et Secrétaire du conseil de comté 1.500 livres.

Directeur des Ponts et Chaussées 1050 livres. Constable en chef 400 livres, plus le logement, 150 livres. Secrétaire financier du comté 300 livres, avec bureau et secrétaires, analyste du comté 350 livres, trois coroners à 200 livres en moyenne.

Directeur de l'asile d'aliénés du comté 600 livres, officier de médecine 190 livres.

Deux inspecteurs des poids et mesures l'un a 400 livres, l'autre 312, plus des honoraires pour chaque vérification.

Quatre inspecteurs des grandes routes à 175 livres.

Le total des dépenses pour l'année terminée le 31 mars 1883 s'est élevé à 163.781 livres, somme dont il faut déduire 4.500 livres montant des paiements faits au comité des visiteurs des asiles d'aliénés, soit, en définitive 159.281 livres.

POSITIONS

POSITIONS PRISES DANS LA THÈSE.

DROIT ROMAIN

I. — On trouve des *judices quæstionis*, à la tête des *quæstiones perpetuæ* antérieurement à la réforme introduite par Sulla, dans la législation criminelle.

II. — Les *judices quæstionis* exerçaient les mêmes attributions que les prêteurs présidents de *quæstiones perpetuæ*.

III. — Les pouvoirs des *judices quæstionis* ne procédaient pas de l'élection populaire.

IV. — L'existence d'un président de *quæstio perpetua* choisi parmi les jurés n'est pas démontrée.

ADMINISTRATION LOCALE DE L'ANGLETERRE

V. — L'administration des unions de paroisses est surtout l'instrument à l'aide duquel le Local Government Board exécute la loi des pauvres.

VI. — L'état actuel de la propriété foncière et de l'organisation industrielle en Angleterre rendraient injuste et dangereuse toute mesure destinée à supprimer ou même à restreindre les obligations de la loi des pauvres.

VII. — Les lois de 1888 sur les conseils de Comté et de 1894 sur les conseils de paroisse et de district ont étendu et fortifié l'action du pouvoir central dans le domaine de la vie locale.

VIII. — Les lois de 1888 et 1894 contiennent des dispositions qui rendent possible la renaissance du Self-Government.

IX. — La législation scolaire anglaise a pour base l'obligation entendue d'une façon absolue et la neutralité atténuée et comprise de ce sens que les parents sont seuls juges de l'instruction religieuse nécessaire à leurs enfants.

POSITIONS PRISES HORS DE LA THÈSE

DROIT ROMAIN

X. — L'*infantia* se terminait à un âge qui varie suivant les époques.

XI. — Les mineurs pourvus de curateurs généraux, cessaient d'être capables *jure civili* pour devenir, comme les pupilles, incapables de rendre leur condition pire.

XII. — Le prodigue n'était frappé d'incapacité qu'à l'égard des *bona paterna avitaque*.

XIII. — La loi *Plætoria* accorde seulement aux mineurs une action mais sans y joindre une exceptation.

POSITIONS DIVERSES

XIV. — La théorie économique connue sous le nom de *loi d'Airain* est contredite par un grand nombre de faits.

XV. — Un accord international établissant le système monétaire des nations civilisées sur la base uniforme du bimétallisme est possible et désirable.

XVI. — Les courses de taureaux ne tombent pas sous le coup de la loi Grammont.

XVII. — L'article 419 Code pénal ne punit pas les manœuvres frauduleuses pratiquées dans le but de provoquer la hausse ou la baisse des valeurs de Bourse autres que les valeurs émises par l'État.

DROIT CIVIL

XVIII. — Le nom patronymique est susceptible de s'acquérir par la possession prolongée.

XIX. — Dans le louage de service, et au point de vue des accidents, le patron est tenu vis-à-vis de l'ouvrier de l'obligation de garantie.

XX. — L'entrepreneur de transports est responsable des accidents survenus aux voyageurs qu'il transporte s'il ne prouve que cet accident résulte du fait ou de la faute de la victime ou d'un cas de force majeure.

XXI. — Dans une maison habitée par plusieurs personnes, le locataire chez lequel le feu a éclaté est tenu pour le tout des conséquences de l'incendie sans que sa faute ait besoin d'être démontrée par le propriétaire.

Vu : le Président de la thèse,
GLASSON.

Vu : le Doyen,
COLMET DE SANTERRE.

Vu et permis d'imprimer :
Le Vice-Recteur de l'Académie de Paris
GRÉARD.

TABLES DES MATIÈRES

DROIT ROMAIN

LÉGISLATION COMPARÉE

Imp. de l'Ouest, E. Soudée, Mayenne.

www.ingramcontent.com/pod-product-compliance
Ingram Content Group UK Ltd.
Pitfield, Milton Keynes, MK11 3LW, UK
UKHW012150240726
13966UKWH00001B/241

9 782011 953223